복지사회의 개발
지역 및 공동체 접근

김영종 편

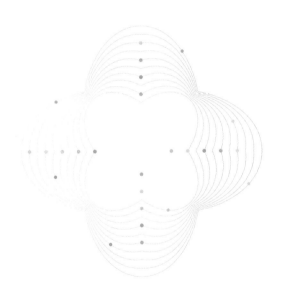

학지사

이 책은 2013학년도 경성대학교 학술연구지원에 의해 연구되었습니다.

이 책은 복지사회 개발이라는 사회복지의 대안적 패러다임을 다루는 것이다. '복지사회'란 국가 제도를 중심으로 하는 '복지국가'와 차별되는 개념이다. 복지사회를 개발한다는 것은 대개 지역이나 공동체를 강조하는 사회개발 혹은 지역복지 접근 등과 밀접히 연관되어 있다. 근래 우리나라뿐만 아니라 선진 여러 국가들에서도 복지사회 개발과 같은 대안적 사회복지 접근들이 중요하게 다루어지고 있다.

　현재 우리 사회는 새로운 유형의 사회 문제들과 위기에 봉착해 있다. 그로 인해 사회복지의 제반 제도들뿐만 아니라 실천 역시 막대한 변용(變容)의 과제를 안고 있다. 사회복지의 실천 현장, 학문, 교육 분야 모두에서 이것은 절실한 문제이지만, 그럼에도 합의된 대안을 여태껏 찾아내지 못한 것이 현실이다.

　나는 이 문제가 우리 사회복지계 전반의 '대안적 상상력'의 부재에서 기인한다고 본다. 대안은 언제나 상상으로부터 나오고, 그러한 상상은 새로운 생각이나 경험들을 자극할 수 있는 것에 접해 보아야만 가능하다. 그러므로 현재 우리 사회복지의 모든 분야에서 이러한 상상력의 근원이 되는 소재들을 적극적으로 찾아 알리는 노력은 무엇보다 중요하다.

　이 책은 그러한 소재의 일환으로 의도된 것이다. 이를 통해 복지사회 개발의 접근과 그와 연관된 일본의 지역복지

경험, 새로운 현장 중심의 연구방법론 등을 소개하려는 것이다. 이 책을 관통하는 핵심 테마는 공동체 혹은 커뮤니티를 중심 기제로 삼는 사회복지 접근 방식이다. 커뮤니티(community)란 공동체적 상호 협력과 참여를 강조하는 개념으로, 복지사회 개발과 일본의 지역복지에서는 대개 지역과 커뮤니티를 함께 다룬다.

이들 각각의 개념과 접근들이 우리에게 이미 알려져 있다고도 본다. 그럼에도 이를 공통된 틀로 묶어 하나의 대안적 패러다임으로 상상해 볼 수 있게 한다는 점에서, 이 책은 나름의 의미가 있을 것 같다.

이 책을 구성하는 주된 텍스트들은 복지사회 개발의 개념을 발전시켜 온 일본복지대학 '아시아복지사회개발연구센터' 등이 발간한 세 권의 서적에서 가져왔다.

『福祉社会開発学の構築』(2005) ·· ①
『福祉社会開発学－理論・政策・実際』(2008) ······················· ②
『福祉社会の開発: 場の形成と支援ワーク』(2013) ··················· ③

이 책들에는 복지사회 개발에 관한 지난 10년간의 연구와 정리 노력이 담겨 있다(이 중 일부에는 내가 지난 몇 년간 일본복지대학의 객원연구원으로 참여했던 연구의 흔적들도 들어 있다). 나는 이 책들이 우리나라 사회복지의 대안적 상상력에 도움이 될 것이라 여겼다. 복지사회 개발의 접근은 일본의 지역복지에 대한 경험과 지식을 보다 확대시켜 공동체적 사회개발 접근과 결합시키고자 하는 것이다. 나는 이 같은 시도가 현재 우리나라와 같이 대안적 사회복지 접근에 대한 탐구가 활발히 모색되어야 하는 곳에서 중요하게 소용될 것으로 판단했다.

그럼에도 일본과 한국의 제반 사회 문화적 차이 때문에, 이 일본 책들을 단순 번역해서는 그 의미가 제대로 전달되기 어려울 것 같았다. 그래서 차라리 우리 실정에 적절하다고 여겼던 내용들을 세 권의 책들로부터 추려내고, 이를 단순 가필이나 첨삭하는 작업을 통해 하나의 새로운 책 묶음으로 정리해 보았다. 그리고 이러한 전면적인 개작 수준의 편역과 출판에 대한 동의를 연구소로부터 얻은 후에, 박유미 박사의 번역 지원과 호사카(穗坂光彦) 교수의 감수를 거쳐 최종 우리말 완성본 원고를 만들어 냈다.

이 책은 총 10장으로 구성되었으며, 내가 저술한 서장과 8장의 일부를 제외한 나머지 장들은 앞서 말했던 세 권의 책들로부터 발췌, 정리해서 번역한 내용이다.

이 책을 실제로 펴내는 데는 많은 분들의 도움이 있었다. 무엇보다 일본복지대학의 '아시아복지사회개발연구센터' 소장인 호사카 교수의 격려와 지지가 컸다. 그는 복지사회개발이라는 접근의 주창자이면서, 사회개발과 복지에 관한 해박한 지식과 풍부한 경험을 겸비한 분이다. 이 책 발간에 관한 구상에서부터 출판 교섭에 이르기까지 호사카 교수의 도움이 없었더라면 불가능했을 일이다. 돌이켜 보니 매우 감사한 마음이 든다. 나의 부족한 일본어 실력을 빈틈없이 보완해 준 동 연구센터의 박유미 박사에게도 감사한다. 실제로 그는 단순한 번역 도움만이 아니라, 복지사회 개발의 제 개념들에 대한 생생한 이해까지도 도왔다.

끝으로, '책은 세상을 변화시키는 씨앗'임을 알려 주시는 학지사 김진환 사장님, 늘 훌륭하게 편집 작업을 맡아 주시는 김선영 선생님, 복잡한 원고 정리를 싫은 기색 없이 도와주는 경성대학교 박사과정의 김선희, 연구실에 오다가다 붙잡혀 조악한 원고를 들여다봐 준 많은 대학원 학생들과 현장의 선생님들, 이 모든 분들이 함께해서 이 책이 세상에 나오게 되었다. 머리 숙여 깊이 감사드린다.

2013년 12월 황령산 남쪽 연구실에서
김영종

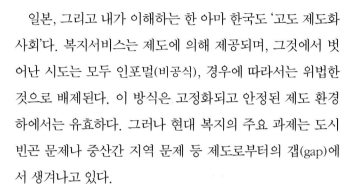

일본, 그리고 내가 이해하는 한 아마 한국도 '고도 제도화 사회'다. 복지서비스는 제도에 의해 제공되며, 그것에서 벗어난 시도는 모두 인포멀(비공식), 경우에 따라서는 위법한 것으로 배제된다. 이 방식은 고정화되고 안정된 제도 환경 하에서는 유효하다. 그러나 현대 복지의 주요 과제는 도시 빈곤 문제나 중산간 지역 문제 등 제도로부터의 갭(gap)에서 생겨나고 있다.

'복지사회'의 '개발'이란, 이와 같이 제도가 기능하지 않는 문제 영역에서, 재난 등으로 제도가 괴멸된 재해지역에서, 또는 행정서비스의 근거가 되는 제도가 잘 정비되어 있지 않은 개발도상국 등에서 지역의 사람들이 자타의 복지 향상 시스템을 공동(共同)으로 구축해 가는 프로세스이며, 또한 적극적으로 그것을 지지하는 정책이나 공공행동(公共行動), 지원활동을 가리킨다.

일본복지대학은 과거 10여 년에 걸쳐 복지사회 개발을 정책과학으로 구축하는 실천적인 연구 프로젝트를 추진해 왔다. 2003년부터 5년간에 걸쳐 21세기 COE프로그램(일본 정부의 문부과학성 사업)의 일환으로 '복지사회 개발의 정책과학 형성을 위한 아시아 거점' 사업을 수행해 왔다. 이 과정에서 학제적 공동연구를 통해 '복지사회개발학'이라는 새로운 학문 영역을 개척하게 된 것이다. COE프로그램의 종료 이후에도 복지사회개발학에 관한 연구를 계승하기 위해

2008년에 '아시아복지사회개발연구센터'를 일본복지대학의 나고야 캠퍼스에 개설해서 현재까지도 연구 거점의 형태로 운용하고 있다.

이 센터에서는 지역복지와 사회개발의 융합 영역을 연구하고 개척해 나가는 데 초점을 맞춘다. 일본 및 해외의 연구자들, 실천 활동가들과 함께 공동 연구를 조직해 오고 있으며, 특히 2008년에는 문부과학성의 전략적 연구기반조성 지원사업을 받아 '국제 공동 필드워크를 통한 복지사회 개발의 방법론 연구'에 착수했다. 이를 통해 일본을 포함한 아시아 각 지역에서 복지사회 개발의 접근이 유효하게 추진될 수 있도록 체계적 실천방법론을 수립하는 것을 사명으로 하고 있다.

비록 완성된 개념 체계의 정립까지는 아직 길이 멀지만, 그럼에도 여태까지의 노력 과정에서 '복지사회 개발'의 개념과 연구 방법에 대한 상당한 진전과 공유화가 가능할 수 있었다. '상호작용의 장 형성' '목표달성의 동원이 아닌 생성·변화하는 프로세스' '제도가 아닌 지역을 바탕으로 한 생활당사자' '액터(행위 주체)로서의 연구자·지원자' '연구와 실천의 메타 현장'이라는 핵심 개념들의 도출이 그러한 예다.

방법상에서 우리가 의식한 것은 국제 공동 필드워크를 기반으로 아시아의 관점에서 현장을 통해 서로 논의하는 것이었다. 이러한 작업을 거듭하는 연구 프로젝트에 이른 시기부터 김영종 교수가 참가해 준 것은 커다란 행운이며, 우리

의 자랑이기도 하다. 김 교수와 우리는 한국과 일본의 중산
간(中山間) 지역을 서로 방문하면서 지견(知見)을 교환하고,
때로는 늦은 밤까지 이야기를 나누었으며, 팀으로서 함께
중국 남경대학의 초대 강의에 응하기도 하였다. 그러한 가
운데 우리가 공유해 갔던 하나의 관점은 '제도주의적 복지
에 의해서'라는 단일 아이덴티티를 넘어 지역에는 전일(全
一)적 생활을 담당하는 주체를 생성하는 힘이 있다는 것이
었으며, 그것이 양국의 공통된 과제라는 점이었다.

본서에 수록된 논고는 원저작의 발표 시기가 약 10년에
걸쳐 있다. 그동안 우리들의 연구 프로젝트를 계속 지켜보
며 조언자이기도 했던 김영종 교수가 스스로 프로젝트의 성
과를 음미한 다음 그 일단을 한국어로, 나아가 한국 사회의
관점에서 해설을 더해 준 것은 프로젝트를 주관했던 나로서
는 더할 나위 없이 기쁜 일이다.

비록 사회적 맥락이 다르다고는 하나, 앞서 말했듯이 어
느 시점에서의 문제만을 떼어내 보면 우리는 한국과 일본,
나아가 아시아가 당면한 공통된 과제에 도달할 수 있다. 적
어도 서로의 지견과 경험 교류가 '충분히 의미 있음'을 인식
하는 수준에까지는 이르렀다고 믿는다. 부디 이 책을 통해,
양국에서 각각 복지사회를 지향하는 정책이나 지원 활동이
전개되고, 그러한 경험의 교류가 활발히 이루어지는 계기가
마련되기를 바라는 마음이다.

이 기회에 이제까지 우리들의 연구 프로젝트를 지원해 주
신 여러분에게 감사드린다. 특히 한국과 일본어 간 의사소

통과 책 번역의 제반 까다로움을 적절히 감당해 준 본 센터의 주임연구원 박유미 박사에게 진심으로 감사를 표하고 싶다.

2014년 1월
호사카 미즈히코(穗坂光彦)
일본복지대학 교수
아시아복지사회개발연구센터 소장

복지사회 개발:
대안적 사회복지 패러다임

서장
복지사회 개발 :
대안적 사회복지 패러다임

현재 우리는 사회복지 체제의 대안을 찾기 위해 노력하고 있다. 복지사회 개발의 논의가 그중 하나다. 복지사회 개발이란 '복지사회를 발전시켜 간다'는 뜻이다.* 복지사회란 복지국가와 대조되는 의미로 흔히 쓰인다. 복지국가(welfare state)가 국가에 의한 강제적이고 제도적 방식의 사회복지 공급을 뜻한다면, 복지사회(welfare society)는 국가의 강제성보다 공동체의 자발성과 참여를 중시하는 사회복지 접근을 일컫는 것이다. 복지사회 개발의 접근은 현재와 같은 국가 혹은 시장 기제 일색의 사회복지 체제에 대한 중요한 대안적 패러다임으로 간주된다.

역자주

* 개발이라는 용어는 그간 경제 개발이나 계획주의적인 사회 개발 등에서 사용되어 왔던 까닭에 억압적인 이미지가 연상될 수도 있다. 그럼에도 복지사회를 발전시켜 간다(develop)라는 '과정적 노력'을 강조하기 위해 개발이라는 용어를 쓴다. 참고 : 穂坂光彦・平野隆之・朴兪美・吉村輝彦編 (2013) 『福祉社会の開発 : 場の形成と支援ワーク』ミネルヴァ書房.

서장 복지사회 개발: 대안적 사회복지 패러다임

① 대안적 사회복지 패러다임은 왜 요구되는가

근래에 들어 우리나라 사회복지 체계 전반에서 근본적인 변화가 필요하다는 사실이 널리 인식되어 왔다. 사회복지 공급체계의 '개선' 정도가 아니라, 사회복지 공급에 관한 근본적인 철학과 가치까지를 포함하는 총체적 발상의 전환이 필요한 시점으로 여겨지고 있다. 이는 현재 한국 사회가 당면한 현안 문제들의 속성에 비추어 기존의 사회복지 체계가 정합되지 못하고 있다는 문제 인식에서 비롯된다.

사회복지는 사회적 문제를 해결하기 위한 것이다. 특히 공동체적 사회를 유지하는 데 필수적인 개인 간 혹은 세대 간 상호부조(mutual support)의 기능 수행이 어렵게 되는 문제들을 중심으로, 이를 해결하기 위한 제반 노력들이 사회복지 활동을 구성한다. 그런데 시대나 사회에 따라 이러한 사회문제의 속성들은 각기 다른 양상으로 나타나므로, 사회복지 제도 역시 그에 조응해서 변화해 가야만 한다. 그럼에도 현재의 한국과 같이 유래 없이 급속한 사회적 변화를 겪는 사회에서는, 사회복지 체계의 변용이 늘 지체되는 어려움을 겪어 왔다.

한국 사회문제의 급속한 변화는 인구사회학적 현상에서 대표적으로 나타난다. 1950년대 이래 1990년대 초까지만 해도 한국에서는 과잉 인구가 심각한 사회문제로 여겨졌다. 절대 빈곤을 척결하기 위해서는 인구 과잉을 극복해야 한다는 것이 중요한 사회정책의 표제였다. 1962년에 정부는 공식적으로 가족계획 정책을 수립하고, 강력한 산아제한 드라이브를 걸었다. 출산율이 2.83으로 떨어진 1980년대까지도 "둘도 많다. 하나만 낳아 잘 기르자."라는 슬로건이 남아 있었다. 산아제한 정책이 정부 정책에서 공식적으로 폐기된 것은 1994년이었다. 그러다 불과 10년도 채 안 되는 2000년대에 들어서는 거꾸로 출산장려 정책을 대대적으로 시행해야만 했다. 출산율의 급격한 감소가 나타나면서 저출산ㆍ고령화의 사회적 위험이 급속히 사회문제로 등장하게 되었기 때문이다. 이는 한국 사회의 제반 환경과 사회문제 양상이 얼마나 급속히 변화되어 왔는지를 대변하는 하나의 예일 따름이다.

현재 한국의 제반 사회문제와 그 속성들은 대부분 이미 이전과는 현저히 달라진 양상을 보이고 있다. 1950년대 이래 한국의 거대 사회악이던 절대 빈곤의 문제가 상대적으로 약화되어 왔던 한편으로, 1990년대 이후 가속화된 신자유주의와 신경제 조류로 인해 파생되는 양극화와 고용 문제, 2000년대 전후에 본격적으로 인식된 저출산ㆍ고령화 현상과 이에 수반된 여성과 가족 돌봄 기능의 해체 등이 새로운 사회문제의 중심에 등장하고 있다(김영종, 2012).

먼저 신자유주의 경제로부터 파생되는 고용 불안과 높은 실업률은 한국 사회의 빈곤 문제를 이전과는 다른 양상으로 변화시키고 있다. 경제 성장이 곧 고용 확대를 의미했던 이른바 '굴뚝 경제' 방식이 퇴조하고, 경제 성장과 고용이 이완(decoupling)되는 '신경제'적 상황이 나타나고 있는 것이다. 이 상황에서 임금소득자의 기여금에 의존하는 사회보험 제도는 국가의 중심적 사회보장 장치로서의 위치를 위협받는다. 그로 인해 사회보장에서 공공부조나 여타 사회서비스 부문에 대한 의존 비중이 상대적으로 커지게 된다.

저출산·고령화의 문제 역시 사회 안에서 '더불어 사는' 방식을 근원적으로 재고하게 만든다. 저출산과 고령화의 문제는 각기 그 발생 원인과 대처 양상이 이질적이지만, 기본적으로는 사회구성 원들의 일생 주기에 따른 '의존과 피의존'의 관계를 전면적으로 재구성하게 만든다는 점에서 공통성을 가진다. 과거 아동과 노인 인구의 돌봄을 주로 담당해 왔던 여성 인구의 성격 변화와 그로 인한 가족 기능의 축소가 맞물리면서, 돌봄이 개인과 가족 차원의 문제에서 사회적 기능의 차원으로 급속히 이동하게 되는 것이다.

대개 사회적 재생산 기능은 가족 내에서의 출산을 전제로 유지되어 왔다. 저출산은 그러한 사회적 기능을 저해하므로, 공동체 사회의 유지를 불가능하게 만드는 위험(risk) 문제가 된다. 어떤 사회에서든 이를 감내할 수는 없으므로, 아동 수당이나 보육료 지원 등에서부터 결혼이주여성 정책 등에 이르기까지 다양한 사회적 시도들이 나타나게 된다. 출산과 양육이 전통적인 가족의 기능과 책임 범주에서 벗어나 사회적 차원으로 확대되는 것이다.

어느 사회에서나 노령 인구는 존재해 왔고, 이들 인구 집단이 처한 어려움과 문제는 한결같다. 노인의 건강과 소득, 소외 등과 같은 문제는 어떤 사회나 공통적이지만, 그럼에도 고령화 사회가 처한 노인문제는 성격이 다를 수밖에 없다. 저출산을 수반하는 고령화 사회에서는 과거 여성과 가족에 의해 주로 이루어지던 전통적인 돌봄 방식이 불가능해지게 된다. 그럼에도 어떤 형태로든 돌봄은 계속되어야 할 필요가 있으므로, 개인과 가족의 테두리를 벗어나는 사회적 방식의 돌봄 메커니즘이 등장한다.

21세기 한국 사회가 처한 새로운 양상의 사회문제는 새로운 방식의 사회적 개입을 요구한다. 이것은 단순히 '복지국가의 확대' 필요성을 저절로 증명하는 것이 아니다. 오히려 전형적인 복지국가 일변도의 사회복지 공급 방식의 확대는 새로운 양상의 사회문제들에 대한 대응으로 부적절할 수도 있다. 고용 안정이 저해되어 나타나는 문제를 고용 임금에 기초한 사회보험 방식의 확대로써 대응하기는 어렵고, 빈곤보다는 가족 기능의 약화로 인한 저출산·고령화의 문제를 개인들에 대한 현금 급여 이전을 강화하는 정책의 확대로 해결하기도 어렵다.

21세기 후기산업사회 국가들이 당면하게 된 이와 같은 문제들은 이전의 산업화 시대의 사회들이 겪었던 문제와 확연히 다르기 때문에, 그에 대한 사회적 대응 방식도 달라질 필요가 있다. 이런 까닭에 대안적 사회복지 패러다임이 필히 요구되는 것이다. 이는 현재 한국 사회도 예외가 되지 않는다.

② 제도주의적 사회복지의 한계

사회복지는 사회의 구성원들이 유아에서부터 성인, 노인에 이르는 일생 주기(life cycle) 동안 의존-피의존-의존의 반복적 과정에서 나타나는 상호부조의 필요(needs)에 대응하는 사회적 노력이다. 사회적 노력이란 개인이나 가족의 노력과 대조되는 뜻으로, 공동체적이고 집단적 방식으로 필요에 대응한다는 것이다. 특히 가족 기능의 약화로 인해 초래되는 가족 내 상호부조의 돌봄 기능 약화는 이를 보완하거나 대체할 새로운 방식의 사회적 기능을 필요로 한다.

문제는 이러한 새로운 사회복지 문제들과 그에 대한 대응책이 단순한 형태로 드러나거나, 혹은 명확하게 사회적 합의로서 도출되기 어렵다는 점에 있다. 사회정책의 영역에서 절대빈곤의 문제를 한 발짝만이라도 벗어나면, 거기에서부터는 온갖 가치 갈등의 장면이 초래된다. 아동의 양육 책임은 누구에게 있으며, 노인의 돌봄과 보장은 어느 수준에서 누가 어떻게 해야 할 것인지, 결혼이민자, 청년실업자, 기타 사회적 배제 집단에 대해서는 누가 얼마만큼 어떤 방식으로 책임을 져야 할 것인지 등에 대해 사회적 가치 합의가 자연스레 존재할 것으로 기대하기는 어렵다.

이른바 신(新)사회문제의 영역에서는 어디까지를 개인이나 가족의 문제로 보고, 어디에서부터 사회적 문제의 영역으로 간주해야 할 것인지에 대해 사회구성원들마다 각기 다양한 주관과 가치를 가질 수 있다. 이러한 다원적 가치 성향은 선거 등과 같은 정치적 과정을 통해 부분적으로 표출될 수 있다. 비록 이러한 과정을 통해 결정되는 것은 대개 국가의 역할이나 개입 수준에 관한 것이지만, 결과적으로는 이것이 사람들의 제반 삶의 영역에서 개인과 가족, 시장, 심지어 지역사회나 공동체사회(community)가 각기 어떤 역할과 책임을 가져야 할지를 규정하는 것과도 관련된다.

이제까지 사회복지 공급과 관련된 현안들은 주로 개인과 가족, 시장을 통해 해결될 수 없는 사회적 문제를 국가가 어느 정도로 개입해야 할 것인지에 초점을 맞추어 왔다. 개인이나 가족의 책임을 강조한다는 것은 곧 일차적으로 시장 기제를 통해 일상생활의 욕구 해결이 가능함을 전제로 하는 것이다. 이때 국가의 역할은 대개 그러한 개인-가족-시장의 기제가 '불가피하게' 정상적으로 작동되지 못하는 개인이나 가족의 경우로 국한된다.

20세기 복지국가들에서 사회복지의 역사는 국가의 역할 확대에 대한 역사였다. 서구 사회에서는 대표적으로 영국이 제2차 세계대전 이후에 『베버리지 보고서』에 기초한 사회보장 체제로 전환하면서, 국가(정부)의 역할이 획기적으로 확대되었다. 우리나라에서도 1950년 한국전쟁 이후부터 현재에 이르기까지, 비록 시기에 따른 차이는 있지만 사회복지 영역에서 국가의 역할이 확대 방향으로 진행되어 왔음은 부인할 수 없다. 비록 1980년대 이후 신자유주의와 탈복지국가라는 세계적 사조가 유입되었음에도 불구하고, 국가에 의한 복지 확대의 기조가 실질적으로 후퇴했다고 보기는 힘들다.

현재까지도 영국을 비롯하여 복지국가 축소를 표방한 나라들에서조차 복지 공급 자체가 축소되었다고 볼 만한 증거는 많지 않다 (Pierson, 1994). 그보다는 대부분의 국가들이 복지 공급의 양에 대한 축소보다는 공급의 방식에 대한 문제에 직면했으며, 그에 대한 변화를 시도하고 있다는 것이 오히려 정확하다. 즉, 국가가 거대 관료제 정부를 중심으로 하는 제도주의적 복지 공급의 방식을 확대하는 것이 현재와 같은 신사회문제의 시대에 해법이 될 수 있을지를 고민하고, 그에 대한 대안 마련의 방향으로 움직이고 있다는 것이다.

이러한 움직임이 비록 이념적으로 선명하지는 않더라도, 우리나라를 비롯한 현재 복지국가들이 안고 있는 고민의 보다 본질적인 부분인 것만은 분명하다. 새로운 양상의 빈곤 문제가 발생하는 것과 함께, 가족 기능이 쇠퇴하면서 사람들의 삶에서 사회적 방식의 상호부조 기능이 확대되어야 할 필요는 증가하고 있다. 그럼에도, 그러한 필요에 대한 대처 방식으로 기존의 국가-관료주의적 방식의 복지 공급을 확대하는 것이 타당한 해법일지에 대한 의문이 제기되어 왔다. 그러한 관료-제도주의적 일변도의 복지 공급의 확대가 과연 '더불어 사는' 사회적 기능을 강화하는 데 일조하는 것인지에 대한 의구심인 것이다.

예를 들어, 급격히 증가하는 노인 인구의 사회적 돌봄 수요를 감당하는 데 중앙정부의 관료-제도주의적 기획과 공급 방식이 적절할 것인지다. 아동의 양육이나 청소년 육성, 노인, 장애인의 돌봄 등을 비롯해서, 사회적 배제나 차별의 시정, 사회적 약자 인구에 대한 사회적 지지와 옹호 등과 같은 일들은 사람들 간의 관계에 의해서 이루어지는 휴먼서비스(human service) 속성을 가진다. 이는 단순히 현금이 이전됨으로써 서비스 급여가 완성되는 일들과는 현격한 차이를 가진다(김영종 · 구인회, 2011).

사람들을 사회적으로 돌보는 일의 성과는 단순히 경제적 수치에 기준한 효율성만으로 재단될 수 없다. 사람들의 주관적 행복감은 그와 무관하게 작동할 수 있다. 제도화된 복지국가 체제에서 급여-이전을 확대하는 것만으로는 새롭게 등장하는 사회문제들을 해결하기 어렵다. 예를 들어, 개개인에 대한 현금 급여를 확대한다고 해서, 사람들이 아이를 더 많이 낳게 되거나 노인들이 더 행복하게 돌봄을 받게 될 것이라고 기대하기란 어렵다. 이는 국가 제도주의적 방식의 복지 공급에서 비롯되는 한계에 의한 것으로, 그 구체적인 이유는 다음처럼 설명된다.

첫째, 국가 차원의 제도적 복지를 구현하기 위해서는 국가 단위의 통일성 있는 제도적 장치가 구비되어야 한다. 이것은 성문화된 규정(법, 시행령, 규칙, 조례, 지침 등)을 필요로 하고, 헌법을 위시한 국가의 법체계에도 들어맞아야 한다. 비록 대규모적인 사회문제를 안정적으로 해결하는 데는 이러한 국가적 방식의 제도화가 필요하지만, 여기에는 필연적으로 경직성이 수반된다. 문제는 돌봄을 위시한 휴먼서비스에서 경직성은 효과성의 최대 저해 요인이 된다는 것이다.

둘째, 국가의 제도적 서비스는 대규모 조직을 필요로 한다. 이러한 조직 체계는 기본적으로 관료제적 원리에 의거해서 운용될 수밖에 없다. 그러나 휴먼서비스의 속성과 관료제적 속성은 조화되기 어려운 측면이 많다. 휴먼서비스의 개별성, 전일성(全一性), 탄력성 등의 원리는 관료조직 제도의 표준성, 분업성, 일관성 원칙과 불일치한다. 국가적 단위의 제도를 운용하기 위해서는 필연적으로 대규모 조직을 동원하게 되는데, 이를 통해 개별화가 필수적인 휴먼서비스가 적절히 수행되기는 힘들다.

빈곤 문제에서도 개인들의 내면적 변화와 치료를 필요로 하는 부분에서는 관료제적 조직 방식이 부적절하다. 빈곤을 부의 불평등이나 재분배 혹은 거시적 경기 침체에 대응하는 문제 등으로 다룰 때는, 국가 제도주의적 방식에 의한 대규모 조직적 접근이 타당할 수 있다. 그러나 빈곤을 자활이나 돌봄, 치료 등과 같은 개인이나 집단의 변화를 필요로 하는 측면으로 연결시켜 간주하게 된다면, 여기서는 대규모 관료제적 조직 방식이 더 이상 효과적으로 작동되기 어렵다. 오히려 앞서 제시되었던 휴먼서비스와의 부정합 측면의 문제가 두드러질 수 있다.

셋째, 사회복지 공급이라는 명분으로 제도나 규칙이 개인들을 소외시키고, 일방적인 의존에 빠지게 하기 쉬운 문제도 있다. 이를 '제도주의적 함정'이라 한다. 제도주의적 복지 공급의 방식에서 발생하기 쉬운 부작용이다. 이는 휴먼서비스뿐만 아니라 단순 급여 이전 목적의 정책 수행에서도 쉽게 발견되는 문제다. 예를 들어, 공공부조 제도의 목적은 사람들을 빈곤 상태에서 벗어나게 하는 것이지만, 그 수단이 되는 제도주의적 방식의 절차들(예, 생계수단이 없음이 확인되어야만 대상자로 선정)로 인해서, 빈곤 상태의 영속화에 머무르게 만드는 것(지원을 계속 받기 위해 생계수단을 갖추지 않음)에 오히려 기여할 수도 있다는 모순이다.

넷째, 사회적 돌봄에는 일정 정도의 공동체사회(community) 기능이 필요하다. 사람들의 삶은 물리적이든 심리적이든 일정한 사람들 간의 관계를 통해 영위되며, 돌봄이라는 삶의 영역에서도 그것이 요구된다. 비록 현대사회의 개인들의 삶에서 다양한 공식 조직들의 기능이 필수적이기는 하지만, 그럼에도 사람들은 이를 통해 사회적 관계를 형성하거나, 소속감이나 정체성(identity)을 가지는 등과 같은 인간 삶에서 필요한 욕구를 충족시키기란 어렵다. 적어도 그것이 가능해지려면, 이들 공식 조직의 제도와 사람들의 삶을 연결시켜 주는 사회적 관계의 장(場)으로서의 지역사회 등과 같은 중간자적 집단(intermediary group)이 필요하다(Berger, 1995).

제도주의 일변도의 복지 공급이 초래하는 폐해에 대해서는 이미 다양하게 거론되고 있다. 우리 사회에서도 근래 사회서비스 공급의 확대 과정에서 보이는 바와 같이, 이미 제도주의적 방식에의 함몰이 초래하는 문제가 심각한 수준으로 나타나고 있다고 본다 (김은정, 2013; 김영종, 2012b; 김형용, 2012; 한동우, 2012). 비록 그 대안적 방향에 대한 제시가 사회적 합의를 이루지는 못했을지라도, 사회복지 전반을 둘러싼 가치, 지향, 이론, 정책, 실천방법론, 전문직의 성격 규정 등에 이르기까지 패러다임적 변화가 검토될 필요가 있다는 것만은 분명하다.

③ 하나의 대안 : 복지사회 개발

복지사회 개발의 접근은 대안적 사회복지 패러다임의 모색에서 중요한 후보로 간주된다. 이 접근은 지역과 공동체(community)를 사회복지 공급의 중요한 기반으로 삼는다. 이 점에서 관료-제도주의적 정부 기제에 의한 복지국가 접근이나, 자유주의적 교환 기제에 의거한 시장 접근과는 뚜렷이 차별된다. 지역복지는 사회복지의 실천에서 지역사회 공동체적 기제를 중심적으로 다룬다는 점에서 복지사회 개발의 대표적인 실천 방법으로 간주된다.

기존의 제도주의적 사회복지 방식에서는 국가와 시장을 양 스펙트럼에 두고서, 개인이나 가족의 사회적 상호부조 욕구를 시장을 통하거나 아니면 국가 기구를 통해 해결할 것인지로 대립되어 왔다. 그럼에도 완벽한 시장주의도, 완벽한 국가주의도 없었다. 다만, 시장과 국가의 역할 배분을 어느 쪽에 강조할지에 따라 자유주의론과 복지국가론이 맞서 왔다.

사회문제는 대개 개인을 통해 현재(顯在)화된다. 개인이 가난하거나, 정신이 불안하거나, 병에 걸리거나, 소외되거나, 일자리가 없거나, 돌봄을 받지 못하거나, 비행을 저지르거나 하는 등으로 나타난다. 이러한 문제들이 개인을 통해 나타나고 비춰지기 때문에, 사회문제에 대한 사회학적 통찰이 없는 경우에는 이를 단순히 개인'의' 문제로 보기 쉽다. 개인'에게' 나타나는 문제로 보기는 쉽지 않다. 사람들에게 현재화되어 나타나는 문제들의 근원은 개인의 외부에 있는 경우가 많다. 상당 부분은 법이나 경제, 정치 제도 등과 같은 사회적 산물(artifacts)의 문제에서 비롯되며, 이것이 개인에게 영향을 미쳐 마치 개인들'의' 문제로 보여지게 만든다.

자유주의와 국가주의의 대립은 이러한 사회문제의 근원에 대한 이념적 차이로부터 발생한다. '문제는 개인이냐, 사회냐'의 차이다. 자유주의는 개인의 문제를 강조하면서, 개인의 책임과 변화를 강조한다. 비록 사회적 개입이 필요하더라도, 그것은 개인의 변화를 유도하기 위한 접근이 되어야 한다고 본다. 그런 점에서 개인들이 일시적 위기를 극복하는 데 도움을 주는 사회적 안전망(safety-net) 접근은 오히려 자유주의에서 강조하는 편이다.

국가주의는 사회적 문제의 근원을 인정한다. 개인들에게 현재화되는 실업문제는 곧 불경기라는 경제 제도의 결함에서 파생되는 부분이 있음을 인정하는 것이다. 개인이나 가족에게 현재화되는 자살, 이혼, 청소년 폭력 등과 같은 많은 문제들도 가족이나 교육, 기타 사회 제도의 결함으로 인한 영향이 크다는 것을 인정한다. 그 결과, 국가라는 집단적 사회를 통해 이러한 문제를 해결하고자 노력한다. 대개 국가주의는 국가를 유지하는 정부 기구를 움직여서 이러한 사회적 문제에 개입을 시도한다.

이러한 두 가지 방식이 '누구의 책임'이라는 점에서 대립적이기는 하지만, 한편으로는 공통적인 패러다임을 가지고 있다. 공급 방식의 패러다임에서는 '개별주의'라는 속성을 공유한다. 개인이나 가족을 개별적인 욕구의 주체이자 해결의 대상으로 간주하고, 개별적으로 급여나 서비스를 제공하는 것이다. 이것은 현상을 일종의 원자화(atomize)하는 방식이다. 다만, 그것이 시장 기제를 통해 수행되는지 혹은 국가 방식으로 수행되는지에 따른 차이만 있을 뿐이다.

복지사회 개발의 접근은 이와 같은 개별주의적 접근과 차별되는 '공동체주의'를 지향한다. 공동체주의는 커뮤니티(community, 지역사회)를 사회적 문제 해결의 중심축에 두자는 생각이다.[●] 가네코 등(金子 외, 2009)은 저성장기에 들어선 성숙사회들에서 새로운 발상의 사회 발전의 길이 모색될 필요성을 강조한다. 정부에 의한 해결책(위계적 해법)은 감시와 통제에 따르는 비용이 막대해지는 문제를 가지고 있고, 시장에 의한 해결책(시장 해법)은 사회적 약자에게 불리하게 작용하는 약점이 있다. 그래서 당사자의 참여와 결집에 의한 '커뮤니티 해법(community solution)'을 추가할 필요가 있다고 본다. 사회적 자본이 풍부한 공동체는 낮은 신용 비용으로 문제를 해결하는 것이 가능하다는 것이다.

이와 같은 공동체주의적 방식의 사회구조와 거버넌스에 대한 가능성 탐구는 사회복지 분야에서뿐만 아니라, 현재 정치학이나

역자주

● 이에 대해서는 〈金子郁容 · 玉村雅敏 · 宮垣元 (2009). Community Solution: 커뮤니티 과학−기술과 사회의 이노베이션. 勁草書房〉를 참고.

경제학, 사회학 등에서 매우 활발하게 다루어지고 있다. 대표적으로는 2009년 노벨 경제학상을 수상한 엘리너 오스트롬(Ostrom, 2010)이 '공유지의 비극'이라는 고전적 경제학의 문제에 대해 지역 공동체적 접근에 의한 공유재 관리가 가능함을 제시한 바 있다.

이러한 가능성에도 불구하고, 복지사회 개발 접근의 공동체주의 방식은 흔히 자유주의와 국가주의의 사상적 경쟁 속에 매몰되는 경향을 보여 왔다. 때로는 양쪽으로부터 공격도 받았다. 자유주의에서는 이러한 공동체적 방식을 국가주의의 변형으로 간주하고, 국가주의에서는 국가의 책임을 회피하려는 일종의 자유주의적 사조로 간주하는 경향도 있었다(Midgley, 1995; 穂坂, 2013).

복지사회의 개발이 제도주의적 복지국가를 부정하자는 것은 아니다. 그보다는 제도주의 일변도의 복지 공급에 함몰되었던 20세기 복지국가들에서 드러났던 부정적 측면에 대한 반향의 일환이라고 보는 것이 옳다. 과도한 복지 의존과 비효율성, 그로 인한 사회적 활력의 쇠퇴 등의 문제로 인해, 20세기 후반 이후로 거의 대부분의 나라들은 사회복지의 공급 양상을 복지국가 일변도의 방식으로부터 탈피하거나 혹은 보완하는 형태로 다양하게 시도해 오고 있다.● 다만, 그것이 여태껏 개별주의적 방식의 자유주의를 지향

역자주

● 비록 복지국가라는 용어 자체가 다양하게 쓰이고는 있으나, 적어도 국가에 의한 제도적 방식의 사회복지 공급을 벗어나지는 않는다. 예를 들어, 지역사회의 공동체 활동에 의한 자발적 복지 공급의 노력들을 복지국가의 형태로 포함하지는 않는다. 복지국가의 유형이라고 할 때도 국가들 간 제도적 활동의 다양성(예: 현금과 현물의 비중 차이)을 비교하는 것을 주로 의미한다.

하는 흐름으로 치우쳐 왔다는 점도 인정된다. 복지사회 개발의 접근은 이에 대한 반성까지도 포함하자는 것이다.

복지사회 개발이 지향하는 지역과 공동체적 접근의 패러다임은 그런 점에서 개별주의적 방식의 복지국가나 자유주의 복지 공급에 대한 제3의 대안으로 간주될 수 있다. 복지사회 개발의 접근은 과정적 측면을 중요시한다. 사람들의 삶의 변화를 목적으로 그들의 상태나 조건이 변용되는 과정 그 자체를 중요한 테마로 삼는다. 복지국가에서 중요시하는 제도 구축의 결과적 상태를 복지사회 개발에서는 크게 중요시하지 않는다. 오히려 그러한 접근이 필연적으로 유발하기 쉬운 제도주의적 혹은 관료제적 병폐의 가능성을 제기하고, 이에 비판적인 입장을 취한다(穗坂, 2013).

아마르티야 센(A. Sen)은 사람들에게 있어서 복지의 의미를 기능(functioning)과 잠재적 역량(capability)의 개념으로 본다. 기능이란 '성취'를 의미하며, 잠재적 역량이란 일반적으로 재화나 재화의 특성을 사용해서 어떤 것을 성취할 수 있는 '능력'을 의미한다. 기능은 사람들이 '실제로 어떤 삶을 사는지'를 의미하고, 잠재적 역량이란 사람들이 '자신들의 삶이나 혹은 기능을 선택하는 데 있어서의 자유'를 뜻한다(Sen, 1999).

센은 이에 기초해서 이른바 기초욕구(basic needs) 접근에 입각해 국가가 복지 공급을 확대하는 전략을 비판한다. 인간을 능동적 행위 주체로서의 에이전트(agent)로 보지 않고, 페이션트(patient, 환자)로 취급하게 되는 문제 때문이다. 에이전트로서의 자유를 박탈당한 사람들은 비록 복지 공급이 확대되어 주어지더라도, 더욱 의존적인 페이션트로서의 위치를 강화하게 된다는 것이다. 따라서 가부장적 온정주의(paternalism)에 의거한 일방적인 복지 공급의 방식보다는 사람들의 '자유 확대'를 고려하는 방향으로의 전환이 중요하다고 보았다(Sen, 1999; 穗坂, 2005).

지역과 공동체를 강조하는 복지사회 개발의 접근은 이와 같은 새로운 시대적, 사회적 환경에서 새로운 사회복지의 패러다임을 모색하려는 노력들 중 하나다. 비록 이것이 기존의 제도주의적 사회복지 방식을 온전히 대체할 수는 없겠지만, 적어도 새롭게 등장하거나 변용되는 사회문제에 대한 대응책 혹은 기존의 접근들이 내재하는 병폐에 대한 치유책으로서의 가능성에 대해서만큼은 진지한 검토가 필요하다.

참고문헌

김영종 (2012). "새로운 사회정책서비스 전달체계로의 패러다임 전환을 위한 정책과제". 사회통합위원회 정책토론회 발표문.

김영종·구인회 (2011). '새로운 사회복지 행·재정 패러다임: 중앙에서 지방으로'. 서상목·양옥경 편, 그들이 아닌 우리를 위한 복지. 서울: 학지사.

김은정 (2013). "사회서비스 정책 현황분석과 정책적 과제". 한국사회와 행정연구, 24(1), pp. 111-136.

김형용 (2012). "지역사회기반 조직과 사회서비스: 사회서비스 공급체계에 대한 비판과 대안 찾기". 한국사회복지행정학회 추계학술대회 자료집, pp. 81-104.

한동우 (2012) "복지국가와 시민사회: 제도의존을 넘어서". 한국사회복지조사연구, 30, pp. 57-77.

金子郁容·玉村雅敏·宮垣元 (2009).『Community Solution』勁草書房.

穂坂光彦 (2013). 「福祉社会の開発と研究」穂坂光彦·平野隆之·朴兪美·吉村輝彦編(2013)『福祉社会の開発: 場の形成と支援ワーク』ミネルヴァ書房, pp. 2-38.

穂坂光彦·平野隆之·朴兪美·吉村輝彦編 (2013).『福祉社会の開発: 場の形成と支援ワーク』ミネルヴァ書房.

Berger, P., & Neuhaus, R. (1995). *To Empower People: From State to Civil Society*. NY: American Enterprise Institute Press.

Midgley, J. (1995). *Social Development: The Developmental Perspective in Social Welfare*. Thousand Oaks. CA: Sage Pub.

Ostrom, E. (2010). 공유의 비극을 넘어 (윤홍근·안도경 옮김). 랜덤하우스코리아. (원서 출판 1990).

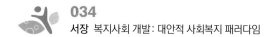

Pierson, P. (1994). *Dismantling the Welfare State? Reagan, Thatcher and the Politics of Retrenchment.* Cambridge University Press.

복지사회 개발과 이론

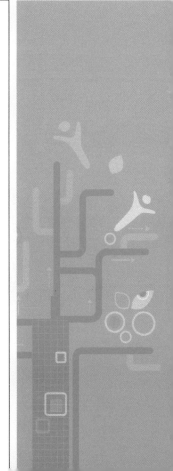

복지사회 개발이란

제1장
복지사회 개발이란

　'복지사회 개발'은 복지사회의 이념과 사회개발을 융합한 것으로, 새로운 방식의 사회복지 접근을 의미한다. 이 장에서는 먼저 이러한 접근이 등장하게 된 배경과 그 이론적 토대를 설명한다. 복지사회 개발이란 기존의 제도주의적 접근과 어떻게 다르며, 정책이나 기획, 임상실천에서 어떤 의미를 가지는지도 제시한다.

① 복지사회 개발 접근의 등장 배경

　영어로 개발은 development다. 주로 발전이나 발달로 번역되지만, 사진(写真)에서는 '현상'이라는 의미도 있다. 필름을 현상액

역자주
● 이 장은 호사카 교수가 〈穂坂光彦·平野隆之·朴兪美·吉村輝彦編 (2013) 『福祉社会の開発: 場の形成と支援ワーク』ミネルヴァ書房〉 전체를 요약 정리한 것을 편저자가 재차 번안한 것이다.

에 담그면 점차 영상이 나타나듯이, 내부에 감춰져 있는 것이 드러
난다는 뜻이다. 사전(辭典)에 나타나는 개발의 다른 의미로 '지식
을 발전시키는 것' '지식을 새롭게 전개하는 것'이라는 의미도
있다.

사회복지 분야의 초기 이론에서는 외부 활동가가 빈곤 지역에
거점을 만들어, 주민 생활과 문화를 지원하는 정주(settlement) 운
동을 개발의 개념으로 이해했다. 오바야시(大林, 1926)는 문화란
주입적이 아니라 개발적인 것이라 하고, 제공해야 할 것은 문화 자
체가 아니라 이를 자발적으로 창조하기 위한 기회라고 보았다.

지역에서 사람들이 여러 자원을 이용하여 자신들의 장래를 만
들어 가는 과정이 곧 development, 개발 혹은 발전이다. 특히 그
과정이 목적 지향성을 가지고 정책적으로 추진될 때 '개발'이라고
부른다. 슬럼 지역을 위생적인 환경으로 개선하는 것, 여성들이
고리대금에 의존하지 않고 수입을 창출할 수 있도록 상호금융 시
스템을 만드는 것, 빈곤 아동도 배울 수 있도록 지역에 학교·교
사·교재를 마련하는 것, 장애인이 비장애인들처럼 활동할 수 있
는 지역사회적 환경과 관계를 만드는 것들 모두가 원래 '지역(사
회) 개발'에서 주창해 온 것이다.

이러한 개발은 우리들 누구나가 일상적으로 관계하는 것들이지
만, 이제까지는 주로 개발도상국으로 불리는 '남쪽' 나라들의 맥락
에서 주로 사용해 왔다. 남쪽의 개발이 강력한 정치적 메시지를
지니고 처음으로 등장한 것은 1949년 미국 트루먼 대통령의 취임
연설에서였다. 이른바 「포인트포(Point Four)」라는 프로그램인데,
제2차 세계대전 후의 세계 전략, 즉 공산주의에 대응하기 위한 전

략의 일환으로 저개발 국가에 미국이 달성한 과학과 공업의 혜택
을 유포한다는 개발의 개념이 등장하였다.

그런 개념하에 저개발 국가는 생산적 투자에 필요한 국내 저축
이 너무 적으므로, 자금 부족분을 해외 원조로 보충해 줄 필요가
있다고 간주했다. 이를 통해 새로운 생산 활동이 유발될 수 있고,
그 결과 개발이 진행될 것으로 보았다. 그 후 냉전은 더욱 깊어졌
고, 1960년대는 「유엔개발 10년(UN Development Decade)」이 지정
되면서 개발에 대한 국제사회의 참여 노력도 요청되었다. 「유엔개
발 10년」에 대한 제창자는 미국의 케네디 대통령이었다. 그가 염
두에 둔 것은 당시의 국제 정치 상황, 즉 중국의 대두, 동남아시아
의 민족 해방 투쟁, 쿠바 혁명, 알제리아 독립 등 자본주의 체제의
후퇴에 대한 위기감이었다. 원조를 통해서 남쪽 나라들의 소비 수
준을 높이고자 한 개발에는, 세계시장의 형성이라는 경제적 동기
이상으로 공산주의의 침투를 막으려는 정치적 필요성이 강하게
작용하였다. 동서(東-西)가 대립하는 가운데 소련도 그에 대항해
이 같은 원조 경쟁에 참여하게 되었다.

개발이 원조와 연결된 외교적 맥락에서 '근대화(modernization)'
접근으로 등장한 것은 어떤 의미에서는 불행한 일이었다. 이러한
정치적 배경하에서 개발은 궁핍한 나라를 원조하는 것으로 규정
되어 버린다. 그에 따라 지역 개발은 일정한 계획의 청사진을 갖
춘 프로젝트를 실시하는 것이라는 생각이 만연하게 된다. 이러한
생각은 근대 경제학을 국민경제 정책에 적용하려 한 것이나, 사회
주의권에서 자유주의 경제에 대항해서 실시한 계획 경제 등으로
부터 영향을 받았다.

기획가(planner)는 전형적으로 "이 지역의 문제는 A라는 원인 때문이다. 따라서 B라는 사업을 실시하면 문제가 해결된다."라는 요소환원주의(reductionism)적 입장에서 문제의 인과관계를 분석한다. 그리고는 이에 기초하여 미래의 이상적인 청사진을 그린다. 자원을 동원해서 그 청사진만 실현하면 문제가 해결될 수 있다고 보는 것이다. 이는 명백히 잘못된 논리였다. 환원주의의 핵심은 경제성장만 하면 그 성과는 자동적으로 빈곤층까지 침투(trickle down)하여 개개인의 복지가 향상된다는 거시적 경제 환원론에 있다. 이러한 맥락에서 저개발 국가들에서의 전통적인 개발 접근은 개개인에 대한 지원을 우선적인 문제로 여기지 않았던 것이다.

한편, 북쪽 국가들의 보편주의적 제도복지의 모델과 남쪽 국가에 대한 원조주의적 개발의 모델은 제2차 세계대전 후 거의 유사한 시기에 성립하였다. 영국 정부의 사회보장 관련 시책을 발전적으로 완성한 『베버리지 보고서』가 발표된 것은 1942년이다. 나치 독일의 전쟁국가(warfare state)에 대항해 복지국가(welfare state)가 내세워졌고, 그것은 전시의 영국 국민을 고무시켰으며, 전후 많은 북쪽 국가의 유권자들이 지지하는 복지 이념이 되었다. 이러한 보편주의적 제도복지 모델은 국민의 최저생활 보장과 복지 증진을 위해 국가가 적극 개입하여 공적 책임하에서 필요한 서비스를 공급하고 소득 재분배를 도모해야 한다는 것이었다.

하지만 1980년대 이후 복지국가의 개입주의, 합리주의, 성별 편향주의는 비판의 대상이 되었다. 주된 비판은 신자유주의와 공산사회주의에서 등장한다(Midgley, 2005). 신자유주의(neo-liberalism)에 따르면, 중앙 권력에 의한 제도적 규제는 개인이나 기업의 자유에 기초한 사회적 발전을 저해하는 것으로 간주한다. 공산사회주의(communitarianism)에 의하면, 국가의 획일적인 관리나 원조주의적인 개입은 지역의 다양한 문화에 기초한 내발(內発)적인 생활 향상의 기회를 감소시키는 것이 된다.

이러한 복지국가에 대한 비판들이 전적으로 수용되기란 어렵다. 그럼에도, 사전에 미리 정해진 기준에 따라 사람들의 욕구를 판별하고, 그 부족분을 사후적·일방적으로 보충해 주려는 제도주의적 복지 방식에 따른 한계는 명확히 규정될 필요가 있다. 전형적인 환원주의적 계획된 개발(planned development)과 마찬가지로, 제도적 복지 역시 기능할 수 있는 맥락이나 경계 범위가 존재한다. 제도적 복지는 뚜렷한 기준을 적용해서 대상 선별이 가능한 '항시적이고 안정'적 상태나, 제도 자체에 의해 범위가 고정되는 상황 등과 같은 특정한 맥락하에서만 적절히 기능할 수 있다.

복지사회 개발은 이 같은 제도주의적 복지 접근의 한계 맥락을 벗어나기 위한 시도다. 이를 통해 전형적인 원조주의적 사회개발론의 한계도 동시에 극복하려 한다. 제도주의적 복지와 원조주의적 사회개발 모두에서 드러나고 있는 한계는 '참여' 또는 '자유'의 부재 측면이다. 이른바 고도로 제도화된 사회에 사는 사람들에게 나타나는 문제는, 기존의 제도에 틈새가 생겨 제도가 감당할 수 없는 모순이 계속적으로 드러나고 있는 것, 그러한 모순이 특정 사람이나 지역에 집중되는 것, 하나의 계획하에 장기적인 합의 형성을 꾀하기 힘든 것, 활발한 사회참여가 억압되어 희박해지는 것 등이다. 이러한 상황은 사람들의 생활에서 인간다운 삶에 대한 보장(human security)을 더욱 취약하게 만들고 있다. 이것은 어떤 면에

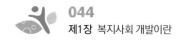

서는 남쪽 세계, 즉 낮은 수준의 제도화 사회에서도 공통적으로 등장하는 과제이기도 하다.

복지사회 개발의 접근은 지역복지와 사회개발을 융합해서 전통적인 복지와 사회개발의 한계를 극복하고자 하는 것이다. 이 접근에서는 문제가 구체적으로 드러나는 곳으로서의 '지역'에 주목한다. 문제에 대해서 일원적·일방적으로 대책을 세우는 것이 아니라, 지역 내·외의 다양한 행위 주체들의 상호작용을 통해 지역사회의 제반 관계와 거시적 제도의 기반에 대한 변화를 꾀한다. 이를 통해 지역에서 다양한 복지 구조가 만들어질 가능성을 찾는 것이다. 이러한 지역복지와 사회개발의 융합 방식은 광범위한 사회적 맥락에서 가능할 것으로 본다. 제도가 제대로 기능하지 않고 있는 현재의 일본 등과 같은 북쪽 나라들뿐만 아니라, 원래 제도 자체가 존재하지 않는 남쪽 나라들에도 공히 적용될 수 있는 새로운 해법으로서의 가능성을 지닌다.

복지사회 개발은 새로운 복지 구조를 담당할 수 있는 인적 자원이 존재하는 '지역사회'를 중시한다. 복지사회의 개발이란 결과적으로 그러한 지역사회를 의도적, 정책적으로 만드는 것이다. 그래서 복지사회 개발 접근에 입각한 정책적 노력이나 연구에서는, 지역사회의 형성을 지원하려는 의도를 가지고서 정책적으로 참여하는 외부자의 역할을 중요하게 다룬다. 이들 외부 역할자들은 활동가(worker) 혹은 행위자(actor)로 규정되며, 일방적인 지원자가 아니라 하나의 행위 주체로서 자신도 변화의 일부가 되어 지역사회의 변화 모색을 지향하는 것으로 간주된다.

복지사회 개발의 접근에서는 지역을 중심으로, 개발에 대한 외부로부터의 '의도성'과 내부로부터의 '자발성'이 혼화(blending, 混和)되는 것을 목표로 한다. 이것이 전통적인 원조주의적 개발 방식과의 대표적인 차이며, 지역복지의 전통적인 접근과 사회개발의 필요성이 접목되는 지점이기도 하다. 이와 같은 혼화의 장, 외부자와 내부자 간 관계 형성, 이들이 진행되는 과정 등을 중시하는 것이 곧 복지사회 개발의 주된 추진 전략을 구성한다.

② 복지사회 개발의 주요 개념

복지사회 개발의 접근은 다양한 이론적 근거를 통해 설명될 수 있다. '지역사회 개발' '에이전시' '임파워먼트' 등은 그런 이론을 대표하는 주요 개념들이다.

1) 지역사회 개발

복지와 개발을 융합하려는 실천적 시도는 이전에도 있었다. 복지 분야에서는 1930년대부터 영국의 구식민지들에서 행해지던 지역사회 혹은 커뮤니티 개발(community development)이 유명하다. 가나(Gana)를 중심으로 한 서아프리카 지역에서 이와 같은 방식으로 종합적인 촌락 개발이 실험적으로 실시된 바 있다.

당시까지 영국의 식민지 행정하에서 복지는 대부분 양로원이나 고아원 등과 같은 한정적인 시설 서비스를 제공하는 것에 그쳤다. 그러나 그것만으로는 농촌에 만연한 대중의 빈곤을 해결할 수 없었다. 그래서 가나의 식민지 행정부는 복지국 직원을 농촌에 파견하여 이른바 대중 문맹퇴치(mass literacy)라는 활동을 수행했다. 이것은 단순히 문맹퇴치를 위한 교육의 실시에 그치지 않고, 진료소 설치, 소규모 관개나 도로 정비, 여성의 조직화, 수공예품 만들기 장려 등과 같이 커뮤니티 전체의 생활 개선을 추진해서 빈곤을 완화시키려는 시도도 포함했다. 이러한 노력은 도시 지역에서 행해지던 단순구제형 복지를 보충하기 위한 것이었다.[1] 기존에 이루어져 왔던 '한정된 대상을 선별해서 복지서비스를 공급하는 것'이 아니라, 지역을 대상으로 해서 이른바 개발주의적 복지를 시도하려는 움직임이 나타났던 것이다.

영국 정부는 이러한 방식을 '커뮤니티 개발'이라는 새로운 용어로 제시하고, 다른 식민지들에서도 그와 같은 복지행정 프로그램을 실시하도록 지시했다. 그리고 1950년대부터는 농촌의 커뮤니티 개발과 도시의 구제형 복지서비스를 아울러 '사회개발'이라고 부르게 된다(Midgley, 1995: 56). 그 후, 세계연합(UN) 일부에서도 경제 성장을 위한 기본 조건으로 인적 자본이나 사회적 인프라를 중시하는 움직임이 강해지면서, 교육이나 복지, 보건 위생에 대한 적극적인 투자 지출을 사회개발(social development)이라고 명명했다. 이 과정에서 커뮤니티 개발은 사회개발을 추진하는 전략 중의 하나로 여겨졌다.

하지만 사회개발론은 정부 수준의 사회지표를 둘러싼 거시적 현상에 관심을 두었기 때문에, 지역 차원의 개발론은 별로 다루지 않았다. 거시적 사회지표를 중시하는 전형적인 사회개발 방식의 한계는 당시에도 이미 다양하게 표출되었다. 예를 들어, 아시아의 복지국가로 불리던 스리랑카(Sri Lanka)는 제2차 세계대전 이후 사회주의 정권하에서 보편적 사회서비스에 대한 무상화를 실현하여, 사회지표로서는 높은 수준에 도달했다. 하지만 포퓰리즘(populism, 대중영합주의)의 형태를 띤 위로부터의 복지 공급은 경제 성장의 희생을 동반하였고, 이후 발생한 스리랑카 내전의 한 요인이 되기도 했다.

한편, 70년대의 커뮤니티 개발은 내생적(endogenous, 內生) 마을 만들기와 같은 몇 가지 조류로 나뉜다. 이들은 농촌 문제의 해결을 위해 전제되어야 할 토지개혁 등과 같은 제도적 조건들의 개혁을 경시한다는 등으로 비판을 받기도 했다. 극단적인 예로, 민족해방 운동을 억누르려는 전략의 일환으로 '위로부터' 강요된 마을 만들기가 커뮤니티 개발이라고 불리기도 했다.

서아프리카에서 시도되었던 커뮤니티 개발은 제2차 세계대전 이후에 확립된 복지나 사회개발의 주류적인 접근 방식과는 차이가 난다. 국가복지주의와 개발적 근대화론 이전에 존재했었던 커뮤니티 개발에서는, 가난한 농촌 사람들의 공동생산 능력을 증대시키는 데 주력했다. 그것은 마을 사람들 개개인의 생활 향상에 대한 직접적인 움직임이었다는 점에서, 구제형 복지공급이나 거시적인 경제 환원주의를 통해 의도했던 간접적 방식과는 전혀 다른 접근이었던 것이다.

이러한 커뮤니티 개발의 역사적 경험을 근거로 해서, 복지사회 개발의 접근은 거시(macro)와 미시(micro) 차원의 결합 방식으로 '지역사회'라는 메조(mezzo) 차원에 주목하게 된다.

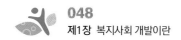

2) 에이전시

복지사회(welfare society)란 개개인이 공동적인 생활 능력을 개화(開花)하여, 시장이나 정부, 지역의 자원을 이용하고 변화시키면서 자타의 복지를 향상시키는 그러한 행위주체(agents)로 성립하게 되는 커뮤니티(지역사회)를 뜻한다.

에이전시(agency) 개념을 제시한 아마르티아 센에 의하면, 복지의 본질은 달성된 생활수준 목표에 대한 주관적 만족(행복)이 아니다. 본질은 가능한 삶의 방식의 제반 요소(functionings, 기능)에 대해 선택할 수 있는 자유의 크기(capability, 잠재적 능력)에 있다고 본다.* 이런 관점에서 자유란 복지적 자유(well-being freedom)를 말한다. 복지적 자유란, 사람들이 자신의 기능 혹은 삶을 선택할 때 가질 수 있는 실질적인 기회의 풍요를 뜻한다. 즉, 선택이란 단지 외부로부터 방해받지 않음을 의미하는 것이 아니라, 본인의 선택에서 실제 달성 가능성을 보증하는 수단이 존재하는지를 나타내는 개념이다(鈴村·後藤, 2001).

여기서 센은 어떤 상황을 개선하기 위해 취하는 복지 공급의 중

역자주

* A. Sen은 복지를 기능(functioning)과 잠재적 역량(capability)의 개념으로 설명한다. 기능이란 성취(achievement)를 의미하며, 잠재적 역량이란 일반적으로 재화나 재화의 특성을 사용해서 어떤 것을 성취할 수 있는 능력(ability)을 의미한다. 기능은 사람들이 실제로 어떤 삶을 사는지(what life people actually live)를 의미하고, 잠재적 역량이란 사람들이 자신들의 삶이나 혹은 기능을 선택하는 데 있어서의 자유(the freedom people have in their choice of life or functionings)를 뜻한다.

요성을 부정하지 않는다. 박탈이나 불평등에 의해 초래되는 결과에 대해 후생(厚生)적 접근으로 시정하려는 노력도 중요하다고 본다. 예를 들어, 남쪽 국가들에서는 많은 수의 여성이 교육이나 영양, 보건의 기회를 박탈당해 일찍 생명을 잃는 경우가 많다. 이런여성들에 대해서는 이들을 수동적인 수급자로 하는 복지 공급이필요함을 인정한다. 그럼에도 개발의 본질은 보다 광범위한 의미로 '사람들이 자신의 이성적 에이전시 행사를 선택하고, 기회를 제약하는 다양한 형태의 자유의 결여(unfreedoms)를 제거하는 것'이라고 본다(Sen, 1999: 12).

이와 같은 센의 입장에서 보면, 개인은 복지 증진의 수혜자로서만이 아니라, 사회 변화의 능동적인 추진자(active agents of change)로서의 가치가 중요시된다. 건강하기 때문에 책임 있는 행위를 선택하고 행할 수 있다고 보기 때문이다. 가난과 차별 속에 있는 여성들은 자신의 복지 달성을 제한받고 있을 뿐 아니라, 스스로 책임있는 생활을 형성할 수 있는 자유도 박탈당하고 있다. 이 두 가지측면은 상보(相補, 서로 보완)적이다. 실제로 센은 여성들이 가정밖에서 소득의 기회를 얻고, 재산의 법적 권리를 보장받아 발언력을 높이고, 교육을 통해 판단력을 갖춘 채 사회에 진출할 수 있도록 에이전시를 강화하면, 이들의 복지적 자유의 박탈이 시정될 수있다고 보았다(Sen, 1999).

'에이전시'란 용어는 여러 사회과학 분야에서 각기 다양한 의미로 사용된다. 인류학이나 사회이론 분야에서는 경험을 통해 신체화되는 역사성과 커뮤니케이션을 통해 자신의 주변으로 확장되는관계성의 연결을 중시하여, 사회 구조로부터의 규정을 뛰어넘어 사회적 변화를 위해 행동하는 주체를 에이전트(agent, 능동적 행위 주체)라고 한다. 그러한 행위를 매개하는 능동성이 바로 에이전시(agency, 행위 주체성)이다.[2] 사람의 행동을 정해진 목적 달성의 수단으로 보는 것이 아니라, 끊임없이 변화하고 스스로 재규정하는 가운데 목적과 수단도 같이 생성해 가는 것으로 본다(Emirbayer & Mische, 1998).

센은 윤리학에 가까운 입장에서 에이전시를 설명한다. 행동으로 변화를 가져오는 사람, 그리고 자기 자신의 가치와 목적으로 그 달성도를 판정하는 존재가 에이전트(agent)라고 본다(Sen, 1982; 1985; 1999). 사람으로서 그러한 책임을 지는 삶의 방식을 취하는 에이전트가 될 수 있는 힘(또는 그러한 힘을 매개하는 매체)이 에이전시인 것이다. 이를 분명히 하기 위해 센은 '복지적 자유(wellbeing freedom)'와 구별하여 '에이전시적 자유(agency freedom)'라는 개념을 제시한다.

복지 추구는 대부분 에이전트의 중요한 목표이지만, 사람이 자신의 복지 달성을 위해서만 행동하는 것은 아니다. 국가의 발전을 위해서라든지, 다른 사람의 복지를 지지하는 이타적 바람 등과 같이 주체적 의지에 따른 다양한 목적이나 가치, 헌신이 있다. 이처럼 사람이 자신의 복지에 한정되지 않고, 가치를 형성하고 자율적으로 선택하며 달성을 도모하는 자유를 에이전시적 자유라고 한다. 에이전시적 자유는 예를 들어, 사회보장 정책의 수행에서 사적 영역에 대한 자기결정권 보장, 주거·이전의 자유, 직업 선택의 자유, 개인 간 혹은 권리 간을 조정하는 규칙을 사회적으로 선택하는 데 참여하는 자유 등에서와 같이 결과에 이르는 의사결정 절차의 내재적 가치를 중시한다(鈴村·後藤, 2001).

　구체적인 예로, 센은 식민지하의 벵갈 지역에서 발생한 1943년의 대기근을 분석하여,* 그것이 절대적인 식량 부족에서 비롯된 것이 아니라고 결론 내렸다(Sen, 2000). 대기근이 발생했던 이유는, 식량 가격이 급등해서 농업 노동자나 수공업자 등의 영양 상태를 유지하기 위한 기능(functioning)으로 전환될 수급권(entitlement)이 급속히 축소되었기 때문이었다. 즉, 자신의 소유물로 필요한 식량을 획득하기 위한 구매력이 상대적으로 줄어들었거나, 식량으로 변환할 수 있는 자산, 고용, 사회 보장, 상호부조의 기제가 없었기 때문에 굶주림에 이르게 된 것이다.

　반면, 인근의 독립국가 인도에서는 대규모 기근이 발생하지 않았다. 그것은 벵갈과는 달리 인도에서는 불완전하나마 민주적인 대표제, 미디어의 자유, 공개적인 논의의 권리 등이 보장되었기 때문이다. 정부는 신속한 구제 조처를 하였고, 시민사회도 호응하였다. 언론이나 보도의 자유에 대한 사회적 개입(commitment)이 존재했다는 점이 극단적 수급권 축소라는 복지의 실패를 막았다. 자유와 권리로 지지된 공공 토론의 장이 존재함으로써, 사람들은 자신들의 복지적·경제적 욕구를 명확히 파악해 대처할 수 있었던 것이다(川本, 1995).

　이러한 사례를 통해 '정치적 자유보다 경제성장 우선'이라는 개

역자주

● 벵갈(Bengal) 지역은 현재는 방글라데시와 인도로 나뉘어 있다. 1943년의 대기근으로 추정인구 약 150만 내지 400만 명이 사망했다고 기록되어 있다. 그런데 이 가운데 반 이상이 식량 부족이 해소된 이후에 사망한 것으로 밝혀졌다.

발독재주의가 근거를 잃게 된다. 또한, 정해진 수준을 충족시키기 위해 일방적으로 재화와 서비스를 제공하는 환원주의적 방식의 기초욕구(basic needs) 접근도 비판받는다. 모든 개인이 '가능한 삶의 방식의 선택지', 즉 실질적인 자유를 확대하는 것이 '개발'이라고 한다면, '복지'란 누구나가 본래 소유해야 할 최소한의 가능한 삶의 방식의 선택지를 평등하게 보장해야 한다는 규범적인 요청인 것이다.

이와 같은 에이전시론에 근거해서, 복지사회 개발의 접근은 불리한 처지에 놓인 개개인이 스스로 에이전트가 될 수 있도록 하기 위해 사회적·제도적 장벽을 제거하는 사회적 헌신(commitment)의 유발을 중시한다.

3) 임파워먼트

임파워먼트(empowerment)는 앞서 설명한 에이전시 개념과 일맥 상통하는 개념이다. 이것 역시 기초욕구 접근에 대한 비판적 입장에서 설명된다. 기초욕구 접근이란 1970년대 후반에 국제노동기구(ILO) 등의 국제기관이 제창한 개발 전략이다. 대다수 빈곤 계층에 대해 기본적인 욕구인 최저 수준의 의식주 충족과 고용이나 보건, 의료 등과 같은 기초 서비스를 제공하는 것을 정부의 개발 정책에서 중심으로 삼는 것이다. 이것은 이전의 원조 방침, 즉 거점적인 근대 산업에 집중 투자하여 그 효과가 사회 각층에 널리 침투하는 것(trickle down)을 기다린다는 근대화 이론(modernization theory)의 한계를 극복하려는 것이었다.

그러나 센은 이러한 기초욕구 접근의 잘못을 명확히 지적한다. 인간을 능동적 행위주체로서의 에이전트가 아니라, 페이션트(patient, 수동적인 환자)로 본 것을 문제로 보았다. 이러한 접근은 '자유의 확대'를 생각하지 않은 채, 일방적인 복지 공급에만 치우친 가부장적 온정주의(paternalism)의 전제에 불과하다고 비판했다(穗坂, 2005: 132).

이 외에도 기초욕구 접근에 대한 비판이 있다. 예를 들어, 빈곤의 여러 모습을 몇 가지 물질적 최저생활 기준으로만 환원하여, 그 충족 달성을 개발로 간주하는 물질적인 기술주의다. 여기에는 피하기 힘든 기술관료(technocrat)적 기획론이 반영된다. 이러한 기초욕구 접근에 대한 비판에 정치적인 의미를 부여해서 복권(復權)을 시도했던 빈곤극복 모델이 존 프리드만의 '힘의 박탈(dis-empowerment)' 이론이다(Friedman, 1992: 66). 그는 욕구를 특정화하고 그 충족 수단을 추구하는 중요한 과정으로, 계획보다는 정치적 과정에 의미를 부여했다. 즉, 힘을 부여하는 임파워먼트를 중시했다.

프리드만은 빈곤 가구의 빈곤 이유를 생활 개선에 필요한 사회적 권력(social power)이 그들에게 결여되어 있다는 점에서 찾는다. 사회적 권력은 시민사회(civil society)에 대응하는 개념이다. 국가는 법률이라는 자원을 가지고, 그것을 이용하여 합법적으로 폭력을 행사하는 권력을 얻는다. 기업은 다양한 금융 자원에 접근하여, 자본을 이동시키고, 사람을 고용하거나 해고하는 권력을 얻는다. 그렇다면 시민사회의 권력(power)은 어떻게 측정할 수 있을까. 그것은 시민사회 내의 각각의 가구가 권력의 근원이 되는 자원에 얼마나 접근할 수 있는가에 따라 정해진다.

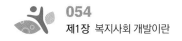

프리드만은 시민사회에서의 사회적 권력에 대한 기반이 되는 자원을 8가지로 구분한다. 이러한 자원들이야말로 각 가구가 그 생명과 생활의 재생산을 위해서 본래 가지고 있어야 할 주요한 수단이다. 이러한 기반으로의 접근이 박탈될 때, 사람은 '사회적 권력'을 행사할 수 없게 되어 빈곤하게 된다고 본다.

- 지킬 수 있는 생활공간
- 잉여 시간
- 지식과 기술
- 적절한 정보
- 사회조직
- 사회 네트워크
- 일과 생계 수단
- 현금 수입이나 신용

많은 경우에 임파워먼트의 개념이 잘못 쓰이는 경향이 있다. 심지어는 지역사회의 개발을 위해 노력하는 많은 활동가(worker)들조차, 지역의 빈곤 주민을 '임파워시키려' 한다. 마치 외부에서 들어간 활동가가 지원(개입)함으로써 비로소 그 사람들이 힘을 가지게 되는 것처럼 간주하는 것이다. 그러나 프리드만이 뜻하는 바는 이와 다르다. 그것은 힘을 빼앗긴(dis-empowered) 상태로부터 스스로 회복하는 것이다. 그 회복의 과정, 즉 힘(power)의 기반으로 접근을 획득하는 과정이 프리드만이 말하는 임파워먼트인 것이다.

그럼에도, 이러한 사회적 권력의 회복, 즉 임파워먼트는 지역 차원만으로 달성될 수 없다. 가족이나 이웃, 마을에서 논의나 교섭의 결과로 획득할 수 있는 접근에는 한계가 있다. 상당수 중요한 부분은 거시 차원의 국가 단위에서 결정되는 경우가 많다. '활력 있는' 지역만으로는 빈곤 해소가 어렵다. 그래서 프리드만이 주장한 것은 포용적 민주주의(inclusive democracy)다. 빈곤자가 배제되지 않고 발언권을 얻을 수 있도록 거시 차원의 사회 개혁을 추진하여 '(힘의) 기반'에 접근할 수 있는 제도적 환경을 정비하는 것, 이를 위한 정치적 운동이 프리드먼 임파워먼트론의 핵심이다.

지역사회에는 다양한 차원의 세계가 현실적으로 반영되며, 문제가 표면화된다. 그래서 임파워먼트론의 근거에서 보더라도, 복지사회 개발의 접근은 비록 지역사회에 중점을 두지만, 거시 차원의 여러 요인들이 함께 고려될 수 있어야 하는 것이다.

앞서 제시되었던 '커뮤니티 개발' '에이전시' '임파워먼트'는 각기 상이한 개념들이지만, 제도주의적 원조 방식에 의거한 복지 공급의 한계를 극복하는 이론적 기반으로서의 공통점을 가진다. 이들은 일종의 정책과학으로서의 복지사회 개발학에 대한 이론적 기초를 형성한다.

복지사회 개발학은 다음 영역들로 구성된다. 사람들을 자유로운 주체로 만드는 '지원적 정책 환경'을 논의하는 매크로 차원의 정책학, 지역사회의 관계 변용을 위한 '장(場)'의 형성을 지지하는 메조 차원의 기획 혹은 계획학, 그리고 지역의 행위 주체로서 활동가의 변화까지도 포함하는 마이크로 차원의 '지원' 방법론을 다루는 임상학이다.

③ 복지사회 개발의 정책학

정책학이란 정부를 비롯한 공공 부문의 집단적 의사결정에 관한 내용과 과정을 다루는 학문이다. 복지사회 개발의 정책학이란 복지사회 개발과 관련된 공적 의사결정의 과정과 내용을 다루는 것이다. 참여와 사회개발, 가능화(enabling) 정책 환경의 조성 등이 주요 현안이 된다.

1) 참여와 사회개발

복지국가라 불리는 스웨덴의 복지 모델은 일원적인 서비스를 사후적으로 공급하는 것에 중점을 두기보다, 사실은 생산주의적 복지에 그 본질이 있다고 에스핑 앤더슨은 지적한다. 즉, 생산적·예방적 사회정책을 중시한다는 것이다. 실업수당이나 생활보장과 같이 문제가 발생한 후에 급여(서비스) 예산을 투입하기보다는 고용 촉진·직업 훈련·이직 지원·생애 교육·질병이나 사고 예방·가족 지원 등에 '투자'한다. 그래서 사후적·소비적인 사회 지출의 필요성을 낮추는 것이 스웨덴 복지 모델의 특징이다(Esping-Andersen, 1992).

스웨덴의 복지 모델에서는 사람들을 이른바 '자기 책임'으로 몰아붙이는 것이 아니라, 모든 사람이 일하는 데 필요한 자원과 동기를 지닐 수 있도록 한다. 또한 복지국가가 실제로 일자리를 보증하는 것으로, 이것이 미국식의 워크페어(workfare)와 다른 점이다(Esping-Andersen, 1999: 80).

미즈리는 이러한 생산주의적 복지를 적용해 사회개발을 규정한다(Midgley, 1995). 사람들이 생산적 능력을 높이도록 정부가 교육이나 보건에 투자하거나, 또는 지역에서 취업 기회가 증가하도록 자본 투자를 함으로써 경제적인 기회 및 사회적 기회가 확대될 수 있다. 미즈리는 이처럼 구제나 소비적 지원보다 사회적 투자(social investment)로 복지를 수행하는 것을 '개발주의적 복지'라고 명명하였다. 앞서 언급한 커뮤니티 개발이 이러한 아이디어의 근원이지만, 그가 제시하는 논의의 초점은 거시 차원의 정책론이다.

혼히 '참여'는 미시 차원의 구조로 간주되는 경우가 많다. 지금까지 목소리를 내기 어려웠던 여성들이 마을 집회에서 발언하거나 사업에 참여하도록, 여러 가지 장려(facilitation) 기법들이 참여를 촉진하기 위해 시도되어 왔다. 그럼에도 많은 여성들은 여전히 시장이나 제도, 정치적 의사결정에서 배제되고 있다. 그러므로 참여를 위해서는 거시 차원의 시스템이 바뀌어야 한다. 이것이 바로 프리드만의 지적이다.

2006년에 노벨 평화상을 받은 그라민 은행과 그 창시자 무하마드 유누스(M. Yunus)는 방글라데시 농촌의 가장 빈곤한 여성들이 시장 참여가 가능하도록 한 점에서 주목받았다.● 1976년부터 방글

역자주

● 방글라데시 말로 그라민(Grameen)은 '마을'을 뜻한다. 그라민 은행이 주목받게 된 이유는 빈곤층에 대한 소명 의식과 담보 없는 신용 대출, 그럼에도 높은 채무 상환율 때문이었다. 이 은행이 가능하게 되었던 원리는 이른바 '규범적 동료 압력(normative peer pressure)'에 기초한다. 이는 기성 은행들이 사용하는 연대보증의 개념과 다르다. 연대보증은 A가 돈을 갚지 않을 경우를 대비해, B나 C에게 그에 대한 채무 책임을 지워 놓는 것이다. 그라민 은행은 이와 달리, 마을의 가난한 사람 몇 명이 한 조를 이루게 하고, 그 조에서 돈을 갚지 못한 사람이 나오면 그가 돈을 갚을 때까지는 다른 사람들이 돈을 빌릴 수 없게 하는 것이다. 조직이나 공동체의 압력을 통해 개인의 책임 의식을 높이고, 도덕적 해이를 막을 수 있다는 것이다.

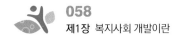

라데시의 여러 마을에서 마이크로 크레디트(micro credit)[3]를 실험적으로 전개하면서 여성들의 소득 사업 개시를 지원했다. 많은 개발 접근에서는 이러한 사람들의 시장 참여를 촉진하기 위해, 거래와 자금 관리 훈련, 융자를 어떻게 사용하면 좋은지를 가르치는 마케팅 강습 등을 중시한다. 때로는 빈곤한 사람들이 그 빈곤의 원인을 자각하도록 의식화 교육을 실시하기도 한다. 그러나 그라민 은행은 그러한 것들을 원칙적으로 실시하지 않았다. '방글라데시의 가장 빈곤한 여성들조차 융자 대상이 될 수 있다(bankable)'는 놀랄 만한 사실을 제시하였고, 필요한 때 융자를 받는 것은 인권으로서 누구나 지녀야 하는 권리이며, 막상 융자를 받게 되면 여성들은 유용한 용도를 찾아내어 한층 더 의식화될 수 있다는 것을 보여 주었다.

한편, 일반인들은 빈곤한 여성들이 어떻게 돈을 갚을 수 있는가를 궁금해한다. 유누스는 마을 여성들이 그러한 힘을 잠재적으로 지니고 있음을 확신했으며,* 그러한 여성들의 변화보다는 '은행이 어떻게 변화될 수 있는지'를 보여 주려고 하였다. 그는 대다수의 은행이 빈곤자나 여성에 대한 안티(anti-) 의식을 가지고서, 담보가 없는 사람이나 남편의 승인을 얻지 못한 여성에게 돈을 빌려 주지 않는다고 지적하였다. 그래서 담보가 없어도 빌릴 수 있고, 버스를 타고 시내까지 갈 필요 없이 은행원이 마을로 찾아오는 새로운 은행 구조를 만들었던 것이다. 그러자 여성들은 스스로 사업

역자주
● 저자(호사카)가 유누스로부터 직접 들으면서 느낀 점이다.

이나 판로를 생각하고 고민하면서, 생활을 재건하고 사회에 대한 발언력을 높였다. 바뀌어야 하는 것은 여성들이 아니라, 은행이라는 제도였던 것이다.

참여란 이처럼 시스템을 어떻게 바꾸느냐는 맥락에서 생각해야 한다. 문제를 안고 있는 사람에 대한 접근으로서 이 사람에게 '무엇을 줄까'가 아니라, 이 사람이 필요로 할 때 돈을 빌릴 수 있는 '인권', 융자를 이용할 수 있는 '자유', 미래를 개척하려는 '주체성'이 제도적·사회적으로 어떻게 억압되고 있는지에 주목하여, 그것을 바꾸어 가야 한다. 복지나 개발에서 개인의 의식을 고취하거나 능력을 향상시키기 이전에, 우선 '참여의 기회'를 제공하는 방향으로 정책 환경을 정비할 필요가 있다.

2) 가능화(enabling) 정책 환경

1995년 3월, 「사회개발 정상회담」에서 채택된 「행동 계획」의 제1장은 '사회개발을 위한 가능화 환경(enabling environment)'이다. 그 내용은 인간 중심의 지속적인 발전을 위해서는 국제적·국내적·사회적·정치적 환경이 사회개발을 촉구하는 방향으로 정비되어야 한다는 것, 나아가 인권이나 복지를 존중하는 문화가 사회 각층에 확대되어야 한다는 것이다. 구체적인 내용은 (a) 경제적으로 좋은 환경(공정한 무역, 채무 경감, 적절한 원조, 투자유도 시책, 사회개발을 위한 시장 통제 등)과, (b) 정치적·법적으로 좋은 환경(광범위한 참여, 투명한 행정, 사회개발 부문에 투자 등)으로 구성된다.[4]

주거복지 분야에서는 1970년대의 공공주택 공급의 실패를 교훈으로 삼아, 80년대부터 '가능화 정책 환경'이라는 정책 원리가 국제적으로 합의되었다. 공공 부문(정부)은 주택의 공급자가 아니라, 빈곤자가 자원 이용 가능성을 확보하여 스스로 주거지를 구축할 수 있도록 하는 조성자(enabler)의 역할을 해야 한다는 것이다. 다만 이와는 모순된 방향에서 규제 완화를 통해 민간 주택 시장을 활성화한다는 것도 포함되었다. 주거 분야의 이론을 선도하고 있는 신자유주의적 성향의 국제원조 기관과 공산사회주의적인 자조(self-help) 성향의 주택론자들 간에 거의 유일한 일치점은 개입주의 방식의 공공주택 공급에 대한 환멸이었다(穗坂, 2004).

집이 없는 사람에게 공적 자금으로 주거지를 할당하는 식의 공공주택 공급은 주거복지 분야에서 기초욕구 접근의 핵심 방침으로 간주된다. 공공주택을 통해 시민에게 싼 값으로 양질의 주택을 보장하는 것은, 일정한 조건을 놓고 보면 중요한 하나의 선택지가 될 수 있다. 하지만, 그 자체는 센이 말하는 '자유'의 한정된 한 측면에 불과하다. 그것은 단지 표준화된 서비스를 일방적으로 베푸는 것에 지나지 않는다. 더욱 본질적인 것은 집을 짓는 자유(freedom to build)를 축소시키는 제도적·사회적 제약을 제거하기 위해 가능화 정책 환경을 정비하는 것이다. 주거복지는 이것을 전제로 평가되어야 한다.

예를 들어, 많은 나라에서 도시 빈곤층은 토지의 권리를 인정받지 못한 채, 설사 공유지라 하더라도 그 땅에서 살 수밖에 없기 때문에 주거지 개선에 대한 의욕조차 잃고 있다. 개선한다고 해도 언제 쫓겨날지 모르기 때문이다. 이때 기한부라도 일정한 임대권을 공유지에 인정해 주거나, 토지 시장에 개입해서 적어도 강제로

내쫓기는 일은 없도록 하는 것이 가능화 정책이다. 이외에도 기초
적 설비조차 갖추지 못한 상황에서 주택 개선을 강조하는 것은 무
리이므로, 공동으로 사용하는 수도나 화장실 등 최소한의 시설을
설치하는 것이 필요하다. 또한 법령상의 건축 기준이 너무 엄격하
면 자금이 부족한 사람들의 주거지는 모두 불법 건축이나 비공식
적인 임시 거처가 되어 버리므로, 주민들의 합의에 따라 각 지역의
기준을 현실적으로 설정하고 그것을 합법화하는 것이 요구된다.
이러한 필요성을 해결하는 것이 일련의 가능화 정책이다. 실제 스
리랑카를 비롯한 몇몇 나라에서는, 자금 마련이 어렵고 정보를 얻
기 어려운 사람들을 위해 이용하기 쉬운 주택금융 시책과 전문직
의 기술적 조언을 제공한 사례가 있다(穗坂, 2002a). 이러한 시책이
이루어지는 정책 구조가 주거 분야의 가능화 정책 환경이다.

　장애/개발 분야에서는 최근 장애인의 사회참여를 촉진하는 이
중선(twin-track) 접근이 주목받고 있다. 이중선 중 하나는 장애를
안고 있는 사람들에 대한 임파워먼트다. 여기에는 당사자 단체의
조직화나 리더십 육성, 인권과 관련된 의식화, 교육이나 연수, 문제
에 대한 동료 상담, 재활훈련을 통한 기능 회복 등이 내용으로 포함
되어 있다. 이와 한 쌍을 이루는 다른 선은 주류화(mainstreaming)
다. 이는 사회적 움직임으로, 장애 문제를 사회의 한쪽 구석으로
주변화시키지 않고, 장애 · 비장애 관계없이 누구나 사회의 일원
으로 충분히 역할을 수행할 수 있도록 환경을 적극 정비하는 것이
다. 건물이나 도로의 물리적인 이용 개선, 차별 철폐를 위한 법제
도 정비, 고용 지원, 비장애인의 의식을 바꾸는 연수, 도움이나 수
화(手話) 서비스의 보편화, 사회통합 교육의 촉진, 장애 문제의 관

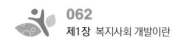

점에서 지역사회의 발전적 변화를 이끄는 지역사회중심재활(CBR), 지역 생활을 촉진하는 자립생활 운동[5] 등이 이에 해당한다.

이처럼 복지와 개발은 거시 차원에서 동일한 형태의 이론적 틀을 가진다. 구체적으로는 가능화(enabling)라는 조건 정비형 정책 환경을 조성하는 것과 관련되며, 그 핵심은 사회적 · 제도적 장벽을 제거하여 사람들의 자유와 참여가 가능한 사회를 만드는 것에 있다.

④ 복지사회 개발의 계획학

계획학은 계획을 세우고 유지하는 것, 즉 기획(planning)에 관한 학문이다. 복지사회 개발의 접근에서 계획학의 요소는 기존의 개발 패러다임에서 사용해 왔던 계획학과는 차별되는 특성을 띤다.

1) 계획관의 전환

저개발 국가들에서의 행동 계획(action planning)　고전적인 근대 도시계획론(urban planning)에서는 '먼저 전문가 집단이 면밀한 조사에 근거하여 장기적이고 전체적인 계획(마스터플랜)을 책정하고, 그 목표를 향해 여러 자원을 동원해서 공공의 책임하에 도시 기반을 정비한다. 사적 활동은 법적으로 규제하고, 저소득층에게는 공공주택을 배분한다'는 것을 교범으로 삼는다. 그런데 이러한 모델을 현장 작업 가운데서 선구적으로 극복한 사례가 있는데, 인도의 「캘커타 기본계획」이 그것이다.

포드 재단의 원조로 1961년에 캘커타 대도시권 계획기구(CMPO)가 설립되었고, 5년간에 걸친 계획 작업을 지도하기 위해서 외국인 팀이 파견되었다. 초기 단계의 CMPO는 전통적 방식의 마스터플랜(master plan)을 작성하고자 하였다. 그래서 영국의 「도시지방계획작성법」에 준거하여, 대규모 조사와 전문적 분석을 통해 토지이용 도면을 그렸다. 그에 따른 문서나 조례안도 마련되어 개발허가와 규제를 당연시하면서 작업이 시작되었다. 그러나 캘커타(현재 콜카타)의 도시화와 도시 문제의 심각성을 인식하게 되면서, 전통적 기법의 한계가 명확히 드러나게 되었다.

그러면서 CMPO는 방침을 완전히 전환했다. 마스터플랜 방식을 대신해서, 5년을 전망한 구체적인 행동 프로그램과 그에 따른 재정적 기반 확보, 행정 전반에 걸친 종합성의 고려, 정치적 지지기반의 마련이 설정되었다. 그 결과 발표된 「캘커타 기본계획」에서는 슬럼(slum)의 제거가 아니라 현실적·단계적 개선 사업을 중시하게 되었다. 이것은 대도시권 계획으로서는 획기적인 전환이다.[6] 이는 이전의 도시 마스터플랜이 빈곤 대중의 진정한 요구를 받아들이지 못했다는 반성에서 비롯되었다. 이러한 방침 전환에 이론적 영향을 준 것이 1964년에 발표된 캐니스버그(O. Koenigsberger)의 『행동계획론』이다.

캐니스버그의 제안은 자신이 싱가포르에서 겪었던 도시계획의 문제 경험으로부터 나왔다. 4년이란 시간을 들여 싱가포르의 도시계획 마스터플랜이 완성되었을 때는 이미 예측된 수치를 큰 폭으로 웃도는 도시화가 진행되고 있었던 것이다. 그래서 그는 전

형적인 마스터플랜 방식의 도시계획 접근이 수정되어야 함을 주
창했다.* 캐니스버그가 제안한 행동계획론(action planning)은 다
음과 같은 과정으로 이루어진다(Koenigsberger, 1964).

  (a) 선택적으로 시행하는 속성 진단형 '사전 조사'
  (b) 도시 전체를 대략적으로 방향 짓는 '개념적 지침'
  (c) 민간을 유도하기 위한 공공 주요 부문의 '액션 프로그램'
  (d) 실행 기관을 포함한 행정 각 부서 간의 '역할 설정'
  (e) 실행 현장을 통해 배우는 '모니터링과 피드백'의 제도화

  이것을 이론적으로 계승한 마이클 사피어는 행동계획론보다 더
욱 중요한 것은 '실행을 통해 배우는(learning by doing)' 것이라 했다.
이는 도시의 계획·관리 안에 제도화하여 끊임없이 더 좋은 방향으
로 상황을 수정하는 정책적 관여의 과정이라고 본다(Safier, 1974).
  이런 식으로 아시아의 도시계획은 고전적 계획 사상의 틀을 극
복해 나갔다. 그러나 「캘커타 기본계획」 팀의 주임이었던 콜린 롯
서는 '이 계획이 대도시권 규모에서는 최초로 주민참여의 틀을 제
공했다고 하지만, 실제로 계획 과정 자체에서 주민참여는 거의 없
었다'고 고백한다(Rosser, 1970). 이것은 행동계획론이라는 기제 자
체가 전통적인 전문성이라는 틀 내에 머물러 있었음을 암시하는

● 계량적이고 통제적 방식의 고도로 예측된 도시계획이 불가능하다면, 도시의 미
  래에 직접적인 이해를 형성하는 지방 행정이나 지역민들의 참여와 같은 '지역사
  회 이니셔티브(community initiative)'의 필요성이 강조될 수밖에 없다는 것이 그
  의 주장이었다.

것이다. 즉, 여기에서는 누가 계획하는지는 중요하지 않았다. 계획은 전문가의 역할이라는 암묵적인 전제는 그대로였다.

청사진에서 프로세스로 그 후 행동계획론의 사상은 광역 개발 전략을 빠른 시간 안에 확정하는 이른바 축소적 접근(reduced approach) 등의 매크로 방법과, 풀뿌리 주민의 의욕을 지지하는 등과 같은 마이크로 방법론으로 나뉜다. 후자의 흐름을 계승하면서 1970년대 말부터 주로 농촌 커뮤니티 개발이나 보건 계획 분야에서 시도된 것이 속성 농촌 조사(Rapid Rural Appraisal, RRA) 기법이다. 전통적인 개발 조사 방법(전문조사원을 투입해서 시간을 들여 자료를 모으고 객관적으로 분석하여 계획의 기초 자료로 함)을 대신해, 대상 지역의 주민을 조사자에 넣어 빠른 자료수집, 프로젝트 작성, 평가 등을 수행하는 것이다. 이 방식은 점차 많은 NGO나 국제기관의 주목을 받으면서 각지에서 그 경험이 축적되었다.

이것은 1990년대부터 질적 진화를 이루어 참여형 농촌 조사(Participatory Rural Appraisal, PRA), 또는 참여형 학습·행동(Participatory Learning and Action, PLA)으로 불리게 된다. 이러한 조사법은 계획을 위한 효율적인 정보 수집이 아니라, 주민의 문제 발견과 행동을 위한 조직·능력 형성에 중점을 둔다는 점에서 임파워먼트의 한 방법으로도 볼 수 있다. 구체적으로는 주민 상호 간의 간이 인터뷰, 집단 토론, 이미지 지도 만들기, 생활 달력 만들기, 마을 개발의 역사 조사, 중요 과제와 우선순위 선정 등과 같은 다양한 기법이 동원된다. 이들 방법의 가장 큰 특징은 '현실로부터, 마을 사람들로부터 배운다'는 것이다. PRA의 지도자인 로버트 챔버스에 의하면, 이러한 학습 프로세스(learning process)야말로 하향식의 청사진형 계획과는 정반대되는 특징을 띠는 것이다. '조사'를 통해서 참여자(다양한 주민 계층 및 외부 사람들)의 인식을 넓히고, 각자(특히 외부자)가 변용(變容)해 가면서 새로운 관계를 구축하는 장을 마련하는 것이 PRA와 PLA의 목적이다(Chambers, 1997).

이와 같은 관점에서, 스리랑카의 갈(Gal)강 관개 계획에 종사한 노만 업호프도 "이 사업에는 실현해야 할 청사진(blueprint)이 아니라, 발생하는 새로운 상황에서 배우고 수정해 가는 접근(approach)이 있었으며, 해결책은 상호작용과 조정을 통해 제시되면서 이루어져 간다."고 하였다(Uphoff, 1992).[7]

물론, 청사진형 개발 계획이나 제도 적용형 복지 시책이 이루어질 때도 있다. 앞서 언급한 것처럼, 이러한 것은 환원주의적인 문제 분석이 가능한 안정적 상황이나 향후 전개될 상황에 대한 예측을 통해 자원 할당에 대한 통제가 가능한 정상적인 맥락에서는 의미가 있다. 혹은 행정적으로 대상을 선별하는 제도적 기반이 기능할 때는 유효할 수 있다.

누군가가 집에 손님을 초대해서 저녁을 대접하려 한다고 해 보자. 초대한 집 주인은 며칠 전부터 메뉴를 생각하고, 필요한 식품 재료를 메모해 두었다가 사 와서 요리하고, 손님이 오면 함께 먹고, 그가 돌아가면 이 프로젝트가 끝난다. 프로젝트(project)는 목적(ends)을 우선 정하고 그것을 달성하는 수단(means)을 선택하여, 그에 준거한 행위에 가치를 부여하는 합리주의를 바탕으로 한다.

매일 일상적으로 하는 보통의 요리나 식사를 위해서는 그처럼 하지 않는다. 일하고 돌아오는 길에 가게에 들르면서, 집의 냉장

고에 있는 것들(resources)을 떠올린다. 그리고 눈앞에 있는 식품들의 가격이나 질을 따지면서, 오늘은 저것으로 하자고 결정한다. 아무리 즐겁다고 해도, 매일 손님을 부르지는 않는다. 즉, 손님 초대는 '지속적'인 일이 아니다.

프로젝트를 통해 목적 달성을 지향하는 조직은 지역사회에서 보면 비일상적이다. 그러므로 그 자체에 지속성을 기대하는 것은 무리가 있다. 덧붙이자면, 목적 형성과 그 실현에도 여러 사람이 관계하며, 그 과정에서 새로운 맥락이 설정되어 가는 것이 자연스럽다. 애초의 목적이 흔들리는 것을 최소화하기 위해 '조작성' 강화를 꾀하는 개발 이론으로는 원리적으로 무리가 따른다.

복지사회 개발의 접근 역시 전형적인 개발 계획의 관점에서 탈피할 필요가 있다. '개발은 프로젝트를 실시하는 것'이라는 속설에서 벗어나, 일상적인 발상의 스타일을 지지하면서 무리가 따르지 않는 방법을 복지사회 개발의 기본으로 해야 한다. 주민이 자신의 자원을 머리에 떠올리면서(의식되지 못하는 자원을 의식화하는 것도 포함해서), 어디에선가 힌트를 얻어 새로운 생활의 이미지와 결부시켜 가는 일상적이며 지속적인 과정에 주목해야 한다. 이때 '계획'이란 복수 집단들 간의 합의 형성을 위한 단지 하나의 도구로서 기능한다. 즉, 목적이 아니라 수단으로서의 계획이라는 계획관의 전환이 요구되는 것이다.

2) 장(場)의 생성

일본의 고치(高知)현에는 독특한 제도가 있다. 현청(県庁)의 여러 부서로부터의 직원이 '지역지원기획원'이 되어, 시·정·촌(市町村)에 파견된다.* 그들은 행정의 종적 구조를 뛰어넘어 주민의 지역 부흥 활동을 돕는다. 예를 들어, 다음과 같은 활동이 진행되는 것을 돕는다. 고령자율이 50%에 이른 어느 마을에서는 용수 확보, 교통수단, 장보기 등에서 기존의 시스템이 더 이상 기능하기 어렵다. 이런 마을에서 한 고령자 그룹이 전통적인 계단식 논에서 수확한 쌀을 상표 인지도가 높은 쌀로 만들어 오사카 방면으로 공동 출하한다. 또한, 계단식 논의 모심기를 이벤트로 만들어, 외부 사람들을 끌어들이는 활동도 시작한다. 이렇게 해서 얻은 공동 자금을 이 고령자 그룹이 기존의 마을 조직을 대신해서 마을 집회소를 유지하는 데 사용한다.

이 지구에서 일하는 지역지원기획원 A 씨는 "고령자 그룹에서 정미소라는 아이디어가 나왔을 때, 정미소를 축으로 마을 사람들이 어떤 얘기를 해 나갈 건지, 함께 논의하면서 그것을 지원하고자 하였다."고 한다. 이것은 인상적인 표현이다. 이는 단순히 정미소에 대한 법적 설치 기준을 전제해 두고, 이것이 제도에 들어맞는지 어떤지를 판정해서 예산 지원 여부를 결정해 주는 등과 같은 전형적인 방식의 행정 업무 처리가 아니다. 마을 사람 개개인의 미래 지향적인 이야기가 모여서, 그 속에 등장한 공동시설이 마을에 설치되었기 때문에, 지금까지의 전통적인 조직 방식에서와는 다른

역자주

* 시·정·촌이란 우리나라 시·군·구의 행정 구분과 유사한 기초자치단체를 지칭하는 것이다. 도·도·부·현(都道府県)이 우리의 시·도와 같은 광역자치단체가 된다.

형태의 새로운 공동성(共同性)이 생겨나게 되었던 것이다. 이러한 성과에 힘입어서, 현청 전체의 일하는 방식도 이와 함께 조금씩 변화하게 되었다.

한편, 이 그룹의 쌀이 오사카 방면으로 출하되면서 마을 외부와의 관계성도 발생하게 되었다. 마을에서 개최하는 각종 이벤트에 타 지역의 학생들이 참여하게 되는 것 등이다. 이런 가운데 한층 더 새로운 아이디어가 전개되어 간다. 즉, 요소환원주의적인 문제 분석에서 시작하지 않고, 마을 사람 개개인의 자유로운 이야기를 지지하는 '장'이 지역 안에 마련됨으로써 주체들 간의 상호작용 활성화나 관계 변용이 가능하게 된 것이다. 이를 통해 새로운 공동성, 외부와의 관계성 등과 같은 마을 문제의 해결에 필요한 자원을 창출할 수 있었다.

또 다른 예로는, 일본 북해도(北海道, 홋카이도)의 쿠시로(釧路)시에 있는 NPO「지역생활지원 네트워크 살롱」을 들 수 있다. 이는 장애아동의 부모들이 중심이 된 당사자 활동의 일환으로 출발했지만, 장애 분야에 대한 소규모 시설 사업을 뛰어넘어 지역생활을 지원하는 사업으로까지 확대되었던 것이다. 현재 쿠시로시에는 이러한 사업을 위해 20여 곳의 거점이 마련되어 있으며, 직원 120명 이상에 예산 3억 엔 규모의 네트워크가 기능하고 있다.

이 활동의 리더인 히오키(日置真世)에 따르면,° 활동이 확대될 수 있었던 기초는 지역 사람들이 모이면서 여러 욕구가 모이게 되

역자주

● 이 책 〈6장〉에서 구체적으로 사례를 설명한다.

는 '장(場)'에 있었다고 한다. 예를 들어, 「커뮤니티 하우스 동월장 (冬月莊)」에서는 생활보호 대상자 세대 아이들의 고교 진학을 돕기 위해, 지역의 학생이나 장애인, 공무원 등이 '개인교사'로 이들과 관계한다. 이들은 그 장에 즐겁게 모여 생활하면서, 점차 지원·피지원의 입장이 역전되거나 순환되는 경험을 하게 된다. 게다가 생활상의 과제를 가진 사람이 스스로 과제를 해결하기 위해 새로운 사업을 시작하기도 한다. 지역 주민이 협동하기도 하며, 내용에 따라서는 공공행정의 제도화로 연결되기도 한다. 이것이 「지역 생활지원 네트워크 살롱」의 진화 과정이다. 「커뮤니티 하우스」는 생활 과제가 새로운 사업으로 전개되는 장이 되었던 것이다.

이러한 사례에서 볼 수 있듯이, 여기서는 지금까지 제도가 대상으로 삼아 왔던 일반적인 '복지 문제'와는 다른 성격의 문제들이 다루어진다. 이러한 문제들에는 문제 구조의 인과관계 분석으로 목적-수단의 체계를 이끌어 내는 청사진형 접근이 유효하지 못하다. 다양한 문제나 욕구, 사람들이 모이는 가운데 상호작용이 활성화되면 문제 구조 자체도 변화해 가게 된다. 그러므로 그러한 변화를 통해 문제 해결을 위한 자원을 발견해 가는 '장'을 설정하고, 그것을 지켜보며 지원하는 접근이 유효하다. 한편, 그러한 가운데 그 장을 마련하는 주체나 틀도 변화한다. 실천적으로는 그러한 관계 변화의 장을 어떻게 생성시키고 지원해 갈 것인가가 과제이며, 연구적 측면에서는 이러한 프로세스를 기술하는 것이 중요한 과제가 된다.

앞서 마이크로 크레디트를 예로 들었다. 마이크로 크레디트가 지금 사회개발 분야에서 세계적으로 주목받는 이유는 그라민 은행의 예에서처럼, 빈곤 감소에 대한 기대 효과 때문이다. 이런 점에서 마이크로 크레디트의 연구자들은 주로 문제 의식을 마이크로 크레디트 사업 운용의 결과로 회원들의 빈곤율이 얼마나 줄었는지, 또는 자금 상환이 어려운 채무 불이행자의 비율은 몇 %인지 등에 두는 경향이 있었다. 채무 불이행은 시스템의 불안 요인으로 볼 수 있으므로, 이를 조정해서 시스템을 정상적으로 유지해 가는 것이 목표 달성으로 연결된다고 생각하는 것이다.

그러나 복지사회 개발의 계획학에서 최대의 관심사는 그런 것이 아니다. 그보다는 '만약 융자를 돌려줄 수 없게 된 사람이 있다면, 그때 그 회원이 속한 그룹은 어떤 논의를 전개해 가는지, 그러한 논의를 통해 마이크로 크레디트의 시스템 자체는 어떻게 변화하는지'에 주목한다. 복지사회 개발의 본질은 '시스템의 불안정을 줄인다'라는 결과를 확인하려는 것이 아니라, 시스템의 불안정을 계기로 해서 전체적으로 더 적합한 시스템으로 변화하거나 진화하는 프로세스에 있다.

실제로 융자를 받은 그룹의 회원들이 정기적·자주적으로 모여, 거래뿐만 아니라 정보 교환이나 수다를 떨면서 서로의 경험을 공유하는 '장'이 축적되면, 크레디트 시스템의 규칙도 바뀌면서 프로그램 전체가 발전하는 예도 적지 않다. 그렇게 되면 결과적으로 개개인의 융자 접근성도 높아진다. 또한, 단지 융자의 제공과 변제만이 아니라, 공동 기금을 만들거나 그 기금을 토대로 의료 공제나 연금 공제와 같은 안전망 구조를 만들면서 진화해 가기도 한다.*

역자주

● 이에 대해서는 이 책 〈7장〉에서 자세히 소개한다.

이러한 상호 학습의 장과 경험 축적의 프로세스를 정책적으로 지지할 수 있는 방법도 가능하다. 예를 들어, 태국 정부의 「커뮤니티조직개발기구(CODI)」는 주민의 조직화를 지원하여, 그들이 주도권을 가지고 운용할 수 있는 저축조합의 회전 기금에 자금을 제공하였다. 그 같은 가능화(enabling)적이고 유연한 정책 운용의 결과, 지역 주민 스스로 자금 축적이나 상호 지원 구조를 생각하여 주민 주도의 사회 안전망이 만들어질 수 있었다.

복지사회 개발의 계획학은 새로운 방식의 계획관을 필요로 한다. 엄격한 문제 분석을 통해 특정한 형태의 효과적인 프로그램을 만들어서 주입하는 방식의 청사진적 계획학으로는 상호작용을 통해 변화해 가는 사람들의 문제나 욕구를 해결해 가는 데 적절하지 못하다. 그래서 새로운 활동의 아이디어가 끊임없이 등장하며 진화하고, 그에 따라서 운영 자체도 변화하는 상호작용의 장 형성과 배움의 과정을 지원할 수 있는 새로운 방식의 계획학이 요구된다.

⑤ 복지사회 개발의 임상학

1) 상호변용

복지사회 개발의 미시 영역에서는 '지원 실천'의 방법을 다룬다. 복지사회 개발의 임상학에서는 '워커-클라이언트'의 관계를 넘어, 워커 자신도 지역의 행위 주체(actor)로서 변화해 가며 지역을 변화시키는 방식의 지원 실천을 추구한다. 사회복지 교육의 입장에서, 후에키(笛木俊一) 교수는 사회복지사가 클라이언트의 문제를 요소환원적으로 분석하는 데 따르는 문제를 제기한다. 만약 사회복지사가 '무엇(X) 때문에 당신에게 문제가 발생(Y)했다'는 식으로 말하는 순간, 클라이언트는 더욱 궁지에 몰리게 되고 만다.• 사정진단 표를 손에 들고, '이것은 ×, 저것은 ○'라는 식의 판정으로 프로그램을 만들어 그때그때 튀어나오는 문제들만을 잡으려고 하는 이른바 '두더지 때리기' 식의 해법은 옳지 않다. 본인의 자유를 확대하는 관점에서 문제 구조를 바꾸어, 당사자가 즐겁게 살 수 있는 장을 발견하도록 사회복지사가 함께 관계 구축을 추진해 가는 자세를 지녀야 한다고 주장한다.

개발 워커와 커뮤니티 워커도 지역 사람들과 관계한다. 그 관계를 통해 그들을 지원하고, 의식화하며, 사회참여를 촉진한다. 그러한 지원 실천이 전문직의 고착화된 인과론 지식에 기초하게 되면, 워커가 클라이언트에게 일방적으로 서비스를 제공하는 이른바 '의사-환자'의 관계와 비슷해진다. 아마르티아 센(Sen, 1999)은 환자(patient)와 에이전트(agent)를 대비시킨다. 환자는 주어진 약을 먹기만 하는 수동적인 대상이다. 만약 의료나 재활(사회복귀요법) 전문가가 환자의 어려움을 진단 '대상'으로 객체화하여, 환원주의적으로 문제 원인을 규정하고(원인이 되는 신체의 기능 부전), 연역적으로 목표를 설정하고(정상인 수준에 가깝게), 그 목표 달성을 위해 자원을 동원하는(기술적 서비스로서 재활 적용) 청사진형의

• 후에키 슌이치는 일본복지대학의 사회복지학과 교수로서, 사회보장법과 공공부조론 등을 주된 연구 테마로 하고 있다.

전문성을 중시한다면, 그것은 사람이 병원이나 시설이라는 통제
된 환경에서 의료적 처치를 받는 '환자'라는 정체성만을 지닐 때
성립 가능하다.

환자라는 용어는 사람의 전일적(全一的, holistic)인 삶 가운데서
어느 특정 시기의 특정 심신 기능에 주목하여 그것을 부각시키는
것에 지나지 않는다. 세계연합(UN) 여러 기관들의 공동 프로그램
인 「UNAIDS」는 에이즈에 관한 용어 지침을 발표하고, 환자라는
말은 순수한 의료적 맥락에서 사용하는 것 외에는 피해야 한다고
권고한다(UNAIDS, 2011). 이는 단순히 정치적이나 수사적인 것이
아니라, 올바른 대상 파악을 위한 인식론적 권고로서의 가치가 있
다. 환자라는 용어에는 '요양이 필요한 약한 사람'이라는 부정적인
가치 판단이 무의식적으로 내포되어 있다. 게다가 의료적 대응 이
외에도 개인은 생활 전반에서 다양한 정체성을 가지고 있음에도
불구하고, 이를 단색적으로 도배해 버리는 것은 오류다.

전문직이 때때로 대상을 이처럼 보게 되는 것은 분업화된 제도
를 전제로 개별 욕구에 대응하려 하기 때문이다. 제도에는 인간의
삶이라는 다양하고 유동적이며 전일적인 대상을 통째로 다룰 수
있는 방법이 없다. 그래서 'HIV 양성자' '장애인' '빈곤 세대' '노숙
자'라는 고정화되고 분별적인 개념에다 집어넣는다. 제도를 전제
로 한 '당사자성'이란 것도 당사자 개인을 그 틀에 집어넣어, 시책
의 대상으로 객체화하여 '비당사자'와의 분별을 초래한다. '장애인'
이 장애물에 직면하고, 'HIV 양성자'가 일정한 지속적 의료를 필요
로 하며, '노숙자'가 노숙 상태에 있는 것은 단지 생활의 특정 측면
일 뿐이다. 그러나 무의식중에 정체성은 단일화되고, 주체성을 중

시하고자 의도했던 '장애 당사자'라는 표현이 오히려 제도적 사회 속에서 제도에 의해 규정된 '장애인'에 불과한 존재로 만들어 버리는 역설이 발생한다. 전문직은 대상의 개별 욕구와 기존 시책을 연결해 제도적 서비스를 시행한다. 물론 이러한 접근조차도 제도가 파탄이 났거나 사각지대의 문제가 있는 경우, 혹은 아예 제도 자체가 부재한 세상에서는 문제 자체로 성립되지 않는다.

'지역'은 사람들이 전일적으로 살아가며, 누구나 당사자가 되는 다양한 관계가 가능한 장소다. 우리가 자타의 다양한 정체성을 서로 인정하고, 새롭게 각자의 문제에 임한다는 의미에서 주체성 회복은 '누구나 지역에 사는 생활 당사자'라는 포괄적인 당사자성을 확인하는 것에서 시작될 수 있다(日置, 2009). 이것이 곧 제도복지와 다른 지역복지의 출발점이 되는 것이다.

만약 개발 워커나 커뮤니티 워커가 지역에 관계하면서 지역 사람들의 사회참여를 촉구하려 한다면, 기존과는 다른 접근이 요구된다. 브라질의 교육학자 파울로 프레이리는 지역에 관계하면서, 제도적인 지식 전달을 업무로 하는 농업 보급 기술자나 원조주의적인 사회복지사를 비판한다. '전달'과 대비되는 것이 상호소통 · 교류 · 대화다. '억압된 사람들의 의식화'라고 하면 프레이리가 반드시 인용되는데, 그는 '의식화라는 것은 상호의식화(inter-conscientization)'라고 하였다(Freire, 2008: 118). 각자가 지역에서 다양한 정체성을 지니는 주체라는 맥락에서, 의료와 같은 고도의 전문적 행위조차도 상대와의 상호작용을 통해 의료종사자가 건강에 대한 사고나 이미지를 변화시켜 나갈 수 있다. 또한, 상대의 전일적 생활을 지원하는 공동 행동을 촉구하는 의료 프로세스도 가능할 수 있다.

　미시 수준의 임파워먼트도 같은 의미에서 '상호 임파워먼트'라 할 수 있다. 서로 관계하는 가운데 관계 변화를 통해 상대가 임파워됨과 동시에 자신도 임파워된다. 일본의 장애인 당사자 운동에 앞장서 온 나카니시에 의하면, 장애인 자립생활운동에서 동료상담가는 상담 대상을 '클라이언트'로 부르지 않는다. 그리고 실제로 동료상담 교육의 장에서도 상대와 자신의 주객(主・客)을 바꾸어, 지금까지 내가 상담에 응해 주던 상대가 이번에는 나의 상담에 응해 준다는 관계를 만든다(中西, 2009).

　다만 여기서 중요한 것은 이러한 상호 변화, 상호 임파워먼트는 단지 서로 마주하기 때문에 발생하는 것이 아니라는 점이다. 그보다는 서로가 소통하면서 함께 외부 대상을 인식하고, 그 대상을 변화시키려는 공동 행위 속에서 상호 임파워먼트가 발생한다. 프레이리는 다음과 같이 말한다.

　"사회복지사가 자신만이 유일하게 변화를 만드는 사람(the agent of change)이라고 생각하는 한, 다음과 같은 당연한 사실을 이해할 수 없다. 즉, 만약 사회복지사가 진정한 의미의 교육적 해방 행동을 하려고 한다면, 그 상대자는 단순히 사회복지사의 대상이 아니다. 그 상대자 또한 변화를 불러일으키는 주체적인 사람이다."(Freire, 2008: 105)

　"농업 보급 기술자는 변화를 추진하는 자로서, 또 다른 주체적인 변화의 동등한 추진자인 빈농들과 함께 변혁의 과정에 투신하여 빈농들의 의식화를 도우면서 동시에 그것을 통한 스스로의 의식화도 추진해 가는 것이다."(Freire, 2008: 118)

여기서 다시 거시와 미시 수준의 과제와 연결되는데, 개발 계획이 경제성장뿐만 아니라 사회개발을 중시하게 되면서, 1970년대에는 경제나 농업, 토목 관료만이 아니라 보건이나 교육 전문가도 계획 집단에 포함되게 된다. 당시 세계연합은 다음과 같이 제시하였다. "의사나 교사는 장래의 청사진을 확정하고 그 실현을 목표로 하는 건축가와는 다르다. 환자나 학생의 상황을 끊임없이 진단해가며 발생하는 문제에 스스로 대처할 수 있도록 개개인의 능력 강화를 위해 노력한다."(UN, 1974: 36)

여기서 등장하는 '의사'의 비유는 과정을 중시해야 함을 제시한다. 이것은 인류학자 마가렛 미드(M. Mead)가 말하는 '개개인이 선택한 각각의 행위 그 자체에서 방향성과 가치를 찾아내는' 접근과 같다(Bateson, 1973: 133-6). 1942년의 논문에서 미드는 당시 전체주의 대 민주주의라는 세계 구도 속에서, 청사진에 그려진 사회상을 달성하기 위해 사람을 동원하는 조작주의는 민주주의적 이념과 맞지 않는다고 주장했다. 그리고 만약 사회과학자가 문화 변혁에 계속해서 공헌하려고 한다면, 이미 설정된 목적을 위해서 일하는 (사람들을 조작하는) 것이 아니라, 사회과학자 자신을 그 실험 대상에 포함하는(스스로도 변화하는) 것이 중요하다고 하였다(Bateson, 1973).

여기에서 말하는 '복지사회 개발의 지원'이란 상대를 클라이언트로 여기는 접근과 다르다. 지원자인 워커 자신도 지역의 한 '행위 주체'임을 인식해서 '사람들의 상호작용을 어떻게 활성화할 것인가, 관계를 어떻게 변용시킬 것인가'라는 질문 속에서 지원을 고려하며, 그 과정에서 자신도 함께 변화하는 것이다. 사회복지사라

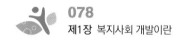

는 전문직을 고정화하지 않고, 오히려 상대화하여 지역에 열린 전문가가 되도록 한다. 목적을 위해 사람을 수단화하지 않고, 각각의 문제와 가능성을 주시하면서 워커 자신도 행위자(actor)의 일원으로서 지역 변화를 만들어 가는 것이다.

2) 외부인에 의한 매개

지역이 모든 경우에 스스로 건강하게 작동할 수 있는 것은 아니다. 지역 또한 편협한 공동체주의의 기반이 될 수 있다. 그러므로 그 자체를 상대화해서 극복해 가려는 움직임도 필요하다. 그것이 외부와의 교류에 대한 과제다. 쿠시로(釧路)의 「커뮤니티 하우스」에서는 지원자 입장인 코디네이터나 가르치는 입장인 개인교사들도 변화를 경험한다. 그러한 변화를 통해 상호 지원의 '장'이 형성될 수 있었다. 보통 비당사자로 분류되는 '전문가' '지원자' '외부인' '연구자'가 스스로 변화하여 장 안에서 한 사람의 액터, 즉 당사자로서 지역이라는 장 변화의 매개자가 된다.[8]

일본 에도(江戸) 시대°에는 맹인 승려가 여러 마을을 돌면서 이야기를 전하는 역할을 했다. 맹인 승려는 마을 사람들의 반응을 감지하면서, 자신의 이야기를 수정해 갔다. 마을 사람들은 몇 년에 걸쳐 한 번씩 방문하는 그의 이야기가 변화한 것에서 바깥세상

역자주
● 일본에서 에도 시대(17~19세기 중후반)란 도쿠가와 이에야스(德川家康)가 전국시대를 끝낸 이후 도쿄(에도)를 중심으로 막부(幕府) 정권을 유지했던 때로부터 메이지유신(1867년) 이전까지의 시기를 뜻한다.

의 흐름을 감지할 수 있었다 한다. 이러한 역할은 츠루미의 '표박
자(漂泊者)'나 미야모토의 '유랑자(流浪者)' 개념과도 같은 것이다
(鶴見, 1977; 宮本, 1986). 츠루미의 '내발적 발전'에서는 그 지역 사
람만이 '당사자 주권'으로 지역의 장래를 결정할 수 있는 것으로
간주하지 않는다. 내·외적 교류가 내발적 발전에는 필수적인 요
소로 포함되는 것으로 본다(鶴見, 1989: 53). 과거에 일본 이와테(岩
手)현 코츠나기(小繋) 지역의 농민 투쟁을 지도한 코보리(小堀喜代
七)라든지, 농민의 소리에 귀 기울였던 오무타(大牟羅良)도 모두
'행상인'이었다(戒能, 1964; 大牟羅, 1958). 행상인(行商人)은 정보나
경험을 수평적으로 매개하고 상대화한다. 그들의 정보는 권위나
지시, 상품이 아니라 물건을 파는 사이에 전해진다. 마을 사람들
은 다른 지역의 경험과 비교하면서 자신들의 경험과 가능성을 생
각한다. 그 결과, 내발적인 주체성이 나오게 되는 것이다.

야나기타(柳田国男)에 의하면,* 정주자에게 있어서 표박자라는
것은 차별·동경·교역의 대상이다. 때론 정주자도 여행을 통해
일시적인 표박자가 될 수 있다(鶴見, 1977). 즉, 매개자는 밖에서뿐
만 아니라 안에서도 나올 수 있다는 것이다. 바깥세상의 경험을
지니고 마을로 돌아오는 사람들은 마을의 경험을 상대화할 수 있
다. 이른바 '돌아온 탕자'다. 행상인은 여러 지역을 떠돌면서 사소
한 이야기 속에서 다른 지역의 경험이나 정보를 전한다. 하지만

역자주

• 야나기타 쿠니오(柳田国男, 1875~1962년). 일본 민속학의 개척자로 『日本人と
 は何か(일본인이란 무엇인가)』를 연구하기 위해, 일본 열도 각지를 여행하며
 조사하였다.

돌아온 탕자는 마을에서 나가 체류하면서 견문을 넓히고, 자신의 지역으로 되돌아와서 새로운 정보를 제공하게 된다. 또한 '데릴사위' 유형도 있다. 나카타(中田豊一)는 어떤 순경이 마을 아가씨와 결혼하여 그 마을에 정착하게 되면서, 마을로 정보를 매개하는 역할을 하게 된 라오스의 사례를 소개한다. 즉, 마을과 바깥세상을 연결할 수 있는 사람이 마을 사람들의 새로운 행동에 결정적인 역할을 할 수 있다는 것이다.*

바로 여기에 '외부인'이라는 전문성이 있다. 마을을 넘고 국경을 넘어 사람들 서로의 맥락을 상대화하여 이해할 수 있는 것, 그리고 그 이해를 서로 나누어 각각의 경험을 매개할 수 있게 한다는 점이다. 이것은 전문가로서 문제를 분석하고 처방전을 제시하고, 주민 중 리더를 뽑아서 필요한 자원을 동원하거나 기존의 제도적 서비스를 제공하는 등과 같은 통상적 맥락과는 다른 전문성 접근이다. 제도에 기대할 수 없거나 제도를 뛰어넘으려고 할 때, 주민의 인식 변화와 매개자인 외부 사람의 변화 등과 같이 다른 지역과 교류하면서 서로가 배우는 장을 만드는 '학습 과정' 접근이 중요한 의미를 지닌다.

그 속에서 사람들은 스스로의 욕구를 새롭게 확인하게 되고, 그 과정에서 문제의 구조 또한 바뀌게 된다. 예를 들어, 이전까지는

역자주
* 나카타 요시카즈(中田豊一). 나카타는 싱크탱크 NGO인 참여형개발연구소(Institute of Participatory Development)를 개설하고, 프리랜서 국제협력 컨설턴트로서 활동 중이다. 나카타와의 이야기 중에서 들은 사례를 저자인 호사카 교수가 본문에서 인용하였다.

'다리에 장애가 있는 것' 자체를 문제로 인식했다면, 이제는 '접근성'이라는 문제로 인식이 전환된다. '제대로 된 주택을 소유하지 못했으므로 적절한 주택을 배분한다.'는 정책 과제는 '주거지를 만들 자유가 억압되고 있는 조건을 제거한다.'는 과제로 전환된다. 무기력한 한부모가정의 여성들에게 필요한 것은 '임파워먼트 교육'이라기보다 '적절한 정보나 육아 지원책'이라는 새로운 인식이 생겨난다. 이러한 논의 속에서 지역의 자원을 재발견하거나 창출하는 주체 또한 생성된다.

따라서 전문직은 '사회복지사로서' 혹은 '개발 원조전문가로서'라는 기존의 생각의 틀을 접고, 지역의 새로운 과제에 비추어 자기 자신을 상대화할 필요가 있다. 제도의 안경을 벗고, 지역 사람들의 생활이라는 면에서 무엇이 어떻게 박탈당하고 있는지 서로 논의하는 가운데, 그 해결을 위해 어떤 전문지식·기술·시설이 필요한지 알게 된다. 지원하는 워커가 현장을 통해 배우고 현장과의 관계 속에서 경험을 매개하는 것, 즉 학습과정(learning process)이라는 것은 역으로 탈학습과정(unlearning process, 배워서 몸에 익힌 것을 일단 버리고 상대화하는 것)이기도 하다. 바로 이러한 프로세스에 복지사회 개발을 위한 지원 실천 방법의 본질이 있다.

원서후주

1 그 배경에는 세계공황에 직면한 영국 본국의 고용을 방어하기 위해, 식민지 경제 활성화와 시장 확대를 통해 본국의 수출을 촉진하는 정책이 있었던 것으로 보인 다(Midgley, 2011).

2 타나베(田辺, 1999)로부터 많은 것을 배웠다. 여기에서 편의적으로 '주체'를 사용 하고 있지만, '에이전트'는 근대주의적인 아프리오리(a priori)로 정립되는 주의(主 義)적 개인이 아니다. 그보다는 뒤에 나오는 상호작용의 장에서 매개되고 촉구되 어 행동하는 존재다. 타나베(田辺)는 '행위 매개의 장으로서 신체(조직)의 연관성 이나 공동성'에 주목하여 자신이 놓인 관계성의 맥락 그 자체를 변용해 가는 능 력을 에이전시라고 하였다. 개발학에서 에이전시 개념을 둘러싼 논의에 대해서는 〈International Development Planning Review, 30(4), 2008〉의 특집을 참고하기 바란다.

3 '마이크로 크레디트'란 빈곤한 사람들을 조직화하여 무담보의 소액 융자를 제공하 는 활동이다. 대부분의 성공 사례는 여성 조직화를 토대로 이루어지고 있으며, 1970년대 후반부터 개발도상국의 농촌에 확대되기 시작했다. 융자만이 아니라 저 축이나 보험, 송금 등 다양한 금융 서비스를 제공하는 것은 마이크로 파이낸스라 고 부른다.

4 사회개발 정상회의와 관련된 문서는 〈http://www.un.org/esa/socdev/wssd/〉에 서 다운로드 가능하다. 행동계획의 내용 분석에 대해서는 西川(2000)를 참조한다.

5 미즈리 등은 자립생활운동을 장애인이 생활하는 지역에서의 '주류화'로 논하고, 그것을 지원하는 개발 사회사업의 역할을 주장한다(Midgley & Conley, 2010).

6 「Basic Plan」으로 통칭되지만, 정식 명칭은 Basic Development Plan for Metropolitan Calcutta(Government of West Bengal, 1966)이다. 또한 CMPO설립에는 공산주의 를 막으려고 '개발'을 중시한 미국 케네디 대통령의 전략이 있었다고 한다. 그런 이유에서 서부 뱅갈의 공산당 정권과는 관계가 좋지 않았다. 「기본계획」은 그 내 용의 선진성에도 불구하고 정치적 대립 속에서 장기간 빛을 보지 못했다.

7 비청사진형 개발론과 남아시아의 실천에 대해서는 호사카(穂坂, 2002b)를 참조하 기 바란다. 이 절의 일부는 이 논문과 중복되는 부분이 있다.

8 촉매적(catalytic)인 역할을 하는 변화매개자(change agents) 개념에 대해서는 개 발론상에서 예전부터 논의되어 왔다. 예를 들면, Tilakaratna(1989)가 잘 알려져 있다. 그러나 화학반응에서 촉매 자체는 화학반응을 하지 않는 것처럼, 워커 자신 의 변화와 함께 상대를 변화시킨다는 내용은 볼 수 없다.

참고문헌

大林宗嗣 (1926). 『セッツルメントの研究』同人社書店 (慧文社による復刻版, 2008).

大牟羅良 (1958). 『ものいわぬ農民』岩波新書.

戒能通孝 (1964). 『小繋事件: 三代にわたる入会権紛争』岩波新書.

川本隆史 (1995). 『現代倫理学の冒険−社会理論のネットワーキングへ』創文社.

鈴村興太郎・後藤玲子 (2001). 『アマルティア・セン−経済学と倫理学』実教出版.

セン, アマルティア / 黒崎卓・山崎幸治訳(2000)『貧困と飢饉』岩波書店.

田辺明生 (1999). 「人類学・社会学におけるエージェンシー概念について」『季刊南アジア: 構造・変動・ネットワーク』2(1), 文部省科研費「南アジア世界の構造変動とネットワーク」総括班.

鶴見和子 (1977). 『漂泊と定住と─柳田国男の社会変動論』筑摩書房.

鶴見和子 (1989). 「内発的発展論の系譜」鶴見和子・川田侃編『内発的発展論』東京大学出版会.

中西正司 (2009). 「途上国の自立生活センターによる重度障害者のエンパワメントと社会変革: タイ・ナコンパトム県自立生活センターの設立過程とその成果の分析」日本福祉大学大学院国際社会開発研究科修士論文.

西川潤 (2000). 『人間のための経済学: 開発と貧困を考える』岩波書店.

日置真世 (2009). 『日置真世おいしい地域づくりのためのレシピ50』全国コミュニティライフサポートセンター.

穂坂光彦 (2002a). 「都市貧困地区の居住環境と住民: コロンボのシャンティ地区改善」柳沢悠編『現代南アジア第4巻: 開発と環境』東京大学出版会.

穂坂光彦 (2002b). 「南アジアの居住改善へのプロセスアプローチ: オランギー住民下水道事業の計画論的考察」『国際開発研究』21(2), pp. 221−238.

穂坂光彦 (2004). 「都市貧困と居住福祉」絵所秀紀・穂坂光彦・野上裕生編

『貧困と開発』日本評論社.

穂坂光彦 (2005). 「福祉社会開発学への方法論的考察: アジアの社会開発の視点から」日本福祉大学COE 推進委員会編『福祉社会開発学の構築』ミネルヴァ書房.

ホルスタイン, ジェイムズ＋ジェイバー・グブリアム / 山田富秋他訳 (2004). 『アクティブ・インタビュー: 相互行為としての社会調査』せりか書房.

宮本常一(田村善次郎編) (1986). 『宮本常一著作集31 旅にまなぶ』未来社.

Bateson, G. (1973). *Steps to an Ecology of Mind, Granada Publishing.* (邦訳は, 佐藤良明訳『精神の生態学』改訂第2版, 新思索社, 2000).

Chambers, R. (1997). *Whose Reality Counts? Putting the First Last.* IT Publications. (邦訳は, 野田直人・白鳥清志監訳『参加型開発と国際協力: 変わるのは私たち』明石書店, 2000).

Davidoff, P. (1965) "Advocacy and pluralism in planning", *Journal of American Institute of Planners*, November, pp. 331−338.

Emirbayer, M., & Mische, A. (1998). "What is agency?" *American Journal of Sociology*, January, pp. 103−4.

Esping−Andersen, G. (1992). 'The making of a social democratic welfare state' in K. Misgeld, K. Molin, & K. Åmark (Eds.), *Creating Social Democracy: A Century of the Social Democratic Labor Party in Sweden.* Pennsylvania State Univ. Press.

Esping−Andersen, G. (1999). *Social Foundations of Postindustrial Economies.* Oxford Univ. Press. (邦訳は, 渡辺雅男・渡辺景子訳『ポスト工業経済の社会的基礎』桜井書店, 2000).

Freire, P. (2008). *Education for Critical Consciousness. Continuum.* (原著初版は1974. オリジナルのスペイン語版からの邦訳は, 里見実・楠原彰・桧垣良子訳『伝達か対話か: 関係変革の教育学』亜紀書房, 1982).

Friedmann, J. (1992). *Empowerment: The Politics of Alternative Development.* Blackwell. (邦訳は, 斎藤千宏・雨森孝悦監訳『市民・政府・NGO '力の剥奪' からエンパワーメントへ』新評論, 1995)

Koenigsberger, O. (1964). "Action planning", *Architectural Association Journal*, May, (Mumtaz(1982) に収録).

Lindblom, C. (1959). "The science of muddling through", *Public Administration Review*, Spring, pp. 79-88.

Midgley, J. (1995). *Social Development: The Development Perspective in Social Welfare*. Sage Publications. (邦訳は, 萩原康生訳『社会開発の福祉学』旬報社, 2003).

_____ (2011). "Imperialism, colonialism and social welfare", In M. James & P. David (Eds.), *Colonialism and Welfare*. Edward Elgar.

Midgley, J., & Amy, C. (Eds.) (2010). *Social Work and Social Development: Theories and Skills for Developmental Social Work*. Oxford.

Mumtaz, B. (Ed.) (1982). *Readings in Action Planning, Vol. 1*. Development Planning Unit, University College London.

Patrick W. (1999). "Cities of light from slums of darkness: Otto Koenigsberger", *The Guardian*, 1999. 01. 26.

Rosser, C. (1970). "Action planning in Calcutta: the problem of community participation", R. Apthorpe (Ed.), *People, Planning and Development Studies*. IDS at Sussex.

Safier, M. (1974). "An action planning approach to possible patterns and solutions for accelerated urbanization", *RTPI Overseas Summer School*. September(Mumtaz(1982) に収録).

Sen, A. (1982). "Rights and agency", *Philosophy and Public Affairs*, Winter, pp. 3-39.

_____ (1985). "Well-being, agency and freedom: the Dewey lectures 1984", *Journal of Philosophy*, April, pp. 169-221.

_____ (1999). *Development as Freedom*. Anchor Books. (邦訳は, 石塚雅彦訳『自由と経済開発』日本経済新聞社, 2000).

Tilakaratna, S. (1989). "Some aspects of local social development in Sri Lanka". *Regional Development Dialogue, 10*(2), pp. 78-94.

UNAIDS. (2011). Terminology Guidelines. January (http://www.unaids.

org/en/media/unaids/contentassets/documents/document/2011/jc1336_
unaids_terminology_guide_en.pdf)

United Nations Commission for Social Development. (1974). 'Report on a
unified approach to development analysis and planning' E/CN, 5/519.

Uphoff, N. (1992). *Learning from Gal Oya: Possibilities for Participatory
Development and Post−Newtonian Social Science*. Cornell Univ. Press.

복지사회 개발의 이론

089

제2장

복지사회 개발의 이론

복지사회 개발은 다양한 이론적 관점에서 설명될 수 있다. 여기서는 미즈리의 사회개발론, 다케가와의 복지사회론, 요고의 지역사회론을 통해 복지사회 개발의 이론적 위치를 제시해 본다.

① 미즈리(J. Midgley)의 사회개발론[•]

사회개발(social development)이라는 용어는 1950년대부터 연구자나 전문직 사이에서 사용되어 왔다. 이 용어에는 사회적 복리(social well-being)와 경제적 개발이라는 두 가지 의미가 포함되어 있다. 사회개발은 사회서비스 사업을 통해 사람들의 복리를 증진

역자주

● 이 부분은 〈Midgley, J. (2005). "社会開発論", 日本福祉大学COE推進委員会編, 『福祉社会開発学の構築』, ミネルヴァ書房〉에서 발췌한 내용을 번안한 것이다.

하는 공공행정의 노력으로, 한마디로 사회복지 정책(social welfare policy)과 밀접한 관계에 있다. 사회개발은 제2차 세계대전 후 저소득 국가들의 개발을 목적으로 도입된 경제개발 정책의 계획론과 관계가 깊다.

사회개발이라는 용어가 오늘날 폭넓게 사용되고 있지만, 아직 명확한 정의는 규정되지 않고 있다. 특히 구체적인 프로그램 차원에서 사회개발이 무엇을 의미하는지에 대해서는 혼란이 적지 않다. 사회개발이라는 용어는 사용하는 사람에 따라 커뮤니티 차원의 경제적 개발과 동일시되거나, 정부 차원의 개발인 사회계획으로 이해되기도 하며, 사회서비스 공급과 동의어로 인식되거나, 민간의 풀뿌리 조직 활동으로 인식되는 등 다양한 의미를 지녀 왔다. 그러나 이에 대해 학문적으로는 아직 명쾌한 결론을 내리지 못하고 있다. 사회개발을 개념적으로 설명하면서 확실한 이론적 기반을 확립하려는 체계적인 움직임도 있지만, 일관된 개념·이론·규범적 지침과 같은 것이 아직 확립되지는 못했다. 그렇기 때문에 정책과학으로서의 사회개발학에 대한 정립이 강하게 요구된다.

사회개발 사상에 영향을 준 두 가지 학제적 영역은 개발 연구(development studies)와 사회행정론(social administration)이다. 개발 연구는 제2차 세계대전 후 수십 년에 걸쳐 이루어진 신흥독립국들의 경제개발을 촉진하는 것과 관련된 학문적 영역이다. 사회행정론은 오늘날 사회정책학(social policy)으로 불리는 경우가 많은데, 전후 서구 국가들 사이에서 확립되어 급속히 확대되었던 사회적 제반 시책들(social programmes)을 운영하는 정책 입안자 및 행정 담당자를 양성하려는 시도에서 비롯되었다. 각각 다른 맥락에서 발전해 온 이러한 학제적 영역들이 사회개발론의 발전에 기여해 왔다.

1) 사회개발의 등장

사회개발이 독자적인 한 분야로 등장한 것은 제2차 세계대전 후다. 이전까지 유럽의 식민지였던 많은 지역이 제국주의 지배에서 독립했다. 제2차 세계대전 이전부터 활발히 이루어진 민족독립 운동은 단지 민족 자결만이 아니라 개발의 이념도 주장하였다. 경제적 자립은 민족 자결을 위한 투쟁에서 불가결한 요소로 생각되었기 때문이다. 이러한 민족주의에서 경제개발 계획이 채택되고 그에 따라 급속한 공업화와 경제 근대화가 촉진되면서, 개발 이념을 통해 식민지 사회의 특징이었던 대중적 빈곤과 박탈이라는 긴급한 과제에 대처해 가게 되었다. 대다수의 독립운동은 유럽 사회주의 사상 속에서 촉발되었기 때문에, 당시 독립한 국가들은 경제 운영, 중앙집권적인 5개년 계획, 국유화 등의 국가에 의한 개입정책이 경제 개발을 촉진한다고 생각하였다.

공업국에서의 국가적 복지시책의 놀라운 확대 역시 민족주의 운동에 강한 인상을 주었고, 많은 신흥국은 복지국가 구축을 열망하였다. 그러나 일정 규모의 복지공급을 위한 자금을 창출하기 위해서는 우선 급속한 경제발전이 추진되어야 했으므로, 경제발전을 최우선시하고 복지 관련 소비를 뒤로 미루는 정책이 채택되었다. 그 후 정치적 압력들이 강해지면서 그에 대응한 근대적 보건 및 교육 서비스가 확대되어 복지를 뒤로 미룰 수만은 없게 되었지만, 대규모의 소득이전을 수반하는 복지국가의 핵심적 시책은 실현되지 않았다.

한편, 구제형 복지서비스도 한정적으로 도입되어 식민지시대에 도입되었던 기존의 복지공급도 증가되었다. 사회사업(social work)의 도입에 적극적인 정부도 나타났다. 이미 공업국에서는 사회사업이 사회문제에 대처하는 근대적 접근 방식으로 인지되었고, 인도, 남아프리카, 라틴아메리카의 몇몇 국가에서도 도입되었지만 사회사업가를 위한 전문교육이나 고용의 장을 갖춘 개발도상국은 극소수였다. 개발도상국에 전문적 사회사업의 보급을 지원한 것은 유엔과 같은 국제기관, 개발도상국의 대도시 행정기관 등이었다. 전문적 사회사업과 함께 사회복지서비스도 확대되었고, 시설케어, 사회부조, 케이스워크, 카운셀링 등도 확대되었다(Midgley, 1981; Hardiman & Midgley, 1982; MacPherson, 1982).

그러나 개발도상국에서 최대 과제인 농촌의 대중적 빈곤과 기아, 질병, 문맹, 거주지 불안 등의 문제가 사회사업 제도로는 해결될 수 없음이 명확해지면서, 도시 지역 중심의 구제형 사회사업에 대한 비판도 점차 높아졌다. 이러한 상황 속에서 서아프리카 식민지 행정에 관여하던 진취적인 사회복지 담당관들은 농촌주민이 경제적 생산 활동과 동시에 스스로 사회적 욕구에 대처해 갈 수 있도록 하는 사업을 개시하였다. 커뮤니티 개발로 알려진 이러한 접근 방식은 사회사업이나 도시적인 복지서비스로도 이어지면서, 1954년 영국 식민성에 의해 사회개발로 명명된다(United Kingdom Colonial Office, 1954). 사회개발은 사회복지와 경제개발의 결합을 의미하는 것으로, 당시 개발도상국의 국가 만들기에 최우선 사항이었다. 이 용어를 보급한 것은 영국 정부였지만, 일찍이 LSE(런던 경제대학)의 초대 사회학 교수였던 레너드 홉하우스에 의해 제시된 바 있다. 홉하우스는 국가나 여러 제도의 관여를 통해 진보적인 사회 변화가 가능하다고 믿었다(Hobhouse, 1924).

1950~60년대에는 유럽 제국주의 몰락과 함께 유엔이 사회개발의 채택에 적극적인 역할을 하였다(Midgley, 1995). 유엔은 커뮤니티 개발의 보급을 추진하고 각국 정부에 대해 국가 차원의 개발계획을 통해 경제 정책을 사회복지 시책과 통합하도록 장려했다. 또한 중앙계획기관의 활동 중점을 사회 목적에 두도록 촉구했다. 이로써 개발의 목표는 공업 투자나 수출 증가, 일인당 소득 증가가 아니라 고용 창출, 영양 개선, 건강상태 향상, 식자 능력(literacy) 및 교육수준 향상 등과 같은 사회적 개량도가 되었다.

2) 사회개발 분야의 새 변화: 「코펜하겐 선언」

이처럼 사회개발은 과거 30년간 남쪽 세계에서 널리 채택되었다. 하지만 그에 기초한 시책들이 효과적으로 실시된 것만은 아니다. 사회개발 사업이 무계획적으로 증가하여 그때그때 임시변통으로 운영되거나 심각한 경제곤란, 확대되는 민족분쟁과 정치적 항쟁, 부패 등이 시책의 실시를 저해하였다. 국제경제 사정으로 인한 혼란이나 부담의 증대도 사회개발을 약화시켰다. 이들 문제가 더욱 악화된 것은 영미 중심의 학자나 정치적 지도자들이 표방하는 신자유주의 이데올로기가 널리 침투되었기 때문이다. 국제통화기금(IMF)과 세계은행(WB)은 신자유주의적 개발정책을 적극 추진하고, 그 일환으로 개발도상국에 구조조정 프로그램을 강요하면서 중앙 계획기관이 해체되거나 약체화되었고, 사회적 지출의 삭감과 복지 시책의 축소도 함께 나타나게 되었다. 이러한 다양한 요인들이 사회개발을 실천면에서 무너뜨리기 시작했다.

사회개발 분야에 나타난 새로운 변화는 정부 계획자, 행정관료, 커뮤니티 개발 워커 등을 대신해서 원조기관 직원, 국제개발 전문가, 컨설턴트가 주도하는 것으로 되었다. 그 결과, NGO나 지역주민 조직이 사회개발의 주역이 되었다. 이들은 국제원조 기관이나 북쪽(선진산업화 국가들) 정부의 자금을 제공받아 다양한 지역 개발 프로젝트를 운영한다. 또한, 주로 보건, 아동, 젠더(성별) 등의 문제에 관계하며, 빈곤 여성을 대상으로 하는 소득창출 사업을 시도하는 경우가 많다. 다수의 사회개발 직원이 고용되어, 프로젝트의 사회적 영향 분석, 사전사후 평가, 이해관계자 분석, 젠더 분석 등을 한다.

사회개발이 단편적·무계획적으로 이루어지고, 신자유주의 이데올로기에 의해 주춤하던 시기에, 유엔은 사회개발 재활성화를 위해 세계 사회개발 정상회의를 소집하였다. 이 정상회의는 1995년 3월에 코펜하겐에서 개최되었고, 117명의 정부 수반을 포함한 186개국의 대표가 참석했다. 정상회의의 결과로 채택된 「코펜하겐 선언」은 세계 정부들의 8가지 주요 목표 달성을 공약하였다. 사회개발을 촉진하는 경제적·정치적·법적 가능화 지원 환경(enabling environment)의 창출, 빈곤 박멸, 완전 고용 및 지속가능한 생활 추진, 사회통합 강화, 젠더 간의 평화 달성과 여성의 정치적·경제적·시민적·문화적 생활의 완전 참여, 교육과 보건의 만인 평등의 접근성, 아프리카의 경제적·사회적 개발의 촉진, 구조조정 프로그램의 사회적 시책에 따른 완화다(United Nations, 1996).

「코펜하겐 선언」은 목표 달성을 위한 정책과 프로그램의 시행을 위한 행동계획도 마련하였다. 하지만 행동계획이 효과적으로 이루어졌다고는 볼 수 없다. 2006년 6월 제네바에서 개최된 유엔 총회는 「코펜하겐 선언」 실시에 따른 진척 상황을 검토하였다. 그 결과, 많은 나라가 빈곤 박멸의 구체적 목표치 설정은 물론이고 그 장기 방침조차 채택하지 않고 있었으며, 세계 각지의 민족 분쟁은 사회통합을 저해하고 있었다. 또한, 경제적 역풍으로 인한 고용 창출 감소 및 예산 삭감으로 사회서비스로의 접근성도 축소되고 있었다.

이러한 결과에도 불구하고, 사회개발의 기능이 완전히 사라진 것은 아니었다. 정치적 차원뿐만 아니라 학문적 차원에서도 사회 개발의 활력을 확보하기 위한 노력은 계속되었다. 유엔 및 다른 국제기관(ILO 등)은 사회개발을 계속 추진했으며, 몇몇 북쪽 정부는 이것을 적극 지원하였다. 이러한 국제정치 차원의 노력의 일환으로 빈곤 박멸을 위한 목표가 설정되고, 그 목표 달성을 위한 정책이나 프로그램에 대한 지지도 다양한 방면으로부터 얻을 수 있었다.

한편, 신자유주의적 정책에 대한 비판이 점차 고조되면서, 이를 대신하는 정책이 강력하게 요구되고 있다. 신자유주의가 선언되고 구조 조정이 강요된 지 20년이 지났지만, 아직도 많은 저소득 국가는 여전히 빈곤하며 세계의 빈곤자 수는 매우 낮은 감소율을 보일 뿐이다. 게다가 빈곤자 수의 감소에 공헌한 것은 주로 중국과 동아시아 국가들의 높은 경제 성장이었는데, 이들 국가의 경제 개발전략은 자유시장형이 아닌 국가주도형이었다. 영국이나 미국처럼 높은 성장률을 기록한 나라에서는 소득과 부의 불평등이 가속화되었다. 신자유주의적 정책이 요란하던 1980~90년대를 통해서 제2차 세계대전 후의 개발을 특징짓는 불균등하고 왜곡된 개발 프로세스가 더욱 확대된 것이다.

3) 학문 영역으로서의 사회개발론

학문적 차원에서는 이론 구축이 진행되어 실용적인 성격을 지닌 사회개발의 정책적 측면이 보강되었다. 또한 사회개발의 이념이 개념적으로 정립되어 사회개발 실천의 밑바탕에 있는 규범적 원리가 명시되었다. 대중영합주의(populism, 포퓰리즘), 집합주의(collectivism) 및 개인주의(individualism)같은 이데올로기가 사회개발에 미친 영향이 조사되어(Midgley, 1993; 1994), 사회개발이 근대주의(modernism)적 사고, 특히 진보(progress)와 인간 주체성(human agency) 등에서 명백한 특징을 지니고 있음이 밝혀졌다(Midgley, 1995; 2003).

이러한 학문적 진전이 사회개발론에 반영되면서 일정한 지적 정체성을 확인시켜 주었지만, 사회개발론을 체계적인 정책과학으로 확립하기 위해서는 아직 많은 과제가 있다. 사회개발 실천의 주요 개념은 현장에서 이해되고 있지 않으며, 이론적 지식도 정책이나 사업에 거의 통합되지 않고 있다. 커뮤니티 워커, 원조단체 직원, 정책담당자, 사회복지사 등 실무자의 다양한 활동이 사회개발이라는 용어 속에서 만연된 결과, 사회개발은 명확히 정의된 원리라기보다 단순히 선의에 의한 일련의 실용적이며 절충적인 활동에 그치고 있다. 명확한 이론적 근거에 기초한 사회개발을 확립해가기 위해서는 더욱 분석적 노력이 요구된다. 개발 연구 및 사회정책학이라는 두 학제적 분야가 이룩한 공헌에 대해서도 충분한 분석이 필요하다.

4) 개발과 복지 연구에서 사회개발론으로

'사회개발'이라는 용어를 구성하는 '사회'와 '개발'이란 단어는 사회정책학과 개발 연구라는 학제적 분야의 관점을 반영한다. 앞서 언급한 것처럼, 이들 두 분야는 사람들의 복리를 증진하는 독자적인 접근 방식으로, 사회개발론의 등장에 크게 기여하였다. 그러나 기여한 내용은 서로가 상당히 다르다. 개발 연구는 수입과 생활수준을 끌어올리기 위한 경제 개발의 필요성을 중시한다. 개발 연구에서 인간의 복지 증진은 곧 경제성장인 것이다. 이에 비해서 사회정책학은 인간의 복지 증진에서 정부에 의한 사회적 시책의 역할에 중점을 둔다. 티트머스(R. Titmuss) 등 사회정책학의 창시자들에 따르면, 인간의 복리는 국가가 서비스나 개입을 확대하여 사회적 욕구를 충족시키면서 불평등을 해소해갈 때 가장 크게 향상된다. 티트머스 이후, 사회정책은 여러 가지 규범적 입장에 직면해 왔지만, 대부분의 사회정책 학자는 지금도 높은 수준의 복지를 달성하려면 정부의 사회서비스 시책이 중요하다고 생각한다.

개발 연구의 영향   사회개발론은 개발 연구와 사회정책학 양쪽의 영향을 다 받았지만, 개발 연구와 보다 밀접하게 연결된다. 개발 연구는 지식적 측면이나 실천적 측면에서 사회개발론의 모체가 된다. 즉, 사회개발론은 식민지 시대의 개발도상국에 그 기원이 있다. 실제로 대부분의 사회개발 활동은 개발도상국의 맥락에서 이루어졌다. 사회개발론의 몇 가지 중요한 관점, 예를 들어 기초욕구 접근(basic needs approach)이나 지속가능한 환경 개발, 통합적 사회경제 계획, 소규모 기업 육성 등의 생계사업 프로젝트(livelihood projects) 등이 모두 개발 연구의 전통과 밀접히 관련된다.

사회정책학의 영향   그러나 사회개발론에서 사회정책학의 영향을 과소평가해서는 안 된다. 사회개발론의 최종 목적으로서 인간 복리(human well-being)의 강조, 사회복지적인 정부 개입의 강조는 사회정책학의 영향이다. 사회정책학은 공식적인 복지정책 · 사업이 복리에 기여하는 방법에 대한 지적 통찰을 제공한다. 1950년대에 영국의 식민지 복지 담당관들이 '사회개발'이란 용어를 채용한 것은 '향상적 진화를 위해서는 국가가 심사숙고한 복지정책 · 사업과 같은 인간적 개입이 필요하다'는 홉하우스의 영향을 받은 결과였다(Hobhouse, 1924). 대영제국의 식민지에 도입된 초기의 사회복지적 개입은 구제적 성격을 띤 한정된 규모의 것에 지나지 않았지만, 국가적 복지의 원칙이 표명되었다. 그 후, 이러한 초기의 시도를 거쳐 유엔의 통합적 사회경제계획 방식이라는 이름하에 사회정책이 전국가적 계획에 도입된다.

5) 사회개발론의 이념과 비판

사회개발론은 개발 연구 및 사회정책학에서 사용되는 주요 개념들을 계승한다. 그로 인해 그들 개념에 포함된 이념과 함께, 거기에 가해지는 비판에도 귀속되는 측면이 있다. 이를 다섯 가지로 정리하면 다음과 같다.

진보　개발 연구 및 사회정책학 둘 다 사회개발론의 주요한 개념을 제공한다. 사회개발은 사회적 진보(social progress)를 추구한다. 이것은 개발 연구와 사회정책학 모두의 공통된 입장이다. 앞서 언급한 것처럼, 개발 연구는 사회적 진보를 경제 성장의 함수로 생각하며, 사회정책학은 사회서비스 제공을 보다 중시한다. 사회개발론은 이러한 생각들을 흡수하는 한편으로 독자적으로 결합하였으며, 그 개념들을 제공받은 두 분야에 대해 역으로 지견(知見)을 제공하기도 하였다.

실용주의　사회개발론은 본질적으로 실용주의(pragmatism) 관점을 가진다. 이 또한 개발 연구와 사회정책학으로부터 도입한 것이다. 물론 사회개발론에서도 이론적 기초를 제시하려는 시도가 있지만, 사회개발론의 실용주의적인 성격은 개발 연구와 사회정책학이 전통적으로 지니고 있는 기술주의와 응용성에서 일치한다. 이러한 견해는 개발 연구보다 사회정책학에 가깝다고 볼 수 있지만, 두 분야 모두 역사적으로 정책적 유용성이나 실천적 의의에 강한 관심을 둔다.

개입주의　개발 연구 및 사회정책학처럼 사회개발론도 고도의 개입주의적인 입장을 취한다. 사회개발론자는 인간이 주체적으로 바람직한 실천적 목표를 실현할 수 있다는 이념을 표명하면서 정책 프로세스, 계획, 행정 등의 개입 수단을 이용할 것을 촉구한다. 사회개발 접근의 개입은 주로 국민 국가의 맥락에서 이루어졌으며 기본적으로 거시적 방향성을 취한다. 이 방향성에서도 개발 연구 및 사회정책학의 영향을 엿볼 수 있다. 두 분야 모두 역사적으로 개입의 장으로서 국민 국가의 거시적 틀을 이용해 왔다. 오늘날은 초기의 거시적 지향을 뛰어넘어, 국제적인 관점이나 지역의 관점을 고려하고 있지만, 개발 연구도 사회정책학도 이제까지 주로 국민 국가의 맥락에서 기능해 왔다.

제도적 접근　사회개발론의 특징인 합리주의 · 관리주의적(rational-managerialist) 개입의 입장, 그리고 국가의 역할을 받아들이는 입장은 개발 연구와 사회정책학의 영향이다. 여기에는 개발 연구의 케인즈주의와 사회정책학의 티트머스주의도 포함된다. 이러한 영향은 1960년대 '통합적 사회경제계획'이나 '성장을 동반하는 재분배'라는 방식으로 반영되어 폭넓게 받아들여졌다. 최근의 사회개발론자들(Midgley, 1995)은 사회개발의 제도적(institutional) 접근에 해당하는 부분을 명확히 구분하고, 그것이 티트머스주의에 의한 영향임을 지적하였다(Miah & Tracy, 2001). 국가적 개입의 중시는 개발 연구와 사회정책학의 집합주의적 영향, 특히 두 분야의 사회민주주의 사상과 관련지을 수 있다.

근대주의　이러한 생각은 진보나 인간의 주체성에 관해서 널리

침투된 근대주의(modernism)적 이념을 반영하기도 한다. 사회개
발론은 명백히 계몽주의의 이상을 구현하려 한다(Midgley, 1999).
이 점은 개발 연구에서 한층 더 명확하다. 개발 연구의 개념은 근
본적으로 근대주의이며, 합리성, 개입, 진보의 중요성을 강조한
다. 사회정책학에서도 계몽주의적 이데올로기가 영향을 미친다.
집합주의, 포퓰리즘, 개인주의 등의 이념이 사회개발 사상에 반영
되었다(Midgley, 1993; 2003). 개발 연구 및 사회정책학이 지니는
서구 중심적 성격 또한 사회개발의 사상에 반영되고 있다.

사회개발론에서 개발 연구 및 사회정책학과의 관련성을 중요하
게 다루지 않는 논의도 있다. 신자유주의론자는 집합주의적 개입
에 이의를 제기하고, 국가적 통제나 중앙 계획은 효과가 없다고 주
장한다. 그들에 따르면, 사회적·경제적 진보는 정부가 시장의 자
유로운 활동을 허용하는 조건을 만들어낼 때 가능해진다. 그래서
국가는 개발을 운영하거나 광범위한 사회적 시책을 제공해서는
안 되며, 경쟁이나 창조성, 기업가 정신을 발휘하도록 시장의 작용
을 촉진해야 한다는 것이다(Bauer, 1976; Lal, 2000).

포퓰리즘 및 탈근대주의(post-modernism)의 입장을 지지하는 사
람들 또한 개발 연구와 사회정책학에 대해서 비판적이다. 그들은
지역 사람들이 커뮤니티 내의 사회적·문화적 제도를 통해서 스
스로의 사회적 욕구에 자신들이 직접 대처하는 시도야말로 가치
가 있으나, 국가적 관리주의 지향은 그 가치를 폄하해 왔다고 주장
한다. 게다가 이들 두 분야의 서구 중심주의적 관점도 비판을 받
는다. '타인(others)'의 문화적 관점은 거의 무시되어 왔다는 것이

다. 또한, 사회개발론이 사회적 변화와 진보를 요구하는 것에 대해서, 탈근대주의자들은 계몽주의 사상의 영향을 받은 꿈같은 이야기에 지나지 않는다고 본다. 즉, 반(反)개발 내지 탈(脫)개발 학파는 탈근대주의 사상에 근거해서, 진보의 관념은 주술에 지나지 않는다고 주장한다(Rahnema & Bawtree, 1997; Munck & O'Hearn, 1999).

6) 사회개발론의 전망

사회개발론은 커뮤니티 차원의 활동을 완전히 무시하고, 문화적 관점에 주의를 기울이지 않았던 것은 반성해야 할 필요가 있다. 사회개발론이 다양한 견해에 민감하게 반응하면서 다양한 세계관을 개념적 틀에 포함해 가려면 아직도 많은 과제가 있다. 사회개발론이 그 개념이나 원리, 이론을 명확히 하고, 그에 기초한 정책과학으로 받아들여지고 존중받고자 한다면, 앞서와 같은 비판에 제대로 대응해 갈 필요가 있다.

즉, 사회개발론이 지니고 있는 관리주의적 경향, 거시적 국가주의 접근 방식에 대한 선호, 진보나 변화에 관한 서구적 개념 의존 등을 재검토하는 것이 필요하다. 다만, 이러한 측면은 사회개발론의 체계화를 위한 입장만이 아니다. 실제로 지금까지 사회개발론의 세계에서는 가치관이나 규범적 관점에 관한 상이한 의견들도 솔직하게 표명되었다. 특히, 사회개발적 개입 정책의 실시가 지역 차원인지 국가 차원인지라는 논점에서 명확한 차이가 부각되었다. 국가적 개입을 지지하는 사회개발론자들의 논의에서도 한결

같이 포퓰리즘이나 공동체주의(communitarianism)를 받아들이고 있는 것은 아니다. 분명히 이외의 논점에 대해서도 활발한 논의가 필요하다.

사회개발론에 대한 탈근대주의나 전통주의로부터의 비판은 거의 무시되어 왔다. 하지만 사회개발론의 입장에 선 사람들은 과거 새로운 기회가 나타날 때마다 실용주의적 관점에서 새로운 생각을 받아들여 왔다. 향후 사회개발론에 대한 비판이 분석, 평가되면서 공통점의 발견 및 통찰의 확대가 기대된다. 사회개발론이 향후 인간 복지의 정책 과학으로서 성공적으로 받아들여질 것인지는 앞서 언급한 복잡한 문제들에 대한 솔직하고 유연한 논의가 가능한지에 달려 있다.

7) 정책과학 형성에 대한 시사

복지사회 개발의 접근이 정책과학으로 자리매김하는 데 필요한 최대 과제는 경제성장의 거대한 힘을 어떻게 사회복지의 목표 달성에 활용할 수 있는가에 있다. 불평등의 확대, 환경오염, 여성 차별을 초래하는 경제성장이 아니라, 사람들을 배제하지 않는(inclusive), 누구에게나 유익한 경제 운영이야말로 복지사회 개발이 가장 중요하게 다루어야 할 과제다.

두 번째의 과제는 정책과학 형성의 논의에서 이제까지 매크로에 초점을 둔 개발 연구 및 사회정책학의 틀을 바꾸는 것이다. 이것은 이미 두 영역에서 자주 언급되어 왔던 부분이다. 앞으로는 국민 국가나 정부만을 다루지 않고, 커뮤니티(community)도 함께 이야기하자는 것이다. 지금까지 이들 분야에서 주민 주도, 빈곤층 참가, 지역사회 변화의 프로세스가 충분히 중시되었다고는 보기 힘들다. 향후 학문적 추구의 중점은 비배제형 사회 발전을 지향하는 쪽으로 옮겨져야 한다.

세 번째는 서구 중심주의를 극복하는 것이다. 개발 연구도 사회 정책학도 유럽에서 발생하여 서구 이론에 영향을 받아왔다. 특히 근대주의가 이 두 영역의 사상적 기반이다. 이것은 '계획'이나 '합리적 의사결정'을 강조한 점에서 명백히 드러난다. 여기서 말하고 싶은 것은 이들 개념을 버려야한다는 것이 아니다. 그렇지 않은 다른 가치관, 다른 관점이 있을 수 있다는 것이다. 연구를 할 때도 우리는 우리의 눈으로 사물을 본다. 입장을 바꿔서 '다른 사람'의 눈으로 우리 자신이 하고 있는 것을 보려고 하지 않는다. 그러나 문화인류학자들은 타인성을 문제 삼으면서 내부(emic, 이미크)로 부터의 관점에 주목한다. 사회개발의 정책과학화를 생각하는 데 있어서 이것은 중대한 부분이다. 우리는 새로운 정책과학 속에서 이질적 문화(異文化)에 민감해야 한다. 또한, 문화적 다원주의를 촉진해야 한다. 이질적 문화에는 배워야 할 것들이 많기 때문이다.

다양한 입장이나 문화를 배경으로 사람들이 서로 함께 배우는 것, 나아가 경제 개발을 인간의 복지 향상으로 연결한다는 고귀한 이상을 목표로 한 배움이야말로 학문으로서의 사회개발론이 지향해야 할 모습이다.

② 다케가와(武川)의 복지사회론*

1) 복지사회론의 모순

먼저 복지사회라는 개념을 둘러싼 일본 내의 상황을 정리해 보자. 단적으로 말하면, 오늘날 일본에서 복지사회에 대한 태도는 매우 모순적이다. 무슨 말인가 하면, 복지사회는 한편에서는 박수갈채 속에서 호의적으로 받아들여지고 있지만, 다른 한편에서는 비난의 대상이 되고 있다는 것이다. 이 말에 감정적인 반발을 하는 사람도 있다.

신문이나 텔레비전에서 정치가들도 '복지사회'라는 말을 즐겨 사용한다. 이러한 정치나 저널리즘의 세계에서는 복지사회가 긍정적인 의미로 사용되는 경우가 많다. 선거 포스터 등에서도 복지사회를 구축한다는 의미의 슬로건을 볼 수 있다. 이와 같은 측면에서 보면 복지사회라는 말은 일본 사회에서 매우 인기가 있다.

연구의 세계에서도 복지사회라는 말은 잘 사용된다. 논문의 데이터베이스를 검색해 보면, 일본어로 복지사회라는 말을 사용한 문헌이 꽤 많다. 단, 용어의 사용에서 국내와 국외의 상황이 다름에 주의할 필요가 있다. '복지사회'라는 말에 해당하는 영어는 'welfare society'이지만, 해외에서는 이러한 용어를 잘 사용하지 않는다. 일본에서 사용하는 '복지사회'라는 말과 같은 의미로는

역자주

● 이 부분은 〈武川正吾 (2005). 「福祉社会論」 日本福祉大学COE推進委員会編 『福祉社会開発学の構築』 ミネルヴァ書房〉에서 발췌한 내용을 번안한 것이다.

'welfare mix(복지혼합)'라든지 'welfare pluralism(복지 다원주의)'
라는 용어가 선호된다.

한편, 일본에서 복지사회가 매우 부정적으로 받아들여지는 분
위기도 조금은 남아 있다. 그 원인은 1980년대에 등장한 일본형
복지사회론(자유민주당, 1979) 때문이다. 지금도 복지사회라는 말
을 일본형 복지사회론과 겹쳐서 이해하는 사람들이 적지 않다.

일본형 복지사회론이라는 것은 당시 사회보장이나 복지국가를
연구하던 상당수의 전문가 사이에서 '반복지국가론'으로 받아들여
졌다(孝橋, 1982). 개인적인 이야기이지만, 그 당시 나는 「사회보장
연구소」에 근무하고 있었다. 그때 이 연구소의 후쿠다케 타다시
(福武直) 소장은 일본형 복지사회론의 확대에 대해 매우 경각심을
가지고 있었다. 연구소 내에서는 일본형 복지사회론의 다른 이름
인 '활력 있는 복지사회'에 대해 학문적으로 어떻게 반론해 갈지를
이론적으로 검토하는 연구회도 조직되었다. 특히, 특수법인이었
던 사회보장연구소는 당시의 재무행정 개혁 분위기 속에서 끊임
없이 폐지의 위기에 노출되어 있었기 때문에, 연구원들에게 복지
사회란 고용을 위협하는 개념이기도 했다.

일본형 복지사회론에 대한 기억이 남아 있는 사회보장 전문가
는 지금도 복지사회라는 말에 알레르기 반응을 일으킬 정도로 받
아들이기 곤란한 개념이다. 그런 의미에서 복지사회라는 말을 꺼
리게 되는 부분이 있다.

그러나 일본형 복지사회론이 제창된 당시에 비하면, 일본 사회
도 상당히 바뀌었다. 특히 가족이나 지역이 크게 변화하였다. 일
본형 복지사회론을 전제로 하던 사회구조는 오늘날 과거의 것이

107

2. 다케가와(武川)의 복지사회론

되었다. 그렇다면 복지사회라는 것을 일본형 복지사회론과 결부시켜 생각할 필요는 없지 않는가라는 견해도 나온다. 일본형 복지사회론이라는 것은 사회보장 연구자에게 있어서는 일종의 트라우마 같은 것으로, 거기에서 점차 해방되어 왔다고도 볼 수 있다. 일본형 복지사회론과 동시대를 경험하지 않은 젊은 연구자들이라면 이러한 주술로부터 완전히 자유로울 수 있을지도 모르겠다.

2) 복지사회란 무엇인가

그러면 복지사회란 무엇인가. 위에서는 복지사회라는 말을 정의하지 않은 채 사용했지만, 이제부터는 복지사회라는 말의 의미에 대해 조금 생각해 보고 싶다.

'복지사회'는 일본 국어사전, 예를 들면『코우지엔(広辞苑)』에는 아직 등장하지 않은 말이다. 그런 의미에서 보면, 복지사회는 잘 사용되고 있지만 일반적인 정의는 확립되지 않은 용어다. 반면에 복지국가나 사회복지에 대해서는 사전에 어느 정도 정의가 내려지고 있기 때문에 복지사회는 복지국가나 사회복지라는 말과는 다른 상황이다.

또 다시 개인적인 이야기라 죄송하지만, 실은 4~5년 전에 릿쿄(立教) 대학의 쇼지요코(庄司洋子)씨를 중심으로 코우분도(弘文堂) 출판사에서『복지사회 사전』을 출간한 적이 있다(庄司 외, 1999). 나도 그 편집을 돕게 되었고, 복지사회라는 항목을 집필하게 되었다. 또한 그 무렵, 졸저인『복지국가와 시민사회』의 속편으로『복지사회의 사회정책』이라는 책을 준비하고 있었다(武川, 1992;

1999). 이러한 이유로 나는 '복지사회란 무엇인가'에 대해서 생각하게 되었다. 그래서 지금까지 복지사회라는 말이 어떻게 쓰여 왔는지를 여러 가지 문헌을 통해 조사하였다.

그 결과, 『복지사회 사전』의 복지사회 부분이나 졸저 『복지사회의 사회정책』을 집필하는 과정에서 도달한 결론은 복지사회라는 것이 두 가지 의미로 규명된다는 것이다. 하나는 '복지적인 사회', 또 하나는 '사회에 의한 복지'다. 이 둘은 매우 혼동되기 쉬운 표현이다. 따라서 각각을 구체적으로 설명해 볼 필요가 있다.

복지적 사회　먼저 '복지적인 사회'라는 의미에서 복지사회라는 말이 사용된 사례는 두 가지로 나뉜다. 첫째, 일본형 복지사회론이 등장하기 전부터 정부의 경제계획 등에서 복지사회라는 말이 사용되었다(経済企画庁, 1972). 그때는 경제나 산업일변도가 아니라, 생활이나 복지까지도 배려한 사회라는 의미에서 '복지사회'가 쓰였다. 또 '경제대국'에 대해 '복지대국'이라는 말이 사용된 적이 있다. 경제와 복지를 대비시켜서 복지를 존중한다는 뉘앙스가 복지사회라는 말에 포함되었던 시대가 있었다(馬場, 1980). 이것이 복지적인 사회의 첫 번째 의미다.

둘째는 복지적인 사회란 '복지에 대해서 민감한 사회' 또는 '복지의식적인 사회'를 의미한다. 이것이 오늘날 사용하는 복지적인 사회의 일반적 의미라 할 수 있다. 첫 번째 소개했던 복지적인 사회의 의미로 사용되는 경우는 거의 없다. 즉, 사회적으로 약한 입장에 있는 사람들이 살기 쉬운, 또는 그러한 사람들의 복지나 웰빙에 대해서 끊임없이 배려하는 사회, 그것이 복지사회인 것이다. 지방

자치단체 등이 복지사회라는 말을 하는 경우는 이러한 복지 의식적인 사회라는 의미로 사용하는 경우가 많다.

사회에 의한 복지　그러면, '사회에 의한 복지'란 어떤 의미인가. 복지적인 사회라는 것이 사회의 특징에 초점을 둔 생각이라면, 사회에 의한 복지라는 것은 복지 담당자나 공급 부문에 초점을 둔 생각이다. 사회의 범위를 어디까지 넓혀서 생각하는가에 따라 사회에 의한 복지는 의미가 바뀐다. 그러나 적어도 '사람들의 복지에 있어서 시민사회의 역할이 커지고 있다'는 점은 공통적이라 할 수 있다. 다시 말해서, 중앙정부나 지자체만이 아니고, 민간의 다양한 단체나 개인들이 매우 큰 역할을 한다는 것이다. 이 경우, 민간속에 기업을 포함시킬지에 대해서는 의견이 나뉠지도 모른다. 그러나, NPO나 협동조합이라는 민간 부문이 사람들의 복지에 큰 역할을 하는 사회를 '복지사회'라고 하는 것에 대한 반론은 적을 것이다. 그리고 이러한 복지사회의 의미는 오늘날에도 잘 사용되고 있다(丸尾, 1984; 正村, 1989, 2000).

3) 복지국가와 복지사회

일본에서 복지사회라는 말은 항상 복지국가와 대비시키는 가운데 사용되어 왔다. 아무것도 없는 상황에서 갑자기 복지사회라는 말을 하는 것이 아니라, 복지국가라는 것을 암묵적으로 전제하면서, 복지국가가 안고 있는 문제를 해결하기 위해 복지사회를 생각하는 것이다. 따라서 복지사회는 복지국가와의 관계를 빼놓고는

생각할 수 없다.

그렇다면 복지국가와 복지사회의 관계는 어떤 식으로 생각되어 왔는가. 일반적으로 양자를 적대 관계 또는 모순 관계로 생각해 온 것은 아닐까. 복지사회를 반대하는 사람들은 '복지사회는 반복지국가론이다'라는 식으로 이야기해 왔다. 또한, 복지사회에 대해서 친근감을 가지는 사람들은 '복지국가에서 복지사회로'를 표방하면서 복지국가를 부정하는 형태로 복지사회를 파악하였다.

그러나 복지의 역사를 되돌아보면, 복지국가와 복지사회가 항상 함께 존재해 왔음을 알 수 있다. 경제사학자 다카다(高田実)는 복지라는 것은 항상 민간과 행정을 포함한 복합체로 존재해 왔기 때문에 단순히 '복지국가의 역사'라고 하는 것은 불가능하므로, '복지 복합체의 역사'로 생각해야 한다고 주장한다(高田, 2001).

복지국가의 비교 연구에서 국제적으로 큰 영향을 준 사람으로 에스핑 앤더슨이 있다. 그는 복지국가의 유형을 복지국가 레짐(welfare-state regimes)으로 정리했다(Esping-Andersen, 2001). 이것은 각국의 사회보장비 규모가 아니라, 제도가 어떠한 방식으로 작용하는지에 주목한다. 그런데 그가 최근에는 '복지 레짐'이라는 개념을 사용하기 시작하였다. 복지 레짐은 복지국가뿐 아니라 가족이나 노동시장 등도 포함해 전체적으로 복지의 상황을 파악하려는 것이다. 이 책의 문제의식으로 보자면, 복지국가뿐 아니라 복지사회적인 것도 포함해서, 복지국가와 복지사회의 관계를 파악하려는 것으로 볼 수 있다.

복지 복합체라든지 복지 레짐이라는 생각도 복지국가와 복지사회를 분리해서 생각할 수 없으며, 양자는 일체적으로 생각해야 함

을 시사한다. 한때 일본형 복지사회론에서는 '복지국가란 이미 시대착오적인 발상이며, 이제부터 복지사회의 시대다'라는 의미가 함축되어 있었다. '복지국가에서 복지사회로'라는 슬로건을 내걸 때에는 이와 같은 생각이 전제된 경우가 많았다. 그러나 로브슨(W. Robson)의 다음과 같은 의견에도 귀를 기울여야 한다(ロブソン, 1980). 로브슨에 따르면 복지국가를 지탱하는 것이 복지사회다. 이때 복지사회는 앞서 언급한 '복지적인 사회'라 할 수 있는데, 로브슨과 같은 입장에 서면 복지국가는 시대착오적이며 이제부터는 복지사회라는 식의 생각은 나올 수 없다.

현 단계에서 복지국가와 복지사회의 관계를 생각하면 '적대에서 화해로, 나아가 양자의 관계를 재구축'하는 것이 중요하다. 사회과학의 세계에서 '국가와 시민사회'의 관계는 예전부터 존재해 온 매우 중요한 테마다. 복지국가와 복지사회의 관계도 그러한 일반적 틀에 두고 생각해 갈 필요가 있다.

③ 요고(余語トシヒロ)의 지역사회론

개발도상국에서 개발 방식이 1960년대의 자원 개발에서 종합

역자주
● 이 부분은 〈余語トシヒロ (2005). "社会開発の制度と担い手" 日本福祉大学COE推進委員会 (2005) 『福祉社会開発学の構築』ミネルヴァ書房〉와 〈余語トシヒロ (2008). "福祉社会開発と地域類型の視点" 二木立代表編 (2008) 『福祉社会開発学－理論・政策・実際』ミネルヴァ書房〉에서 발췌 정리한 내용을 번안한 것이다.

개발로, 또 지역 개발에서 지속가능한 개발로 변화하는 가운데, 복지사회의 형성은 보다 일관성을 지닌 목적으로 자리매김하였다. 그럼에도 불구하고, 사회개발이나 복지에 관한 정책 연구가 그 후 별다른 진전을 보이지 않았던 것은 개발도상국의 정책 결정과 평가에 관계하는 행정가나 연구자 중에 제도의 개념이나 그에 대한 충분한 인식이 없어서 제도 차원의 비교 분석을 할 수 없었던 것이 큰 이유였다.

여기서 말하는 '제도'란 수혜자에 대한 규정과 지정 요건을 엄밀하게 정한 다음 예산 배분이나 조치 지원을 실시하는 것을 의미하는데, 이것은 거시 차원의 정책 목표를 현장 차원의 실행을 위해 일상화하는 행정 방식이다. 이러한 행정 방식의 제도가 없는 곳에서는 사회개발이나 복지의 실태를 파악하는 틀도 없으며, 사회개발이나 복지는 '이렇게 존재해야 한다'는 정책(당위)을 논의하기도 어렵다. 실제로 기초욕구(basic needs)론에서도 어떤 때는 '달성해야 할 목적'으로, 어떤 때는 '목적 달성을 위한 수단'이 되기도 하며, 때로는 '수단이 되기 위한 조건'이 되는 등으로, 하나의 개발 방식이 되지 않는 경우도 있다.

제도의 존재가 큰 의미를 가지는 사회개발이나 복지에서는 그 정책 내용이나 타당성을 논하기 전에 개발에서 복지의 상대적인 위치, 그 위치에 준거하는 개발 경험의 검토, 경험적 사례가 나타내는 지역사회와 조직의 역할 등, 한정된 견문과 이해라 할지라도 여러 다양한 모습에 대해 이야기를 해나가는 것이 필요하다.

1) 개발의 목적과 대상

사회개발이나 복지의 상대적인 위치를 이해하려면 우선, '개발이란 무엇인가'라는 기본적인 문제에 대해 언급해 보아야 한다.

개발이란 ① 자연 환경을 유지하고 그 재생산을 도모하는 것, ② 건강한 사회적 존재로서 가치 있는 인간 생명의 재생산을 도모하는 것, ③ 사람들의 생활을 위해 필요한 물재(物財)의 재생산을 도모하는 것이다. 여러 분야의 통계들, 예를 들어 국가 통계의 종류와 내용을 정리해 보면, 모두가 국토, 인구, 경제 통계들 중 어느 하나에 집약된다. 그 이유는 국가가 국토·국민·국부의 재생산에 관한 모니터링을 행하는 일을 하기 때문이다.

세 가지 재생산은 산업혁명기의 노동 사정이나 현재의 산업 폐기물 문제에서 잘 나타나듯이, 서로 상반된 논리에 지배되어 긴장관계에 있기 때문에 공존할 수 있는 영역은 매우 한정되거나 일종의 환상에 지나지 않는다. 그러므로 최저임금법이나 가격안정 기금, 자연 생태계를 배려한 인프라 정비, 개발 남용을 막는 거주 계획 등과 같은 노력들이 중요한 의미를 지니게 된다.

여기서 다음 사항들에 주목할 필요가 있다.

첫째, 자연 환경의 재생산에는 자연 자원을 '축적'하는 기능이 필요하고, 재물의 재생산에는 생산요소가 되는 제 자원을 '동원'하는 기능이 필요하며, 인간 생명의 재생산에는 재물의 재생산에 의한 잉여를 '이전'하는 기능이 필요하다. 이러한 제 기능은 축적·동원·이전 그리고 다시 축적으로, 이른바 순환형 사회를 구성하는 요소로서의 사회적 기능으로 강조되어야 한다. 둘째, 이들 축적·동원·이전의 '주체'와 '장소'가 어디에 있는지 판별하는 것의 중요성이다. 특히, 사회개발이나 복지에서는 이전의 기능을 담당할 주체와 장소가 필요하다. 현재 주체에 대해서는 액터(actor)라는 말이 사용되는 등, 예전보다 주체 혹은 주체 형성에 관해 논의하기 쉬워지고 있다. 그러나 '장', 즉 주체가 그 기능을 발휘 할 수 있는 사회 공간에 대해서는 아직 논의가 미성숙한 상황이다. '장'에 대한 논의가 수반되지 않는 이상, 주체 및 그 형성에 관한 논의도 공론에 그치고 만다.

2) 지역사회 시스템과 중간 조직

축적·동원·이전의 기능과 장에 관한 사회시스템은 가정·지역사회·시장·행정의 4자 관계에 있다. 그중에서도 자원 동원과 잉여 이전의 기능을 지니면서 인간 생명의 재생산을 담당하는 보편적인 존재로서 가정이 일차로 중시되어야 한다.

가정을 기능하게 하는 구성 요소는 〈표 2-1〉과 같이 제시할 수 있다.

〈표 2-1〉 가정의 구성 요소

	토지에 관한 요소	사람에 관한 요소	자금에 관한 요소
생활 기능	가옥이나 전기 · 물의 공급을 포함하는 [생활 장치]	가사 · 교육 · 오락 및 복지의 대상이 되는 [가정]	생활에 관한 [현금 · 소비재]
생산 기능	농지 · 상점 · 공장을 시작으로 하는 [생산 장치]	생산을 위한 취로에 관한 가족 [노동력]	생산에 관한 [자금 · 생산재]
관리 기능	생활 · 생산 장치의 [처분 · 이용]을 결정하는 기능	생활 · 생산에 관한 가족의 역할 [분담]을 결정하는 기능	생활 · 생산에 자금을 [분배]하는 기능

출처: Jones, J., & Yogo, T. (1994). 'New raining design for local development'. UNCRD.

이처럼 가정의 구성 요소를 '분해(분화)'함으로써 소득의 최대화를 추구하는 것이 도시적 사회에서의 가정이며, '결합'을 통해서 최대화하는 것이 농촌적 사회의 특징이다. 따라서 분해를 지향하는 도시 사회에서는 동호적인 네트워크 관계가 선호되며, 결합을 지향하는 농촌 사회에서는 지연적인 조직 관계가 중요한 의미를 지닌다. 이 차이는 사회학에서도 아직 명확히 규정하지 못하고 있는 도시 사회와 농촌 사회의 선을 긋는 기준이 될 뿐 아니라, 양자의 개발 방식의 차이와도 관련된다.

어쨌든 가정의 기능이나 능력은 어떤 의미로는 〈표 2-1〉의 가정 구성 요소의 소유 형태와 규모에 의해서 규정된다. 따라서 아무런 규제 없이 스스로의 판단으로 시장이나 정책 기회를 파악하여 가정의 구성 요소에 대한 획득 · 처분 · 거래를 자유롭게 할 수 있는 것이 생활복지 달성의 조건이 된다. 하지만 많은 가정은 제도적으로 직업이나 이동의 자유를 제한받거나, 가정의 구성 요소

중 일부가 지역사회나 조직에 고정되어 있어서 그로 인해 생성되
는 관습에 의해 직업이나 이동이 부자유스러운 상황에 놓여있다.
예를 들어, 자유라고 해도 가족 구성의 변화나 사회변동에 의해서
생활복지에 필요한 가정의 구성 요소의 내용이 바뀐다. 또한, 시
장이나 정책의 내용, 거기에 이르는 거리의 차이 등으로 모든 가정
이 필요충분한 요소를 확보하지는 못한다.

　이러한 가정을 중심으로 하는 지역사회, 시장, 공공행정, 나아가
그것을 중개하는 제 조직의 관계가 지역사회 시스템(local social
systems)이다. 이것은 [그림 2-1]에서와 같은 관계를 나타낸다.

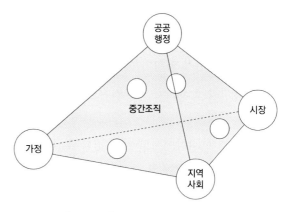

[그림 2-1] **지역적 사회 시스템**

참고: Yogo, T. (1996). 'An analytical framework of local social systems in development'.
　　A Discussion Paper GDID.

　그런데 시장이라는 말이 쉽게 사용되고 있지만, 실제로는 개발
도상국의 대부분 농민은 그 지역에서의 판매 경로와 거기에서 기
능하는 가격 메커니즘을 통해서만 시장이라는 것에 연결된다. 단

일문화(mono-culture)로 특징 지워져 온 개발도상국의 판매 경로는 식민지 시대부터 시작된 마케팅 위원회(marketing board), 예를 들면, 커피위원회나 티위원회에 크게 의존한다. 따라서 농민은 특정 작물의 재배가 조건 지워져 있지 않더라도, 마케팅 위원회가 취급하는 작물 이외에는 선택의 여지가 없는 것이다. 다양한 캠페인과 지도에도 불구하고 일부 지역에서 양귀비 재배가 끊이지 않는 것도 이러한 이유 때문이다. 또, 국내의 다양한 식료품 수요를 채우기 위해서 어느 지역에서나 중개인에 의한 집하(集荷)가 이루어지지만, 집하장에서 매겨지는 가격이 최종 소비지에서의 가격을 반영하는지는 의문이다. 집하가 한명 또는 몇 사람의 중개인으로 한정되는 경우, 본래의 시장 가격에 관계없이 중개인이 가진 자금에 의해 제한된다. 그런 상황에서 농민의 집단화나 기술 혁신에 의한 생산 증가는 오히려 농민에게 불이익을 가져온다. 이처럼 개발도상국 농민의 생산 활동은 시장의 수급과 관계없이 실제의 거래 장소인 판매 경로와 그 속에서 기능하는 가격 메커니즘에 따라 좌우된다.

한 가지 특수한 예를 들어 보자. 남미의 가이아나(Guyana)는 식민지 시대의 어떤 사정으로 플랜테이션(plantation, 대규모 농장)이 해체된 후 지역사회가 형성되지 않았고, 시장도 오두막 경제(hut economy)로 불리는 것 외에는 성립되지 않았다. 극단적으로 말하면, 공공행정은 단지 경찰력을 중심으로 한 치안을 담당할 뿐이다. 사람들은 가정의 구성 요소를 충족시키기 위해 전기 조합, 병원 조합, 소비자 조합, 정미 조합, 제빙 조합 등 공공서비스를 포함한 모든 요소에 대응하는 협동조합을 만들었고, 필요한 조합에 참가할 수밖에 없는 구조가 되었다. 이것이 역사적으로 존재하는 야경국가를 의미하는 것일 수 있다. 가이아나의 정식 영문 국가명은 Cooperative Republic of Guyana이다. 사전에서는 협동 공화국으로 번역되지만, 진짜 의미는 '협동조합 공화국'이다.

이러한 극단적인 예는 별개로 하더라도, 많은 개발도상국에서 사람들이 생활하고 생산하는 장을 둘러싼 지역사회·시장·공공행정의 기능 부전이 문제시된다. 실제로 이 같은 시스템의 기능 부전은 일반적이다. 그 기능 부전을 보충하는 것이 중간조직(intermediary organization)이다. 그런 이유로 개발 협력의 중점 중 하나가 바로 이 '중간조직 만들기'라고 생각된다. [그림 2-1]에서 가정과 지역사회를 연결하는 선상에는 사회조직이, 가정과 시장을 연결하는 선상에는 경제 조직이, 가정과 행정을 연결하는 선상에는 정치 조직이 있다. 그러나 사면체 안에 존재하는 그 외의 조직인 중간조직에 대해서는 그다지 알려진 바가 없다. 다만, 중간조직이란 지역사회·시장·공공행정의 제 기능의 일부 또는 전부를 내부화하는 조직으로 정의된다.

예를 들면, 인도에서는 협동조합이 제도화되어 마을마다 협동조합이 설립되지만, 그 대부분은 형식적으로 존재할 뿐이다. 그 가운데 실체가 있는 협동조합은 특수한 요건을 갖추고 있다. 산간 지역의 어떤 직물조합은 과수원을 부설한 콜로니(colony, 지역사회)를 만들고, 과수원의 수익을 가지고 공동으로 생활 개선을 하면서 자주적인 관리 경험을 키웠다. 한편 기계로 직물 작업을 하는 작업장은 어디까지나 개개인의 생산 작업으로 이루어지고 있었다. 협업 형태도 아니고 분업의 공장제 형태도 아니었는데, 그 이유는 협업이나 분업에 따른 이익 배분의 어려움과 불만을 피하기 위해서였다. 이러한 개인 생산을 지원하기 위해서, 필요한 재료를 언제라도 제공할 수 있는 창고(원재료 시장)와 개인 책임 하에 제품의 판매가 가능한 직영점(판매 시장)을 몇몇 주요 도시에 마련하였다. 또한, 조합 운영에 관여하는 조직에 지역 행정관을 참여시켜, 정부의 정책 변화에 관한 정보를 직접 얻는 (행정)기능을 갖춤과 동시에 무익한 정부 개입을 회피하였다. 이러한 인도의 직물 조합은 모든 기능을 내부화하고 있는 중간조직의 예라고 할 수 있다.

3) 지역에 있어서의 복지 제도와 조직의 형성

가족의 통합력과 적응력은 가정 구성 요소의 소유와 결합에 따른 차이 또는 지역사회 시스템 그 자체의 특성에 의해 크게 달라진다. 따라서 복지사회 개발에 관한 향후의 연구에서는, 지역사회 차원에서 가족의 생활 장치인 가정을 중심으로 그 기능을 지원하는 시장과 공공행정의 역할을 어떻게 제도화하고, 어떤 조직을 구체화시킬지가 주요한 과제다.

시장은 가족이 생활 및 생산 활동을 실시할 때 필요한 소비재나 용구(用具) 마련, 또는 잉여 자원이나 생산물 매각을 적시에 실시하는 데 필수불가결한 존재다. 그러나 가족의 복합적인 행위에 관한 모든 요구에 대해 시장이 그 역할과 기능을 완전하게 수행하는 것은 불가능하다. 따라서 공공행정이 공적 의료, 사회복지, 생산 활동에 대한 제도 융자 등, 사회가 갖추어야 할 모습을 달성하기 위해 자원의 이전을 통한 여러 가지 지원책을 마련해야 한다.

한편, 시장과 공공행정이 제공하는 여러 기회에 대한 접근성에 있어 어떤 제약이나 장애가 있는 경우, 지역사회가 가정의 통합 요건을 충족시키는 것이 중요하다. 이때, 가정과 지역사회는 사회적인 상호행위가 가능한 내부 시스템을 형성한다. 또한, 가정과 상호교환의 대상인 시장과 공공행정은 지역사회의 외부 시스템을 구성한다. 단, 가정의 개인이 외부 시스템과 직접 접촉하는 일은 없고, 제도나 조직을 통해 상호 교환하게 된다.

제도란 이러한 사회시스템 운용에 관한 것으로, 가정, 시장, 공공행정, 지역사회를 규율하는 규칙의 형태로 나타난다. 이 규칙에 의해서 거래를 포함한 이들 4자 간의 상호 관계도 규정된다. 조직은 그와 같은 규칙을 실현하는 하나의 장치다. 지역사회에서는 사회적 관계에 따른 사람들 본연의 모습이 암묵적으로 수용되고, 그 수단이 되는 조직이 형성된다. 그 범위는 ① 중앙이나 지방 정부의 말단 기능을 담당하는 행정 조직, ② 생활 기반을 정비하기 위해 독자적인 재원이나 자원을 운용하는 정치 조직, ③ 구성원의 생계를 확보하기 위한 경제 조직, ④ 상호부조나 문화를 유지하기 위한 사회 조직 등에 이른다. 이것들은 지역 주민의 필요에 따라 형성되므로 그 종류와 내용, 운영 방법 등은 지역사회마다 다르다. 그러나 거기서 얻을 수 있는 자원 동원과 조직 관리의 경험은 지역 주민이 공유하고 있는 암묵적 이해 또는 규범의식을 기준으로 선택되어, 일종의 관행으로 지역사회에 축적되며 세대를 넘어서 이어가게 된다. 실제 이러한 규범의식은 역사 속에서 변화하는 것으로, 지역 주민의 의식 속에서 인식되어 나오기는 어렵다. 그렇기 때문에 전통적인 것 또는 변하지 않는 것으로 관념 지워진다.

이에 비해 복지사회 개발 등과 같은 새로운 개발 목적은 문서에 기초한 형식화를 수반하는 새로운 제도관을 가져오는 계기가 된다. 그것이 비록 이전까지 관습이었던 것의 문서화라 할지라도, 형식화 되는 과정에서는 지역 주민 사이에 존재하는 인식의 차이를 조정하는 과정, 즉, 한쪽은 선택하고 다른 한쪽은 버리는 과정을 거치게 된다. 이러한 과정에서 제도가 선택성 또는 가변성을 지닌다는 인식 및 제도관이 생성된다. 하지만 여기에서의 가변성은 결코 무제한적이지는 않다. 문서화 과정에서 발생하는 조정도 어디까지나 정해진 틀 속에서의 조정이며, 틀 자체의 변경은 이른바 암묵적으로 용인되고 있는 가치관 혹은 규범에 대한 일탈로 인식될 뿐이다.

본래, 제도를 구현하는 하위 개념으로서의 조직이라는 것도, 사회의 개발 국면에서는 이상과 같은 두 가지 제도 체계(형성 제도와 습관 제도)의 모순을 계기로 형성된다. 특히 '잉여 이전'이라는 사람들의 가치관과 깊이 관련된 복지사회 개발의 분야에서는 제도의 대체 기능 이상으로 몇 가지 전략적 역할이 부과된다. 그것은 ① 상충되는 여러 제도 사이의 조정을 모색하거나 필요한 규범을 유지하는 역할, ② 단일한 규범이 우월한 지역사회에 다원적인 규범을 도입하는 역할, ③ 지역사회에 구조적 긴장을 가져오는 운동을 대체하는 역할, ④ 가정, 지역사회, 시장, 공공행정의 기능을 내부화하여 사회시스템 자체를 대체하는 역할 등이다. 이러한 조직의 역할 차이는 조직 환경을 형성하는 지역 특성에 의한 것으로, 그것은 형식·제도의 형성에 관련된 지역사회의 행정력과 관습, 제도를 유지·발전시키는 지역사회의 통합력으로 가늠될 수 있다.

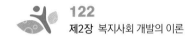

4) 제도와 조직형성에 관련된 지역 특성

지역 특성을 구성하는 행정력과 지역사회의 통합력에 대해 살펴본다. 행정력은 크게 경제 개발을 위한 자원 동원력과 복지사회 실현을 위한 잉여 이전의 능력으로 나뉜다. 잉여 이전에 관한 행정의 역할은 주로 다음 세 분야에서 이루어진다(若山, 1976).

- 지역사회 전체의 욕구와 관련된 포괄적인 것
- 개인의 가치 욕구에 따른 선택적인 것
- 지역사회 전체의 이해에 따른 차이 또는 배타적인 것

첫 번째 분야는 의무 교육, 보건 위생, 의료 등 사회 구성원의 공통적 욕구로, 그것을 충족시키는 것이 사회 전체의 이익이 된다는 점에서 사회적 욕구로 명명되는 부분이다. 따라서 비용 부담에 공헌한 정도에 관계없이 모든 사람이 서비스를 똑같이 제공받아 욕구를 충족할 수 있어야 한다. 두 번째 분야는 고등교육이나 주택 등 사람들의 선호에 따른 것으로, 개인의 가치 욕구와 자유 선택에 맡겨지는 시장을 통해서 획득 가능하다. 하지만 사회적으로는 보다 많은 사람들이 그 이익을 향유하는 것이 바람직하므로, 시장에서 매매의 대상이 되지 못하거나 일부 사람들 밖에 구입할 수 없는 경우에는 공공행정에 의한 공급이 필요하다. 이러한 생활재나 서비스의 공급에서는 사람들의 선호에 대해 질적인 면과 양적인 면 모두를 파악하는 행정력이 요구된다.

이상의 두 분야가 일반적 상태에 있는 가족의 욕구를 채우는 것과 관련한 사회개발의 과제라 한다면, 세 번째 분야는 보다 직접적

이고 목적적으로 개인이나 사회의 변화를 재촉한다. 예를 들어, 어떠한 위기적 문제를 안고 있는 가족이나 급격한 변화에 대응하지 못하는 산업 등과 같이, 그대로 방치될 경우 사회적 긴장이나 경제적 정체의 원인이 되어 오히려 사회적 비용을 높이게 되는 것들이 있다. 이때의 지원은 육아 지원, 생활 지원, 장애인 지원, 개호 지원, 금융 지원 등 여러 제도와 조직이 포함된다. 하지만 사회 전체의 이해를 전제로 한다고 해도, 여기에서는 특정 개인, 가족, 기업을 표적 대상으로 삼아 특정적 자원 배분이 이루어진다. 또한 그렇게 하지 않으면 목적을 달성할 수 없게 되는 것이 특징이다. 이것은 실태 조사를 통한 고도의 적극적인 행정력을 요구하므로, 자원 이전의 규칙으로 제도화 및 제도화를 위한 새로운 가치관 형성이 추진될 필요가 있다.

행정력과 함께 지역 특성을 구성하는 또 다른 부분은 '지역사회의 통합력'이다. 지역사회의 통합력을 나타내는 것으로는, 사회적 상호작용으로 인한 자기 조직성을 들 수 있다. 이것은 지역사회가 내포하는 사회조직의 투영으로 그 종류나 내용은 다양하지만, 자원의 동원 수준에 따라 다음과 같이 간략하게 나뉜다.

- 대면적 상호부조
- 제도적 상호부조
- 자산 관리
- 통치

첫째, 대면적 상호부조는 개인 또는 가정 사이의 양자 간 호혜주의를 전제로 해서, 필요에 따라 일시적으로 이루어지는 자원 동원

이다. 이것은 일상적 노동 교환이나 돈의 대차이므로, 자원의 조
직적 관리를 위한 공식적인 대화나 계약을 요구하지 않는다. 대면
적인 자원 동원만을 경험한 사회에서는 어떠한 개발 지원이 있더
라도 양자의 특별한 관계 이상으로 확대되는 경우가 드물다. 금전
적 이익을 목적으로 하는 개발 사업의 도입은 지역사회에 마찰과
갈등을 초래하게 된다.

둘째, 제도적 상호부조는 위의 양자 간 관계를 넘어 상호부조가
많은 참여자에게 확대된 것으로, 개인의 자원은 구성원의 상호 이
용을 위해서 비축된다. 일반적으로 자원의 비축은 장기적이고 항
상적이며, 구성원이 한정되어 있다고 해도 위와 같은 양자 사이의
특별한 관계를 전제로 하지 않기 때문에 자원의 운용 규칙, 벌칙,
탈퇴 시의 보상 등, 성문화된 제도적 관계와 그에 기초한 조직적인
관리나 징벌 기능이 요구된다. 제도화된 상호부조가 기능하는 곳
에서는 규약에 근거해 자원을 동원하고 관리하는 고도의 조직 경
험이 축적된다. 그러나 상호부조는 어디까지나 개인의 관심과 욕
구 충족을 위한 자원 동원이며, 비록 전원이 참여하였다고 해도 이
런 종류의 경험을 개인과는 다른 차원의 개발을 목적으로 하는 복
지사회 개발로 바꾸는 것은 어렵다.

셋째, 자산관리의 대상이 되는 공유 자산의 상당수는 토지나 시
설이므로, 개인에게 분할할 수 없다. 그때까지 부담해 온 유지 관
리를 위한 노동이나 금전도 인상할 수 없다. 따라서 주민 모두가
납득할 수 있는 이용 방법과 비용 분담의 원칙을 정한 뒤, 자산의
운용을 모색하는 자치적인 관리 조직이 요구된다. 대다수의 경우,
전통적으로 합의된 방법 이외에는 주민 모두를 납득시킬 수 있는

이익 배분 방법을 찾아낼 수 없다. 그래서 자산관리는 최대한 이익이 발생하지 않는 방향으로 운용된다. 이와 같이 대부분의 공유자산 관리가 전통적 규범에 의존한다고는 하지만, 그 속에는 행사를 수행할 때의 정당성 확인, 기획, 자원 동원, 조직화, 실시, 경리, 만족도 평가 등, 개발 프로젝트에 필요한 모든 경험이 축적되어 있다.

넷째, 이상과 같이 이익이 생기는 자원 운영의 방법은 최대한 제한되며, 공유 자산을 구성원 일부가 이익을 목적으로 이용하는 것도 금기시된다. 마을 공유 자산을 전원 참여를 통해 생산 목적으로 이용하는 것은 이익분배와 자원의 비효율적 이용 문제를 초래하기도 한다. 따라서 이용할 필요가 있을 때는 능력이 있거나 의지가 있는 일부 구성원에게 위탁하고, 거기서 생성되는 잉여를 다른 구성원의 생산 목적이나 복지 분야에 이전하는 방식을 생각해 볼 수 있다. 이러한 자원 배분과 잉여의 이전에 관한 합의를 형성하고 그 실현을 위해 조정하는 것이 거버넌스 조직이다.

형식·제도의 형성과 그 실시에 관한 공공 행정력의 관여가 많은 중국과 한국, 일본 간에도 지역사회의 통합력과 조직 경험의 축적은 크게 다르다. 농촌을 예로 들면, 일본의 지역사회는 자원을 고정한 생산 협동이 가능하다. 이에 비해, 한국에서는 생활 협동이 중심이 되며, 자원 고정이 필요한 생산 협동을 위해 조직을 형성하는 예는 드물다. 중국의 지역사회에는 조직 경험을 축적하는 사회관계나 그에 기초한 통합력이 존재하지 않으므로, 생활·생산 양면에서의 협동화가 어렵다. 집단 재배, 산지 형성, 기업화, 집단으로 외지에 가서 돈 벌기 등, 어떤 조직적 대응이 보이는 경우는 항상 농촌 간부의 개인적인 행정 능력에 의존한다. 한편, 동남 아시아에서는 공식적 제도를 형성하는 행정력을 기대할 수 없을 뿐 아니라, 관습 제도나 조직을 형성할 만한 통합력을 찾기도 어렵다.

　복지사회 개발의 접근에 기대되는 것은 잉여의 이전을 동반하는 자원 관리다. 잉여를 낳기 위해서는 경쟁의 논리에 따른 자원 이용이 필요하다. 하지만 잉여의 이전은 협력의 논리에 따라 이루어진다. 그리고 합의에 기초한다고 해도 지배의 원리 없이는 아무것도 집행되지 않는다. 많은 지역사회에서 지배, 공동, 경쟁은 서로 대립하며, 어느 쪽이 우월하게 될 때까지 그 대립과 갈등은 계속된다. 위기와 관련된 문제를 안고 있기 때문에 지역에 의존할 수밖에 없는 가정이나, 외부의 기회에 대한 접근성에 장애를 가지는 가정은 그러한 대립과 갈등의 장을 피해갈 수 없다. 복지사회 개발의 이념도 그 지역의 단위를 어떻게 정하는가에 따라서, 새로운 제도 만들기나 조직화를 통해 생성될 민주적인 참여 과정과 발전의 방향이 지배와 경합으로 바뀔 수도 있다. 그렇게 되면 기대하던 발전의 시나리오와는 크게 달라질 수 있음을 충분히 의식해야 한다.

참고문헌

庄司洋子ほか編 (1999).『福祉社会事典』弘文堂.

エスピン・アンデルセン (2001).『福祉資本主義の三つの世界――比較福祉国家の理論と動態』(岡沢憲芙・宮本太郎監訳) ミネルヴァ書房.

岡村益・湯沢雍彦 (1980).「家族の生活構造」盛岡清美編『社会学講座3』東京大学出版会.

経済企画庁 (1972).『昭和47年版経済白書 ― 新しい福祉社会の建設』大蔵省印刷局.

正村公宏 (1989).『福祉社会論』創文社.

正村公宏 (2000).『福祉国家から福祉社会へ ― 福祉の思想と保障の原理』筑摩書房.

自由民主党 (1979).『日本型福祉社会』自由民主党広報委員会出版局.

高田実 (2001).「'福祉国家'の歴史から'福祉の複合体'史へ」社会政策学会編『'福祉国家'の射程』ミネルヴァ書房, pp. 23-41.

孝橋正一編 (1982).『現代'社会福祉'政策論:'日本型福祉社会'論批判』ミネルヴァ書房.

武川正吾 (1992).『福祉国家と市民社会 ― イギリスの高齢者福祉』法律文化社.

武川正吾 (1999).『福祉社会の社会政策 ― 続・福祉国家と市民社会』法律文化社.

武川正吾 (2000).「福祉国家と福祉社会の協働」『社会政策研究』東信堂, 第1号, pp. 29-50.

武川正吾, キム・ヨンミョン編 (2005).『韓国の福祉国家, 日本の福祉国家』東信堂.

馬場啓之介 (1980).『福祉社会の日本的形態』東洋経済新報社.

丸尾直美 (1984).『日本型福祉社会論』日本放送出版協会.

余語トシヒロ・高橋健 (2001).「事例研究Ⅰ」日本福祉大学.

余語トシヒロ (2002).「開発基礎論Ⅱ: 計画研究」日本福祉大学大学院国際社会

開発研究科教材.

ロブソン (1980). 『福祉国家と福祉社会』(星野信也訳) 東京大学出版会.

若山浩司 (1976). 「財政行動」, 富永健一編 『社会学講座 8』東京大学出版会.

Axinn, J., & Levin, H. (1982). *Social Welfare: A History of the American Response to Need*. New York: Longman.

Bauer, P. (1976). *Dissent on Development*. London: Weidenfeld and Nicolson.

Brandt, W. (1980). *North‒South: A Programme for Survival*. London: Pan Books.

Bruce, B. (1961). *The Coming of the Welfare State*. London: Batsford.

Brutland Commission. (1983). (World Commission on Environment and Development). *Our Common Future: From One Earth to One World*. Geneva.

Dag Hammarskjold Foundation. (1975). *What Now? Another Development*. Uppsala.

Frank, A. (1967). *Capitalism and Underdevelopment in Latin America*. New York: Monthly Review Press.

_____ (1969). *Latin America: Underdevelopment or Revolution?*. New York: Monthly Review Press.

Gowing, M. (1975). *Richard Morris Titmuss*. London: British Academy.

Hardiman, M., & Midgley, J. (1982). *The Social Dimensions of Development: Social Policy and Planning in the Third World*. Brookfield. VT: Gower Publishing Co.

Hobhouse, L. (1924). *Social Development: Its Nature and Conditions*. London: Allen and Unwin.

Hozelitz, B. (1960). *Sociological Factors in Economic Development*. New York: Free Press.

Jones, J., & Yogo, T. (1994). "New raining design for local development". UNCRD.

Lal, D. (2000). *The Poverty of Development Economics*. Cambridge. MA:

MIT Press.

Leiby, J. (1978). *A History of Social Welfare and Social Work in The United States*. New York: Columbia University Press.

Lerner, D. (1958). *The Passing of Traditional Society*. New York: Free Press.

Lubove, R. (1969). *The Professional Altruist*. New York: Atheneum.

McClelland, D. (1964). "A psychological approach to economic development", *Economic Development and Cultural Change, 12*(2), pp. 320-324.

MacPherson, S. (1982). *Social Policy in The Third World: The Dilemmas of Underdevelopment*. Brighton: Wheatsheaf.

Miah, M. & Tracy, M. (2001). "The institutional approach to social development", *Social Development Issues, 23*(1), pp. 58-64.

Midgley, J. (1981). *Professional Imperialism: Social Work in The Third World*. London: Heinemann.

_____ (1993). "Ideological roots of social development strategies", *Social Development Issues, 15*(1), pp. 1-13.

_____ (1994). "Defining social development: historical trends and conceptual formulations", *Social Development Issues, 16*(3), pp. 3-19.

_____ (1995). *Social Development: The Developmental Perspective in Social Welfare*. Sage Publications. Thousand Oaks. CA. and London.

_____ (1997). *Social Welfare in Global Context*. Thousand Oaks, CA: Sage Publications.

_____ (1999). "Postmodernism and social development: implications for progress, intervention and ideology", *Social Development Issues, 21*(3), pp. 5-13.

_____ (2000). 'The definition of social policy.' In J. Midgley, B. Tracy, & M. Livermore (Eds.), *Handbook of Social Policy*. Thousand Oaks, CA: Sage Publications.

_____ (2003). "Social development: the intellectual heritage". *Journal of International Development, 15*(7), pp. 831-844.

Myrdal, G. (1970). *The Challenge of World Poverty.* Harmondsworth, England: Penguin Books.

Munck, R., & O'Hearn, D. (Eds.) (1999). *Critical Development Theory: Contributions to a New Paradigm.* New York: Zed Books.

O'uchi. M., & Yogo. T. (1985). "Role of social organizational resources in local level development". *Regional Development Dialogue.* NUCRD.

Prantilla. Ed. (1984). "Regional development: problems and policy responces in five asian and pacific countries". UNCRD.

Rahnema, M., & Bawtree, V. (Eds.) (1997). *The Post−development Reader.* New York: Zed Books.

Reisman, D. (1977). *Richard Titmuss: Welfare and Society.* London: Heinemann.

Rosenstein−Rodan, P. (1943). "Problems of industrialization of south and eastern europe". *Economic Journal, 53*(2), pp. 205−211.

Rostow, W. (1960). *The Stages of Economic Growth: A Non−Communist Manifesto.* Cambridge: Cambridge University Press.

Seers, D. (1972). 'The meaning of development.' in N. Uphoff & F. Warren (Eds.), *The Political Economy of Development.* Berkeley, CA: University of California Press.

Titmuss, R. M. (1968). 'The subject of social administration'. In R. M. Titmuss (Ed.), *Commitment to Welfare.* London: Allen and Unwin.

_____ (1971). *The Gift Relationship.* London: Allen and Unwin.

_____ (1974). *Social Policy: An Introduction.* London: Allen and Unwin.

United Kingdom, Colonial Office. (1954). *Social Development in the British Colonial Territories.* London: HMSO.

United Nations. (1951). *Measures for the Economic Development of the Underdeveloped Countries.* New York.

_____ (1996). *Report of the World Summit for Social Development:* Copenhagen, 6−12 March 1995. New York.

Yogo, T. (1985). 'An overview of regional development approaches.' *Regiona*

Development Dialogue. UNCRD.

_____ (1996). 'An analytical framework of local social systems in development.' *A Discussion Paper GDID.*

제3장

지역복지와 복지사회 개발

1. 사회개발과 복지사회 개발

2. 복지사회의 개발과 지역복지

3. 복지사회 개발 프로그램의 추진 방법

4. 지역(커뮤니티) 매니지먼트의 방법론

제3장

지역복지와 복지사회 개발

복지사회 개발은 지역복지와 밀접히 연관된 개념이다. 지역사회(community, 커뮤니티)를 조성(개발)하는 것, 그리고 이를 통해 복지적 목적을 구현하려는 것에서 두 가지 접근이 합치된다. 이들은 또한 기존의 제도주의적 복지공급 일색에 비판적 입장을 취한다는 점에서도 일치한다.*

① 사회개발과 복지사회 개발

복지사회 개발은 미즈리(J. Midgley)가 체계화한 사회개발의 개념을 원용한다. 사회개발은 사회정책학의 '사회'와 개발 연구의

역자주

● 이 장은 〈平野隆之 (2005). 「福祉社会開発学への挑戦: 地域福祉研究の視点から」 日本福祉大学COE推進委員会編 『福祉社会開発学の構築』 ミネルヴァ書房〉에서 발췌한 내용을 번안한 것이다.

'개발'이 조합되어 형성된 것으로, 경제 개발의 역동적인 프로세스를 고려해서 모든 사람의 복지(well-being)를 추진하고자 하는 계획적인 사회변화 프로세스다. 이러한 사회개발에 의한 지속 가능한 발전을 위해서, 미즈리는 개발도상국만이 아니라 복지국가에서도 사회정책학과 개발 연구의 융합이 필요하다고 강조한다. 복지국가로 불리는 선진국에서도 여러 심각한 문제가 대두되고 있으며, 그 해결을 위해 신자유주의 정책사상을 극복하는 새로운 제도적 접근이 필요하다는 것이다. 복지사회 개발의 연구 역시 개발도상국이나 선진국 둘 다를 고려한 문제의식을 다루는 연구의 틀이 중요하게 된다.

　새로운 제도적 접근의 필요성에 대해 사회개발을 좀 더 살펴보자. 미즈리는 사회개발의 개념화에 선행하는 키워드로 커뮤니티 개발을 제시했다. 커뮤니티 개발은 식민지 복지라는 배경 속에서 생성되었다. 많은 식민지를 소유했던 영국은 식민지에 할당할 자원이 부족했기 때문에, 비생산적인 복지서비스로의 지출은 억제하고 생산적인 투자로 지출을 돌려야 한다고 판단했다. 이러한 판단으로 식민지의 사회복지 담당자는 비생산적이라고 여겨졌던 좁은 의미의 구제적인 복지가 아닌, 보다 넓게 커뮤티니를 대상으로 복지 증진의 경제개발 프로그램을 모색하게 된다. 그런 과정 중에 커뮤니티 개발의 이론 형성도 추진된다. 미즈리는 이러한 역사적인 전개를 근거로 식민지 복지에서의 복지지출 비판과 현재의 신자유주의에서의 복지국가 비판을 같은 맥락으로 보면서, 오늘날 신자유주의에서 보이는 복지국가 축소 노선에 대체하는 방법을 사회개발에서 찾고 있다.

한편, 여기서는 사회개발이 아닌 일종의 융합 개념으로서 복지
사회 개발을 제시한다. 사회개발은 일반적으로 빈곤 지역에서의
참가형 개발의 사례를 중시한다면, 여기서는 사회복지 정책 연구
의 맥락에서 국제개발 및 사회개발의 성과를 흡수하여 새로운 정
책과학 형성으로 복지사회 개발을 제시한다. 특히 사회복지의 맥
락에서도 지역복지에 역점을 두는 복지사회 개발학의 구축을 시
도하는 것이다. 이것이 이 장에서 설명하고자 하는 부분이다.

② 복지사회의 개발과 지역복지

　일본에서 오랫동안 복지사회의 개발을 지향해 온 연구 분야는
지역복지다. 여기에서 일본 지역복지 연구 그 자체를 소개하는 것
은 무리이지만, 간단하게 복지사회 개발과 관련된 대표적인 연구
성과를 소개한다.

　오카무라 (岡村重夫, 1974)　'복지 커뮤니티' 이론을 바탕으로 했
으며, 문제 해결의 주체 형성을 내포하는 지역사회 조직화, 문제
해결을 위한 커뮤니티의 자원 개발의 필요성 등에 대한 입장이 복
지사회 개발의 각론으로 인정될 수 있다.

　미우라 (三浦文夫, 2003)　자신의 지역복지 연구의 바탕을 이루는
것이 '커뮤니티 개발(community development)'이라고 강조하면서,
오늘날의 지역복지계획에도 커뮤니티 개발과 관련된 계획 과제가
있음을 지적한다.

우다 (右田紀久恵, 1993)　지역복지를 사회복지와 구별하는 근거로 생활원리에 입각한 개혁성(개발·선도)을 들면서, 지역복지의 역할은 제도(복지국가)의 뒤처짐을 '보완·대체'하는 위치에 그치는 것이 아니라, 말 그대로 '개발·선도'의 위치에서 '새로운 공공(公共)'이라는 개념을 구축하는 것임을 강조한다.

　이러한 지역복지 연구가 복지사회 개발의 구축에 어떻게 공헌할 수 있을까. 그것은 복지사회의 '개발' 개념 그 자체를 지역복지 연구 또는 지역복지 방법론 연구가 어디까지 개척할 수 있을지에 달려 있다.

　'국제사회 개발'을 제시하는 하기와라는 사회복지를 다음의 세 가지로 나눈다(萩原, 2001). 일반적으로 인식되는 ① 자발적인 사회복지 사업과 ② 정부 제도로서의 사회복지에다, ③ 제3의 형태로 '(국제)사회개발(개발형 사회복지)'을 추가하여 설정한다. 앞의 두 가지는 오카무라가 『사회복지원론(1983)』에서 정리한 '법률(제도)에 의한 사회복지'와 '상호부조' 및 '자선·박애 사업'과 같은 자발적 사회복지를 전제로 한다. 상호부조란 같은 지역에서 생활하거나 같은 직업이나 종교의 형태로 동류의식이 형성된 사람들 사이에서, 자신의 동료 중 생활 곤궁자가 있을 때에 자연발생적으로 자신들의 부담으로 그 사람을 원조하는 것이다. 이때는 상하의 지배관계는 없지만 좁은 범위의 동료로 제한된다는 결함이 있다. 자선·박애 사업에서 자선 사업은 개인의 종교적인 신앙을 바탕으로 한 사회복지 활동이며, 박애 사업은 개인의 도덕 사상을 바탕으로 한 사회복지 활동이다. 이러한 민간단체의 선구적인 사업을 통

해 인간의 사회적 존재로서의 공동성, 사회생활상의 기본적 욕구
로서의 문화적 욕구 등이 잘 제시될 수 있다.

　제도적 사회복지가 발달한 나라에서도 이러한 자발적 사회복지
의 역할은 크다. 지역의 제도 구비 상황을 고려하면서 그 지역 차
원에 자발적 복지를 조합하여 지역의 욕구를 충족시키려는 시도
가 지역복지다. 그러므로 국제적인 복지 과제라는 부분을 따로 생
각한다면, 하기와라가 말하는 제3의 사회복지 모델은 지역복지가
될 수 있다. 물론 지역복지 연구가 국제적 사회복지 문제를 대상
으로 하기에는 아직 보강해야 할 점이 많다. 앞으로 사회개발과의
융합 속에서 지역복지 연구가 국제적인 관점을 어떻게 보강할지
가 중요한 과제가 될 것이다.

③ 복지사회 개발 프로그램의 추진 방법

　상향식 프로그램 개발이라는 관점에서 복지사회 개발의 프로그
램을 정의하면, 다음 ①～⑤ 까지의 요소를 지닌 일련의 활동이라
할 수 있다.

　① 기존의 사회보장이나 복지제도로는 해결되지 않는(제도가 너
　　무 취약해서 문제 해결을 할 수 없거나 제도에서 배제된) 문제에
　　대해

　② 지역사회의 잠재적인 자원을 발굴하고, 제도 이외의 방법을
　　활용하여

③ 새로운 프로그램을 개발·운영할 자발적이며 협력적인 행동 주체를 조직하고

④ 지역사회의 다양한 행위자(actor)의 참여 및 협력을 계속 유지하면서, 지속 가능한 프로그램으로 만들어 감과 동시에

⑤ 프로그램 평가를 수행하고 문제해결의 성과를 높여, 전체적인 복지사회 형성에 기여하도록 프로그램을 개선해 가는 것

이러한 활동 체계를 지니는 복지사회 개발의 프로그램을 추진하려면 다음의 세 가지 접근 방법이 중요하다.

1) 개별 문제와 지역사회(집단)라는 두 대상에 대한 접근

사회복지 제도의 사각지대 문제라든지, 기존의 복지서비스로는 지원이 어려운 문제들에 적극적으로 접근하는 것이 복지사회 개발이다. 이 접근은 특히, 사회적으로 배제된 사람들, 취약 지역의 사람들, 사회적 약자들에 주목한다. 그럼에도 사회적 약자들에 대한 개별 지원이라기보다는 지역 전체를 대상으로 하며, 그러한 집단이 배제되지 않는 사회를 만들어 가는 것이 복지사회 개발의 접근 방법이다. 구체적으로는 지역에서의 자발적인 행동 형성, 문제를 안고 있는 당사자 지원, 그러한 것들을 제도화에 연결하는 프로그램 개발과 같은 것들이 그러한 방법에 포함된다.

실천적 관점에서 복지사회 개발의 방법을 개인 차원과 집단 차원으로 나누어 보면, 개입의 전개 과정은 개인 차원의 빈곤 탈피나 임파워먼트에 대한 관심과 지역사회(집단)의 변화에 대한 관심이

서로 연결되어 교차 영역으로 구성된다. 그러므로 예를 들면, 장애인 개개인의 다양성에 주목함과 동시에, 비장애인의 행동이나 지역의 사회관계 변용에 따라 누구나가 참여 가능한 지역사회로 형성되는 프로세스를 중시해서 다루는, 이 양쪽에 대한 접근이 필요하다. 또한 이러한 것들을 서로 연관시켜서 프로그램 개발과 연구가 추진되게 하는 접근이 복지사회 개발에서는 요구된다.

2) 상호작용의 '장' 제공과 매니지먼트

복지사회 개발의 프로그램에서는 문제 당사자나 지원하는 주민, 전문직 등 다양한 행위 주체가 참여하는 것이 중요한 조건이며, 그 행위 주체가 서로 의사소통하면서 프로그램을 전개해 나갈 수 있는 정보 교환과 협의(協議)의 장이 필요하다. 이때, 복지사회 개발에서 주목하는 것은 문제 해결을 위한 공공행정과 주민 등의 협동이며, 그것을 위해 필요한 협의의 장을 유지하고 매니지먼트(운영)하는 것을 중시한다. 다시 말해서 협의의 장을 만들기 위한 프로그램 지원이 필요하다. 이제까지는 '협동'을 통한 문제 해결에 대한 지원만을 중시하여, 전문직의 판단과 당사자의 생각, 주민의 느낌과 같은 각각의 미묘한 차이에 대한 인식이나 문제의 다면성을 서로 공유하는 기회(=협의)는 생략되기 마련이었다.

문제의 다면성을 공유하는 협의의 장을 만드는 것은 실천의 지속성을 높이기 위해서 중요하다. 이렇게 보면, 지역복지계획의 수립 그 자체도 하나의 협의(協議) 프로그램으로 파악할 수 있다. 복지사회 개발을 위한 과제가 어떻게 지역복지계획 수립의 과정 속에서 논의될 수 있을지는 중요한 과제다. 그런 의미에서 계획에서 설정했던 지역복지의 내용을 수정할 필요까지도 있다. 다양한 행위 주체들이 협의의 장에서 어떻게 각자가 지닌 역할을 발휘할 수 있을지를 놓고, 새로운 공공의 역할과 새로운 협동을 위한 규칙 만들기가 요구된다.

이러한 다양한 협의의 장을 지역사회의 자원으로 만들어 냄으로써, 지역사회가 복지사회의 기반으로 기능하는 데 필요한 주민의 참여권 보장이 성립될 수 있다. 다양한 행위 주체가 만나는 다양한 기회의 확보가 협동이나 협의의 출발점이 되는 것이다.

3) 제도 바깥의 욕구에 대응하는 프로그램 개발

사람들의 욕구나 문제를 '시장'에 의해 해결하는 것은 한계가 있으므로, '정부'나 '자선(박애)'이 등장하지만 이들 역시 여전히 한계가 존재한다. 예를 들면, 정부에 의한 획일적인 지원은 규정에 얽매이는 제약이 있으며, 자선에 필요한 자금이나 자원은 지속적으로 확보되는 것이 어렵다. 그러므로 이에 대한 대안의 일환으로 다양한 행위 주체의 참여를 확보해서 새로운 주체들과 함께 공동 운영하는 방식의 프로그램(사업) 구조가 모색될 필요가 있다. 이를 위해서는 사회적 기업, 그리고 혁신적 리더십을 가진 사회적 기업가의 존재가 필요하다. 이러한 구조는 문제 영역이나 지역 둘 다를 고려하는 해결 방법으로서 지속 가능성을 내포한다는 특징을 지닌다. 또한 관계자들의 네트워크화를 도모하면서 공동으로 문제를 해결할 수 있는 프로세스 운영이 중요한 일이 된다(稲葉, 2010).

이와 같이 공동 운영으로 유지되는 '프로그램'의 방식으로 문제 해결 방법을 모색·실험하는 프로세스가 다수 등장하고 있다. 복지사회 개발의 방법에서 지속 가능한 프로그램 개발은 필수적이다. 이를 위해 다양한 '실험 프로그램'을 실험 차원에서 끝내지 않는 것이 필요하며, 그 과정에서 많은 관계자를 끌어들이는 장치의 일종이 공동 운영 매니지먼트라는 형태로 모색된다.

　이때, 출발점이 되는 것은 개개인의 '포기'를 '희망'으로 바꾸는 욕구 관리의 장이다. 쿠시로(釧路)시의 사례는 다양한 장에서 욕구를 발현하는 사람으로부터 시작되는 서비스 만들기의 전개이며(6장 참조), 키타시바(北芝) 사례는 주민들의 작은 중얼거림 속에서 지역의 욕구가 발견, 전개되는 것을 보여 주는 것이다(5장 참조).

　이러한 '장'에서 만들어지는 '서비스 만들기'는 실험 프로그램을 통해 시행착오를 거치면서 안정적인 프로그램으로 발전한다. 예를 들면, 쿠시로시 실천에서는 제도에 좌우되지 않는 자유로운 사회적 장의 거점으로 「커뮤니티하우스 동월장(冬月荘)」, 실업한 사람들의 인턴십 사업을 포함한 사회적 장의 실험인 「지역기업(起業)창조센터」 등 사업의 계속성을 확보하기 위해 '프로그램 운영'의 다양한 방법을 시도하고 있다. 지원의 다기능화, 동반형 지원, 일자리 만들기 등, 이제까지의 복지적 지원의 한계를 극복하기 위한 다양한 사업상의 관리가 전개되고 있는 것이다.

　키타시바에서는 커뮤니티 단위에서 빈곤층의 참여가 가능한 새로운 경제 활동을 구축하기 위해, 「지역화폐 조사연구회」를 통해 지역화폐의 가능성을 3년간에 걸쳐 실험적인 사업으로 실시한 바 있다. 그 결과, 지역화폐 그 자체의 운영 실시는 다른 조직에 양보하고, 오히려 실험적인 사업을 통해 생겨난 시스템을 지속가능한 상호지원 활동을 위한 방법으로 도입하였다. 또한, 복지 자원봉사자 활동의 조직을 만드는 것에 그치지 않고, 그 지속성을 중시하면서 커뮤니티 사업을 통해 키타시바의 독자적 프로그램으로 가공한 사업 개발을 시도해 나가는 등으로 안정성을 관리해 가고 있다(5장 참조).

④ 지역(커뮤니티) 매니지먼트의 방법론

이처럼 실험 프로그램을 안정적인 사업으로 보급하기 위해서는 지원의 네트워크화와 그것을 담당할 조직 매니지먼트가 요구된다. 히오키는 '욕구' '프로그램' '조직' '네트워크화'라는 네 가지 요소의 운영을 '지역 매니지먼트'로 총칭하고, 지역생활의 지원에 필수적인 방법으로 개념화할 필요성을 제기한다(日置, 2009). 활동의 지속성이나 활동할 사람의 확보가 중요한 과제로 인식되면서, 자립적 마을 만들기의 주체를 확보하기 위해서는 '사무국' 형태의 지역 매니지먼트 기능이 필요한 것으로 드러났다는 것이다. 여기에서 지역 매니지먼트란 '지역의 사회관계 자원을 활용하여 커뮤니티 영리사업이나 사회적 영리사업을 전개하면서, 지속적이며 자립적인 마을 만들기의 활동을 전개하는 기술이나 조직'이라고 정의된다.

커뮤니티 매니지먼트의 개념은 독일의 도시재생 프로젝트의 추진 방법 일환으로 확립된 바 있다(室田, 2010). 구체적으로는, ① 커뮤니티에서 추진하는 체제를 정비하는 것, ② 지자체에서 횡단적 연계를 도모하는 조직을 구축하는 것, ③ 행정이나 기업, 그 외 단체들과 다양한 파트너십을 구축하는 것, ④ 커뮤니티 운영자를 배치하는 것, ⑤ 사무소이자 지역 거점인 커뮤니티 사무소를 설치하는 것, ⑥ 활력을 계속 유지하기 위한 사회 자본을 구축하는 것 등 모두 6가지가 제시된다.

이 추진 방법에서 ①~③을 실현하기 위해서는 다양한 의사소통의 장이 필요하다. 그것은 공개형 포럼(forum)이거나 이해 조정을 위한 원탁회의(round-table)가 될 수도 있다. 이러한 장은 상향식 방법으로 운영되는 것이 필요하며, 특히 복지 과제가 많은 도시의 재생 사업에는 소수자 참여를 보장하는 것이 중요하다. 이를 위해 행정 주도가 아닌 민간이 주도하는 지역 조직의 축적이 필요하게 된다. 쿠시로나 키타시바의 사례에서 나타나는 NPO 주도의 의사소통을 위한 장 형성과 그 과정에서 사용된 커뮤니티 매니지먼트에는 일반화될 수 있는 방법들이 다수 포함되어 있다.

한편, 지역복지 분야는 원래 지역복지계획을 포함해서 이러한 지역 매니지먼트 자체를 방법으로 전개하는 곳이다. 사회복지협의회라는 조직은 말 그대로 그러한 기능을 하는 협의회가 되어야 하지만, 현실적으로는 그러한 자유로운 연계가 전개되는 공간이 되지 못하고 있다. 지금까지의 지역복지 분야가 그 범위가 좁게 설정되어 있어서 마을 만들기 및 지역 만들기의 시점을 제대로 도입하지 못했다는 점도 그 원인의 하나라 할 수 있다. 복지사회 개발의 개념은 그러한 지역복지의 과제를 새롭게 전개하는 계기가 될 수 있으며, 이때 지역복지 연구에서와 마찬가지로 지역 매니지

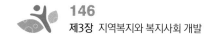

먼트 방법론에 대한 연구가 중요한 과제가 된다.

지역복지계획의 지역 좌담회나 워크숍에 관한 지금까지의 평가 연구는 일종의 워크숍의 방법론 연구에 그쳤기 때문에, 장(場)의 매니지먼트에 대한 논의는 제대로 이루어지지 않았다. 그러한 평가 연구도 필요하지만, 쿠시로나 키타시바에서의 사례를 보면, 장은 구체적인 사업을 창출하기 위한 실험 공간이며 협동 공간이 될 수 있도록 단계적으로 발전해 갈 필요가 있다. 말 그대로 사업화로서의 매니지먼트가 필수적이라는 것이다. 사업 매니지먼트 방법이 지역 매니지먼트로 이어지는 요소를 분석해 본 결과, 조직화를 목표로 하는 커뮤니티 워크의 방법만이 아니라 해당 조직이 실험적인 프로그램을 시도할 수 있도록 조건 정비의 과정을 이끌 조직 매니지먼트의 필요성이 명확히 드러났다(6장 참조). 앞으로 이러한 부분들은 복지사회 개발의 중요한 연구과제가 되어야 한다.

참고문헌

右田紀久恵編著 (1993). 『自治型地域福祉の展開』法律文化社.

萩原康生 (2001). 『国際社会福祉』明石書.

岡村重夫 (1974). 『地域福祉論』光生館.

岡村重夫 (1983). 『社会福祉原論』全国社会福祉協議会.

稲葉祐之他 (2010). 『経営組織−個人の論理と組織の論理』有斐閣.

北芝まんだらくらぶ編 (2011). 『大阪・北芝まんだら物語』明石書店.

釧路市福祉部生活福祉事務所 (2011). 『生活保護受給者自立支援にかかわる第
二次ワーキンググループ会議報告書(平成21年度～平成22年度)』.

日本福祉大学地域ケア研究推進センター (2004). 『都道府県地域福祉関連単独
事業調査報告書』.

平野隆之 (2002). 「コミュニティワークの援助技術」松永俊文・野上文夫・渡
辺武男編著『現代コミュニティワーク論 (新版)』中央法規.

平野隆之 (2005). 「福祉社会開発学の挑戦−地域福祉研究の視点から」日本福祉
大学COE推進委員会編『福祉社会開発学の構築』ミネルヴァ書房.

日置真世 (2009). 『日置真世のおいしい地域づくりのためのレシピ50』全国コ
ミュニティライフサポートセンター.

三浦文夫・右田紀久恵・大橋謙策編著 (2003). 『地域福祉の源流と創造』中央
法規.

ミジレイ (2003). 「第1章 社会開発の定義」『社会開発の福祉学―社会福祉の新
たな挑戦』旬報社.

室田昌子 (2010). 『コミュニティ・マネジメント−ドイツの地域再生戦略』学
芸出版社.

제2부

복지사회 개발의 전략과 사례

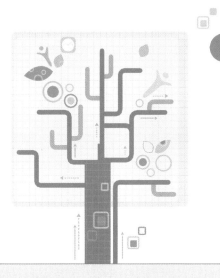

지역재생 정책 :
장 만들기와 중간 지원

제4장

지역재생 정책 :
장 만들기와 중간 지원

복지사회 개발의 접근에서 지역재생 정책은 '장(場) 만들기'와 '중간 지원 조직(intermediary organization)'을 강조한다. 이 장에서는 일본복지대학의 복지사회 개발을 위한 실천/연구팀이 일본 시코쿠(四国)에 위치한 고치(高知)현의 사례를 통해 장 만들기와 중간 지원 조직을 액션리서치 방식으로 연구한 결과를 기술한다.

① 지역재생의 과제와 지원 정책

지역재생을 도모하는 정책화의 전개는 전혀 새로운 움직임이

역자주

● 이 장은 〈穂坂光彦・平野隆之・朴兪美・吉村輝彦編 (2013) 『福祉社会の開発: 場の形成と支援ワーク』ミネルヴァ書房〉에서 平野의 「中山間地域からみた福祉社会の開発: 中山間地域からみた福祉社会の開発」을 중심으로, 朴의 「福祉行政における地域支援の展開」의 내용을 추가해 정리한 내용을 번안한 것이다.

아니다. 하지만 오늘날 지역재생은 예전과 달리 지역의 내부적·자발적 역량에 주목하는 커뮤니티 정책이라는 점에서 새로운 움직임으로 인식된다. 오다는 현재 커뮤니티 정책에 의한 지역재생의 시도가 유행하고 있는 것에 대해서, 비록 1970년대와 같은 양상이지만 그 배경은 매우 다르다고 지적한다(小田, 2009). 70년대에는 강한 지연(地緣) 조직이나 주민의 활발한 지역 활동 에너지를 바탕으로 도시 커뮤니티 문제에 대응하는 것이 주류였다면, 오늘날은 한계취락° 문제로 상징되는 농·산촌의 커뮤니티 문제를 포함해서 도시 및 농촌의 새로운 커뮤니티 만들기를 지향한다.

한계취락이라는 말로 대표되는 것처럼, 오늘날의 중산간 지역 재생은 '살아남느냐, 소멸하느냐'라는 커뮤니티의 존속 자체가 과제로 대두되는 어려운 상황에 직면하고 있다. 이런 점에서 지금 지역에 필요한 것은 단지 경제적 의미를 중시하는 것과는 다른 차원이다. 즉, 지역이 어떻게 존속할지에 대해 다루면서, 지역에서의 삶의 방식 그 자체와 관련된 지역재생의 관점이 요구된다. 복지사회 개발은 지역의 개개인의 생활과 관련된 커뮤니티 본연의 모습에 주목한다. 중산간 지역의 경우, 커뮤니티의 기반인 취락 그 자체의 지속성을 고려하면서 복지사회의 최소 단위인 취락을

역자주

• 한계취락이란 일본어로는 限界集落이라고 쓴다. 중산간 지역(中山間: 도시 지역 및 평지 지역을 제외한 농촌지역을 가리킴)이나 섬 지역과 같이 탈농촌화 및 고령화가 급속하게 진행되면서 인구의 50% 이상이 65세 이상의 고령자로 이루어져 관혼상제 등의 사회적 공동생활의 유지가 곤란하게 된 취락을 말한다. 참고: 오노(大野, 2005).

어떻게 지원할 수 있을지를 검토할 필요가 있다.

그런 의미에서 복지사회 개발이 주목하는 것은 취락 지원의 정책 과제는 물론이고, 지역복지와 취락재생 양 측면으로부터의 지역 지원에 대한 융합을 함께 고려하는 것이다. 이 경우 지역에서의 개개인의 생활에 주목하면서, 지역 지원과의 융합적인 정책을 전개해 갈 수 있다. 이러한 접근이 복지사회 개발의 관점을 적절히 대변한다. 커뮤니티에 기초한 지역재생을 통해 지역복지와 취락재생의 융합적 지역 지원의 정책 가능성을 제시하는 것이다.

복지와 지역 지원의 결합에 관한 적절한 사례는 일본 고치현에서 찾아볼 수 있다. 고치현의 모든 시정촌은 중산간 지역을 끼고 있다. 그중에는 생활의 지속이 곤란한 지역도 적지 않다. 중산간 지역에서의 생활 어려움에 대응하기 위해, 고치현의 행정은 지역 지원 정책을 복지와 지역 진흥의 양면에서 추진해 왔다. 다음은 그러한 고치현의 시도를 개략적으로 고찰해 본 것이다.

② 고치현 중산간 지역의 취락 기능의 과제

중산간 지역이라는 관점에서 고치현의 상황을 보면, 2010년 현재 현 내의 34 시정촌 중 과소 지역에 해당하는 곳이 27이고, 나머지 7 곳은 일부 지역이 중산간 지역이다.* 또한, 「일본 시·구·정·촌별 장래 추계 인구(2008년 12월)」에 따르면, 고치현에서 2035년에 고령인구 비율이 50%가 넘게 될 시정촌은 7 곳, 총인구 3,000명 미만의 지역은 13 곳, 2005년부터 시작해서 인구가 50%

이상 감소할 곳은 5개(40% 이상은 24 곳)에 이른다.

고치현에서는 1960년부터 5년마다 국세조사를 토대로「취락 데이터 조사」를 실시해 왔다. 그 결과, 2010년 10세대 미만의 취락은 246 곳으로, 전체 취락의 10% 이상을 차지하였다. 이러한 취락들에서는 이제까지 공동 작업으로 이루어진 관혼상제나 농사, 산에서 수원을 끌어 사용해 왔던 수도 관리 등이 불가능하게 된다. 아울러 젊은 층이 감소하여 지역의 활력도 쇠퇴하고, 고령화 및 활동 인구의 부족으로 경작 포기 지역이 늘어 산림이 황폐화되는 문제도 나타난다.

최근 실시된 고치현의 취락 조사에서는 '취락에 대한 애착이나 자부심을 느끼고 있다'는 답이 93.0%였으며, '취락에 계속 살고 싶다'는 70.9%, '계속 살고 싶지만, 다른 곳으로 이사할 수밖에 없다'는 5.8%였다. 이러한 상황을 상징하는 표현으로 '한계취락'이라는 말이 사용되고 있는 것이다. 일본에서는 이러한 한계취락이 말 그대로 '소멸취락'이 되지 않도록, 앞서 조사결과에서와 같은 애착이나 '계속 살고 싶다'는 희망을 고려한 취락 지원을 중요한 정책과제로 하고 있다.

소멸취락이 되는 과정에는 '과소화' 현상의 악순환이 존재한다.

역자주

- 과소(過疎) 지역이란 인구가 현저히 감소하여 지역사회의 활력이 저하됨으로써, 생산기능 및 생활환경의 정비 등이 타 지역에 비해 낮은 수준인 지역을 말한다. 일본 총무성이「과소지역자립촉진특별조치법」에 의거해서 기준에 들어간 특정 시·정·촌(市·町·村) 단위를 과소 지역으로 지정한다. 중산간(中山間) 지역이란 특정 농산촌 지역, 진흥 산촌 지역, 과소 지역, 반도 지역, 낙도 지역 등을 포함하는 것이다.

과소화의 메커니즘을 생활 인프라를 포함한 '취락 기능'으로서의 용기˙와 그 용기 안의 '사람' 사이의 악순환으로 설명해 볼 수 있다(安達, 1973). 먼저 사람은 생활 인프라를 포함한 취락 기능을 통해 지역에서의 생활을 유지한다. 그러한 사람이 감소하게 되면 취락 기능을 유지하는 것이 곤란해지고, 취락 기능은 저하된다. 문제는 그것이 용기 축소와 연결된다는 것이다. 사람의 감소는 용기가 축소되게 만들고, 그렇게 축소된 용기의 규모에 맞추어 사람은 더욱 감소된다. 그리고 사람의 수가 일정 규모 이상으로 감소하면, 취락 기능의 유지가 어렵게 된다. 그 결과, 마침내 취락이 소멸될 때까지 사람이 감소하는 추세로 진행되게 된다. 그래서 이러한 취락 기능의 저하를 막는 것이 지역재생의 가장 시급한 과제이며, 복지사회 개발의 접근이 필요한 이유도 여기에 있다.

③ 중산간 지역의 생활 과제와 복지사회 개발

중산간 지역의 취락 기능 저하를 막는 역할로서 우선 지역복지에 주목한다. '취락이 가지는 공동체로서의 기능을 어떻게 다시 활발하게 할 것인가'가 취락 지원에 대한 지역복지의 과제다. 그렇지만 앞서의 악순환을 감안하면 중산간 지역에서 지역복지의 역할을 지역복지 단독으로 생각하는 것은 무리가 있다. 그래서 개호보

역자주
• 용기(容器)란 '담는 것'이라는 의미다. 여기에는 기능과 사람, 제도 등이 모두 들어간다.

험 사업과 함께 취락 지원을 포함하는 지역 만들기와 같이 결부해서 지역복지의 역할을 살펴볼 필요가 있다.

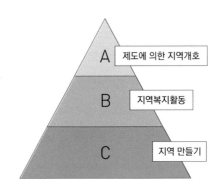

[그림 4-1] 중산간(中山間) 지역에서 지역복지 위치

[그림 4-1]의 피라미드 구조처럼, 지역에서 케어가 필요한 고령자에 대한 제도적 지원으로는 '개호보험 제도에 의한 개호서비스'가 존재한다(A). 그림에서 크기로 보면, 이 대상자 수는 상대적으로 적다. 지역에서 주민 서로가 서로를 돕는 활동, 즉 지역복지 활동은 요개호 고령자에 대한 제도적 지원보다는 폭넓은 욕구에 대응할 수 있다(B). 그리고 이것들의 기초가 되는 취락 지원으로서 생활 인프라의 정비·유지가 있는데, 보통 '지역 만들기'를 지원하는 활동으로 나타난다(C).

지역복지의 위치를 이렇게 나누어 보면, 각 영역의 구체적인 과제와 이들 간의 관계가 보다 명확해진다. 먼저 [C] 생활 인프라의 정비·유지(지역 만들기)의 과제를 구체적으로 파악해 보는 것이 필요하다. [C]의 토대 위에 [B]와 [A]의 활동이나 사업이 성립하기 때문이다. 예를 들어, 2006년에 고치현이 고령화된 농촌 취락 (19 곳)을 조사한 결과에 따르면, ① 생활용수 관리의 어려움(산속의 간이수도 등), ② 장보기 문제(인구 감소로 인해 생활에 지장을 초래할 정도로 이동 판매가 감소), ③ 이동 수단의 문제(지자체 재정의 어려움으로 버스 운행이 어려워지는 등 병원 통원을 비롯한 이동 문제의 발생)가 주요한 생활 과제로 대두되었다.

다음으로, [B] 지역 주민의 상호 지원(지역복지 활동)에서는 독거나 허약 고령자에게 심각하게 드러나는 생활 과제에 대한 대응을 지역복지의 과제로 본다. 예를 들어, 일본 지자체의 사회복지협의회가 시행하는 활동 중에는 독거 고령자를 대상으로 하는 「살롱활동(미니데이서비스)」이 있다. 이것은 외부와의 접촉이 단절되기 쉬운 독거 고령자들에게 지역과 소통할 수 있도록 외출 기회를 제공하는 것이다. 문제는 이러한 활동이 대부분 지역의 자원봉사자들에 의해 이루어지므로, 지역이 쇠퇴하게 되면 이 또한 취약하게 된다.

이 점에서는 [A]의 제도적 지역개호에 해당하는 개호보험 사업에 기대할 수 있다. 이 영역의 과제는 지역개호서비스 그 자체의 확보다. 주택이 여기저기 흩어져 있기 때문에 이동에 많은 시간이 걸리고, 이용자 수도 적어서 서비스센터의 운영은 적자 구조가 되기 쉽다. 이러한 지역에서는 사업을 지속하기도 어려워 개호보험의 사업자도 현저히 부족한 실정이다. 게다가 개호보험 제도는 전국적으로 일률적인 제도 운용이기 때문에, 중산간 지역 고유의 지역 과제에는 적절히 대응하지도 못한다.

복지사회 개발의 접근은 이상과 같은 세 가지 차원이 각기 분리되어 작동되는 문제에 주목해서, 이들에 대한 융합의 방법을 검토해 왔다. 특히, 개개인의 생활을 지원하는 제도적 복지서비스와 지역 전체를 지원하는 지역 만들기 사이에서 위치하는 '지역복지'를 이들 각각을 연결하는 융합의 기반으로 간주해 왔다. 대표적 사례로는 고치현 행정을 들 수 있는데, 이 같은 지역복지의 중요성을 인식하고 적극적인 정책 대응으로 임하고 있다. 지역 사람들의 생활에 주목한 고치현의 지역복지 정책은 복지사회 개발의 맥락에서 주목할 만한 가치가 있다.

④ 고치현의 '지역 지원' 정책: 지역복지 행정의 관점

지역 주민의 생활 어려움에 대한 고치현의 정책적인 대응은 몇 가지 특징으로 묘사된다. 이를 지역복지 행정의 추진이라는 관점에서, 시간적 전개 과정으로 나타내자면 다음과 같다.

첫 번째 특징은 '지역지원기획원'에 의한 지역 만들기가 시도되었다는 점이다. [그림 4-1]의 'C: 지역 만들기'에 해당하는 지역지원기획원 제도가 고치현에 만들어졌다. 이 제도는 지역의 활력 응원단으로 현의 공무원이 지역에 주재하면서, 주민과 함께 활동하고 주민들의 생각이 실현되도록 하는 것으로, 하시모토(橋本) 전 지사의 주도로 2003년부터 시작되었던 것이다. 현재 60명의 지역지원기획원이 30곳의 지역에 배치되어 있다. 특히 쇠퇴해 가는 중산간 지역의 활기를 되살리기 위해서는, 지자체에 하드웨어 정비 자금만을 투입해 주는 예전의 방식으로는 한계가 있다는 판단에 따라 이러한 제도가 만들어졌다.

지역지원기획원은 공무원들로서 직접 지역에 나가서 주민의 소리에 귀 기울이고 관계자들을 연결하여 지역의 합의 형성의 장이 구축되도록 하는 등을 지원하는 역할을 한다. 고치현에서는 이 제도를 통해 행정의 부서별로 단절된 종적인 조직 구조를 극복하려 했다. 탁상에서 고안한 것을 지자체나 지역들에 제의해 왔던 이제까지의 관료조직적 업무진행 방식에서 탈피하여, 공무원이 직접 지역에 들어가 지역 현장이나 주민의 욕구를 피부로 느끼면서 지역과 함께 각각의 지역에 들어맞는 활동을 하는 방향으로 바꾸고자 했던 것이다.

그러므로 지역지원기획 요원을 지역에 둔다는 제도의 취지는, 지역의 욕구에 대응하면서 주민과 함께 지역 만들기 활동을 추진해 가자는 것이다. 지자체와 연계하여 실제로 지역에 들어가 주민과 같은 관점에서 생각하고 함께 활동해 나가면서 지역 자립을 지원하는 역할을 하도록 한 것이다. 이를 위해 지역지원기획원들은 ① 주체적인 주민 활동에 대한 상담이나 권고, ② 선진 사례에 관한 정보의 제공, ③ 사람과 사람의 연결, ④ 공공행정과의 연결 등과 같은 활동을 수행한다. 즉, 주민이 주체가 되어 임하는 지역 만들기 활동에 대한 상담이나 권고, 지역의 욕구 파악, 선진 사례의 소개, 제도에 대한 정보 제공이나 지역의 대처 등에 대한 대외적인 정보 발신, 지역에서 사람과 사람을 연결하는 코디네이터(네트워킹) 활동 등 지역 만들기 측면에서 이루어지는 제반 지원 활동이 이들의 역할이다. 지역지원기획원은 현의 부서별로 지역에 배치하는 특정 파견 기관에 소속되지 않는다. 종적 관계의 조직에 얽

매이지 않고 자유로운 발상으로 자주적 활동을 하게 하려는 목적
때문이다. 실제, 현 소속의 지역지원기획원들은 시정촌으로 '파견'
이 아닌 '주재' 형태로 근무한다. 이 제도는 그 우수성을 인정받아,
2008년 일본 총무성 「과소 문제 간담회」에서 취락 지원의 대표적
인 행정 모형으로 제언된 바 있다.

　두 번째 특징은 지역지원기획원이 복지 영역에 응용되었다는
점이다. 'B: 지역복지'의 상호지원 활동을 강화하기 위해, 고치현
은 지역복지 정책의 일환으로 시정촌 사회복지협의회의 강화를
제시하였다. 2005년도부터 현의 보건복지과에 '지역 상호지원 추
진팀(전담 직원 세 명)'이 설치된다. 이 팀은 지역지원실(현 내의 다
섯 곳에 설치된 복지보건소에 2007년도부터 신설)과 연계하면서, 직접
지역으로 나가 시정촌 행정이나 사회복지협의회를 지원하였다.
구체적으로는 「서로 지원하는 지역 만들기 추진 사업」(2006~2008년)
이 실시되었다(2011년 현재 [그림 4-2]와 같은 조직 기구로 재편).

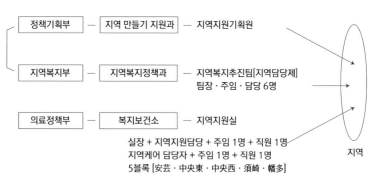

[그림 4-2] **고치현 행정의 지역 지원 직원 배치**(2011년도 현재)

「서로 지원하는 지역 만들기 추진 사업」을 통해서 사회복지협의회의 역량 강화가 추진된다(이 사업에 2008년도부터 필자 등이 소속된 일본복지대학 연구팀이 협력하게 된다). 사회복지협의회의 역량 강화를 위해서는, 조직의 기존 사업인 지역복지 부문과 점차 확대되어 가는 개호보험 사업 부문 간의 협력 관계 구축이 중요하다. 왜냐하면 민간 개호보험 사업자가 적은 중산간 지역에서 상호지원의 지역복지 부문은 개호보험서비스의 이용 제약을 보완할 수 있기 때문이다. 고치현은 [B] 지역복지 부문에서 사회복지협의회의 역량 강화에 임하면서, [A] 요개호 고령자 지원을 위한 '개호보험 제도에 의한 개호서비스(제도에 의한 지역개호)' 보급도 추진하였다. 한편 정부에 중산간 지역에 적절한 개호급여 제도의 개선을 요구하고, 과소지역의 적자 서비스센터에 대한 비용 보전의 필요성도 제기하였다. 그 결과, 일본 정부의 2008년도 개호보험 제도 개정에서 과소지역의 이동 경비 가산이 만들어졌다. 하지만 개선된 내용이 제한적이었기 때문에 고치현이 의도했던 개호보험 사업자의 경영 기반을 강화하는 효과까지는 미치지 못했다.

세 번째 특징은, 2009년도에 기구 개혁을 실시하여 도도부현(광역지자체) 단위에서는 처음으로 '지역복지부'를 도입했다는 점이다. 2010년에 실시한 조사에 따르면, 지역복지를 담당하는 도도부현의 행정 조직은 부(部)의 주무과(科, 보통 총무과) 안에 지역복지계(係)로 설치되거나 지역복지과로 설치되는 경우가 많았다. 그러한 의미에서 고치현의 '지역복지부'의 도입은 획기적인 복지 행정의 선택이라 할 수 있다. 또한 [그림 4-2]에서 볼 수 있는 것처럼, 부(部)를 뛰어넘어 종합적으로 지역 지원 전체를 고려하면서 지역복지가 전개될 수 있게 한다.

한편, 지역복지부에서는 신규 사업으로 중산간 지역의 실정에 맞는 상호지원 시스템을 만들기 위한 지역 밀착형 거점의 정비 사업을 기획한다. 이 사업은 2009년도 일본 내각부가 기획한 「플렉시블 지원센터」제도를 활용한 것으로,* 지역복지 활동의 거점이 되는 「앗타카후레아이(あったかふれあい, 따뜻한 교류) 센터」를 정비하여, 광역의 현과 기초지자체가 함께 상호지원 시스템을 만들어 가는 것이다. 고치현은 현의 지역복지 지원계획에서 '고치형 복지'를 내걸고, 「앗타카후레아이 센터」나 사회복지협의회의 기능 강화를 포함한 시정촌 지역복지계획의 수립을 적극 추진하고 있다. 단, 「앗타카후레아이 센터」의 직원 고용 등의 운영 경비는 3년으로 한정된 정부의 「후루사토(ふるさと, 고향) 고용」제도의 교부금으로 확보되었다.**

역자주

• 플렉시블 지원센터(フレキシブル支援センター) 제도. 일본 정부의 각부와 후생 노동성이 관련된 제도로, 「후루사토 고용재생사업」의 교부금을 이용해서 고령자, 장애인, 아동 등의 대상별 이용이 아닌 다세대 교류형 및 공생형 센터를 설치하고, 소규모의 다기능 서비스(일시보호, 안부확인, 개호서비스, 야간 보호, 숙박 등)를 제공하여 지역의 욕구에 대응토록 한 것이다. 특히, 이 제도에서는 실업자를 고용하여 지역 고용의 유발 효과를 도모한 것이 특징이다. 고치현에서도 후루사토 고용재생 특별교부금을 이용한 「플렉시블 지원센터」를 「앗타카후레아이 센터」로 명명하고 사업을 추진하였다. 단, 후루사토 특별교부금은 2009~11년까지 3년 한정의 100% 정부보조금 사업이었다.

•• 후루사토(ふるさと) 고용재생 특별기금사업. 지역의 고용 및 실업 과제에 대응하여 지역의 실정에 맞게 구직자 등의 고용기회를 창출하려고 한 사업이다. 도도부현에 후루사토 고용재생 특별교부금을 교부하는 것이 주된 내용이다.

⑤ 지역복지 행정에 의한 중간 지원 기능

이상과 같이 고치현의 지역복지 행정은 새로운 방식의 지역 지원과 함께 전개된다. 앞서 언급한 고치현 행정에 의한 사회복지협의회의 역량 강화를 중심으로, 복지사회 개발의 맥락에서 광역 단위의 고치현이 시도해 온 새로운 지역 지원에 대해 살펴본다.

고치현에서 지역복지 행정이 전개되는 가운데, 현 내 다섯 곳에 위치한 복지보건소 지역지원실이 시정촌 사회복지협의회를 지원하는 업무를 개시하였다. 지역 차원에서 주민 상호 간의 자발적 지원이 추진되도록 하기 위해서는, 지역복지 추진을 조직의 미션으로 삼아 온 사회복지협의회의 역할이 중요하다고 판단되었기 때문이다. 하지만 중산간 지역의 시정촌 사회복지협의회의 다수는 인력 부족이나 재정 문제 등과 같은 운영의 어려움으로, 원래의 기능을 제대로 발휘하지 못하는 기능 부전 상태에 빠져 있었다.

이러한 시정촌 사회복지협의회의 기능 부전에 주목한 고치현은 2008년도부터 2년간 사회복지협의회 사무국장의 운용력 강화를 위한 연수회를 지속적으로 실시하였다. 그리고 2007년도에 신설되어 지역 지원이라는 업무가 명확하지 않았던 지역지원실의 직원들을 함께 참여시켰다. 연수회의 장을 계기로 지역지원실은 사회복지협의회와 처음으로 공동 작업을 하게 되었다. 그 과정을 통해 지역지원실은 사회복지협의회의 기능 부전이 그 조직의 문제만은 아님을 인식하게 된다. 지역 내 여러 조직 간의 역할 분담·연계·보완이라는 민관 협력 시스템 자체의 기능 부전이 다시금 각 조직의 기능 부전으로 이어지고 있음이 파악되었다.

일본에서 사회복지협의회와 공공행정은 오랫동안 협력적인 관계를 유지해 왔다. 하지만 사회복지협의회는 대개 공공행정의 하청 조직처럼 여겨지고 있었던 것도 사실이다. 때문에 공공행정으로부터 내려오는 하청 사업 등에 좌지우지되기 쉬웠던 사회복지협의회는 지역복지 추진이라는 본래의 조직 미션과는 동떨어진 조직이 되어 버리곤 했다. 고치현의 지역지원실은 이러한 공공행정과 사회복지협의회 사이에 들어가, 지역복지 추진이라는 사회복지협의회 본래의 역할이 가능하도록 지원하는 것을 자신들의 업무로 인식하게 된다. 즉, 지역지원실의 지역 지원 업무는 지역복지 추진을 위한 기반 정비(조건 형성)로서, 특히 조직 간(시정촌 행정과 시정촌 사회복지협의회)의 조정이라는 일종의 중간 지원으로 정리할 수 있다.

지역의 이해관계자 조정은 중간 지원의 기능에 해당한다. 히라다카는 이해당사자들 사이에 들어가 그들의 관계를 조정하고 지원한다는 의미로 '중간 지원'이란 말을 사용하면서, 그 기능을 '연결 한다'는 것으로 정리하였다(平高, 2006). 중간 지원과 유사한 말로 '중간 지원 조직'이라는 용어가 있다. 이 말은 다양하게 이해되므로 명확한 정의를 내릴 수는 없지만, '매개자'라는 의미의 'intermediary' 기능으로 소개되는 경우가 많다. 공통적으로는 중간 지원의 중요한 기능이 '연결·매개·중개'라는 사실에 일치한다.

광역 단위인 현의 지역복지 행정에 의한 중간 지원은 기초 단위의 시정촌에 있어서 특별한 의미가 있다. NPO를 지원하는 중간 지원 조직을 조사한 내용에 따르면(內閣府, 2002), 중간 지원 조직의 80% 이상이 구체적인 협력 대상으로 공공행정을 들고 있다. 공공행정과의 조정이 중요한 중간 지원이 되고 있지만, 순수한 민간 입장에서 쉬운 부분은 아니다. 이러한 점에서 현 행정의 파견 기관인 지역지원실은 현장에 가까운 현 행정의 입장을 살려서 지역의 여러 조직과 시정촌 행정 사이를 조정할 수 있는 유리한 입장에 선다. 물론 모든 중간 지원의 기능을 공공행정이 수행하는 것은 바람직하지 않다. 하지만 같은 공공행정이면서도 시정촌 지자체와는 다른 광역 행정으로서의 입장이 시정촌 차원의 여러 조직들 간을 조정하는 중간 지원 역할에 도움이 될 수 있다.

　여기서 말하는 '중간 지원'은 단순히 지역의 NPO 지원과 같은 중개적 기능만을 의미하지 않는다. 요고(余語, 2005: 168)는 지역 사회시스템(local social system)에 대해서, 시스템의 틈새나 흔들림 같은 기능 부전은 일반적인 것으로, 그것을 보충하는 것이 중간 조직이라고 하였다(2장 3절 참조). 요고가 말하는 '보충한다'를 '지원'으로 본 것이 여기에서 말하는 중간 지원이다. 지역지원실의 지역 지원 기능을 '지역복지의 민관 협동시스템을 보충하는' 중간 지원으로 파악하면, 현 행정에 의한 지역 지원의 핵심적 기능은 이와 같은 중간 지원이 된다.

⑥ 중산간 지역에 유효한 복지사회 개발

　마지막으로, 고치현의 핵심 사업인 「앗타카후레아이 센터」를 중심으로 중산간 지역에서의 복지사회 개발의 과제를 제시해 본다. 이 센터는 현재로서는 사회복지협의회가 실시해 온 주민의 소

모임인 '살롱'의 강화를 위해 노력하는 '소지역 복지 활동'의 추진을 중시하고 있다. 앞으로는 이미 지역에 존재하는 실천을 보완하는 데 그치지 않고, 어떻게 새로운 기능을 부가하면 소지역 단위의 복지 재생이 취락 재생으로 연결될 수 있을지 검토해야 할 과제가 부여되어 있다.

고치현은 2012년도의 신규 사업으로 「앗타카후레아이 센터」와 취락을 지원하는 「취락 활동 센터」의 연계 및 융합을 도모하고 있다. 이러한 지원 방식이 앞서 제기했던 지역복지의 지역 지원과 취락 재생을 위한 지역 지원을 융합하는 하나의 정책 모델이 될 수 있을 것으로 전망된다. 이에 대해 복지사회 개발의 관점에서 액션 리서치 접근을 시도해 볼 가치가 있다. 다음은 현재 진행 중인 한 액션리서치의 보고를 제시하는 것이다.

고치현의 현실적인 과제는 충분한 케어 기능을 발휘할 수 있는 「앗타카후레아이 센터」가 소수에 불과하다는 것이다. 예를 들면, 케어의 필요에 따른 '숙박' 기능을 갖춘 곳이 거의 없다. 이 때문에 개호서비스의 거점이 되기 위한 케어 기능의 다기능화 등은 앞으로의 주요 과제가 된다. '마지막까지 지역에서 계속 살 수 있도록' 지원한다는 정책 목표를 실현하기 위해서는 개호보험 사업을 보완할 케어 기능의 충실함이 필요하다.

또한 '마지막은 병원이나 시설'이라는 주민과 전문직의 의식 변혁도 필요하다. 그런 의미에서 사회복지법인의 적극적 참여가 요구된다. 구마모토(熊本)현은 시설을 운영하는 사회복지법인의 개혁을 위해 「엔가와(縁がわ: 툇마루) 만들기」 사업을 전개한 바 있

다.[*] 시설의 지역 전개를 통해서 기존 복지자원의 질을 향상시키는 것도 고려할 필요가 있다.

현재, 고치현은 '과제 선진현'에서 '과제해결 선진현'을 지향하면서, 중산간 지역의 지역복지로 「앗타카후레아이 센터」 사업의 정책화를 정부에 요구하고 있다. 지속적인 사업 유지를 위해서 재원 확보가 필요했기 때문이다. 한편 정부의 교부금을 이용한 3년간의 사업기간이 끝나자(고치현은 2009년에서 2011년까지 3년간의 정부보조금 기간이 끝난 후, 2012년부터 현의 단독 보조 사업으로 사업을 계속 실시하고 있다), 고치현은 사업의 유효성 평가를 통해 사업의 지속화를 결정하고 이것의 정책화를 꾀하고 있다.

끝으로, 중산간 지역에서 이러한 혁신적이고 유연한(flexible) 지원 사업을 안정화하기 위해서는, 지역 만들기·마을 만들기의 기능을 통한 수익 사업화의 길도 모색할 필요가 있다. 장기적인 관점에서, 중산간 지역이라는 조건 불리 지역들이 새로운 고용 창출 사업으로 '사회적 일자리 만들기'를 전개할 수 있는 기반을 갖추도록 지원하는 것도 중요하다. 이러한 지원을 계기로 중산간 지역에서 지역복지가 지역재생과 연동하는 조건이 형성되면, 지역복지는 비로소 복지사회 개발의 중요한 기반이 될 수 있다.

• 엔가와 만들기 사업(地域の縁がわづくり事業). '엔가와'는 툇마루라는 뜻이다. 툇마루는 집 안과 밖을 연결하는 중간 구조로, 사적 공간과 공적 공간의 중간에 위치하는 부분이다. 즉, 지역에서 사적인 프라이버시를 해치지 않으면서 지역 사회와 소통하는, 주민에게 친근한 지역의 거점을 만든다는 것이 엔가와 만들기 사업의 취지로 제시된다.

지역지원기획원의 '장 만들기' 지원 사례*

코우난(香南)시 아카오카쵸 지역: 그림 금고[1] 및 벤텐좌[2]   아카오카쵸(赤岡町)는 대형 양판점의 진출과 고령화 등의 영향으로 마을의 중심 상가가 쇠퇴 일로에 있는 지역이다. 이러한 가운데, 지역 문화 진흥 및 마을 만들기를 위해 1995년 에도막부 말기부터 아카오카쵸에 존재하는 연극 소품의 병풍그림 등을 보관하는 장소인 '그림 금고(絵金蔵)'를 활용하자는 구상을 하게 된다. 이를 위해 1997년부터 주민 주체의 워크숍을 거듭하면서 검토가 진행되었다. 그림 금고는 2005년 2월에 재개관되었고, 이제까지의 활동 멤버가 그림 금고 운영위원회를 결성하여 행정으로부터 지정 관리자로 위탁 받아 시설을 운영하고 있다. 현재 그림 금고는 마을 만들기 활동의 거점이면서, 지역의 관광 시설로서의 역할도 하고 있다.

지역지원기획원은 그림 금고 운영위원회가 지정 관리를 맡아 운영을 해 나갈 때, 운영 체제의 검토나 사업계획 만들기 등에 관계하였다. 이미 운영위원회는 주민 주체로 활동을 해

그림 금고(絵金蔵)

역자주

• 요시무라 테르히코(吉村輝彦)에 의해 정리된 것이다.

왔기 때문에 자유롭고 풍부한 발상, 넓은 인맥, 활동력을 지니고 있었지만, 시설 운영 부분의 과제도 안고 있었다. 지역지원기획원은 운영상의 과제를 객관적으로 정리하고 피드백하는 역할을 담당하였다. 처음에는 지역지원기획원이 먼저 접근하는 경우가 많았지만, 점점 운영위원들이 자발적으로 상담하거나 조언을 요구하는 등, 주민 조직이 주체적으로 과제를 해결하려는 움직임이 생거나고 있다. 그러한 주체적 움직임을 지역지원기획원은 측면적으로 지원하면서, 시정촌이나 현의 관계 부서 등을 포함해서 외부조직과의 연계를 조정하고 있다.

2007년 7월에는 그림금고 앞에 소극장인 벤텐좌(弁天座)가 개설되었다. 이 소극장은 지역이나 세대를 뛰어넘는 문화 교류를 할 수 있는 시설로, 운영위원회가 결성되어 있으며 지역

소극장 벤텐좌(弁天座)

지원기획원이 역시 참여하고 있다.

토코나베 취락의 모리노 스바코[3] 고치현 츠노쵸(津野町)에 위치한 토코나베(床鍋) 취락은 주변이 험난한 산으로 가로막혀 다른 지역과는 차단된 산간의 작은 마을이다. 워크숍을 통해 주민 주체의「취락 활성화 계획」이 수립되었다. 그 계획에는 이제까지 취락에 없었던 편의점이나 선술집이 있었으면 좋겠다는 주민들의 욕구가

반영되었다.

이 계획을 구체화하기 위해 폐교된 초등학교 건물을 취락 및 교류 활동의 거점 시설로 개축한 것이 「모리노 스바코(森の巣箱, 숲의 둥지)」다. 2003년 4월에 문을 연 「모리노 스바코」는 '모리노 스바코 운영위원회'가 운영하며, 매입 등의 필요 경비는 취락 주민 전원(총인구 약 130명)의 출자로 이루어졌다. 즉, 모든 주민이 소유주 겸 직원이 되는 것이다. 이 시설은 숙박 기능도 갖추고 있으며, 지역 주민이 즐길 수 있는 편의점이나 선술집도 병설하고 있다.

지역지원기획원은 「모리노 스바코」의 기획 단계부터 숙박 시설을 갖춘 후의 홍보 활동 등에 이르기까지 측면적인 지원 활동을 하였다. 또한 여러 교류 이벤트의 기획에 대한 컨설팅이라

폐교를 활용한 모리노 스바코(森の巣箱)

든지 다른 단체와의 네트워크 중개 등 다양한 지원 활동을 하고 있다.

원서후주

1 그림 금고(絵金蔵) (http://ekingura.com/)

2 벤텐좌(弁天座) (http://wwwa.pikara.ne.jp/bentenza/)

3 모리노 스바코(森の巣箱) (http://subako.rakurakuhp.net/)

참고문헌

平野隆之 (2012). 일본의 지역복지: 정책 및 방법 (김영종·박유미 역). 서울: 학지
　　사. (원서출판 2008).

大野晃 (2005). 『山村環境社会学序説』農山漁村文化協会.

小田切徳行 (2009). 『農山村再生−'限界集落' 問題を超えて』岩波書店.

金子郁容 (1992). 『ボランティア−もうひとつの情報社会』岩波新書.

高知県 (2009). 「高知県での地域支援の取り組み (高知県健康福祉部の吉田真
　　理氏報告)」 アジア福祉社会開発研究センター研究セミナー 「福祉社会開
　　発の概念と方法の検討」 2009年 3月 17日 国際シンポ資料集.

冷水豊 (2011). 『柔軟性・持続性のある新しい地域ケア支援の仕組みとその人
　　材開発に関する実証・実践研究』(厚生労働科学研究費).

内閣府国民生活局 (2002). 「NPO支援組織レポート2002−中間支援組織の現状
　　と課題に関する調査報告書」財務省印刷局.

朴兪美・平野隆之 (2007). 「都道府県による地域福祉政策化の実践的研究」『地
　　域福祉研究』No. 38.

朴兪美・平野隆之 (2010). 「'研究会事業' という地域福祉研究者の新たな実践
　　現場−高知での取り組み事例から」『地域福祉実践研究』 日本地域福祉
　　学会(創刊号), pp. 78−88.

朴兪美・平野隆之 (2010). 「都道府県による地域福祉政策化の実践的研究−高

知県の'社協ステップアップ研究会事業'を通じて」『地域福祉研究』, No. 38. pp. 116-125.

朴兪美・平野隆之 (2011). 「地域福祉政策の展開と都道府県行政職員のチーム形成−熊本県事例を通して」『社会福祉研究』第111号(財) 鉄道弘済会. 2011. 07. pp. 92-99.

平野隆之 (2008). 『地域福祉推進の理論と方法』有斐閣.

平野隆之 (2010). 「中山間地域からみた地域福祉の展開」平野隆之・原田正樹『地域福祉の展開』放送大学教育振興会.

平高史也 (2006). 「第5章問題解決実践と総合政策学」『総合政策学−問題発見・解決の方法と実践』慶応義塾大学出版会株式会社.

余語トシヒロ (2005). 「地域社会と開発の諸相」日本福祉大学COE推進委員会編『福祉社会開発学の構築』ミネルヴァ書房.

高知県ホームページ (http://www.pref.kochi.lg.jp/)

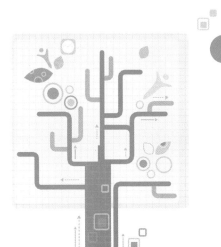

마을 만들기형 복지

1. '마을 만들기'에서부터 '복지'로의 융합

2. 복지의 마을 만들기를 시도하다

제5장
마을 만들기형 복지

복지사회 개발의 접근에서는 지역의 '마을'과 그러한 '마을을 만드는 것(마찌츠쿠리, まちつくり)'을 중요시한다. 지역과 공동체를 연결해서 다룬다는 이러한 점이 지역복지적 접근과 복지사회 개발의 접근을 필연적으로 일치시키는 지점이 된다.

이 장에서는 이에 관해 일본 오사카(大阪)의 키타시바(北芝) 지구를 배경으로 하는 연구를 소개한다. 키타시바 지역은 전통적으로 차별받아 왔던 부락이다. 연구는 이 지역에서 마을 만들기를 통해 복지로 융합해 가는 가능성을 찾아보려는 것이었다. 여기에서는 당사자와 연구자가 상호작용적으로 인식해 가는 프로세스를 인터뷰 형식으로 기술한 연구의 내용을 제시한다.

역자주

● 이 장은 〈穂坂光彦・池谷啓介・佐谷洋子・井上勉 (2013). 「福祉のまちづくりを仕掛ける: 北芝のフィールドノーツ」穂坂光彦・平野隆之・朴兪美・吉村輝彦編 (2013) 『福祉社会の開発: 場の形成と支援ワーク』 ミネルヴァ書房〉을 번안한 것이다.

1 '마을 만들기'에서부터 '복지'로의 융합

　일본의 법률이나 제도상에서 사회적 신분을 의미하는 '부락민'은 존재하지 않는다. 하지만 역사적으로 형성되었던 신분 계층구조에 따른 편견의 영향을 받는 것이 사실이다. 특정 지역에서 거주하며 자란 사람들, 그 지역 출신자나 혈연 관계에 있는 사람들은 특히 결혼이나 취직 시에 사회적으로 차별당하는 것이 엄연한 현실이다. 해방운동에 관계하는 사람들이 자주 인용하는 숫자가 있다. 6,000부락, 300만 명. 이들이 피차별 부락민이다. 제2차 세계대전 이전부터 존재했던 당사자들의 부락 해방운동은 전쟁이 끝난 이후 더욱 강력하게 조직되었다. 부락 해방동맹은 지역이나 현, 전국적 차원에서 결성되어 대정부 투쟁을 전개하였다. 그 결과, 1969년에 정부는 「동화대책사업 특별조치법」을 제정한다. 그 후, 30년 이상 정부의 대책사업으로 피차별 지역의 주거 환경 등 양적 측면이 크게 개선되었다. 교육이나 복지 등에서도 상당한 보조 사업들이 쏟아졌다. 특별조치로서의 동화대책사업은 2002년에 종료된다.

　그러나 여전히 현실적으로 많은 차별 사건, 인권 침해 사건이 발생하였다. 사회의 편견은 해소되지 않았을 뿐 아니라 피차별지역의 진학률, 취업자의 연 수입 등은 전국 평균에 비하면 여전히 낮은 수준이었다. 그럼에도 동화대책사업의 '우대 조치'를 시기하며 '역차별'이라고 공격하는 사람들도 나타났다. 또한 경제적으로 활

　역자주
● 동화(同和)란 일본 사회에서 피차별 지역에 대해 존재하는 여러 차별들을 없애기 위한 다양한 노력 혹은 시책을 나타내는 용어다.

력 있는 층이 부락을 떠나, 고령자나 한 부모 세대 등 경제적 약자
가 상대적으로 증가하는 문제도 드러났다. 한편, 동화대책사업으
로 형성된 획일적인 공영 주택단지가 예전의 커뮤니티 공간을 없
애 버려, 부락 고유의 서로 돕는 관계는 약화되었고, 주민은 더욱
공공행정에 의존하게 되었다. 이러한 가운데 해방운동의 리더들
은 위기 의식을 느끼고, 2000년대 이후 부락해방의 과제로 '인권을
존중받으면서 안심하고 살아갈 수 있기 위해, 마을 만들기를 통한
지역 내·외의 사회관계 재구축'을 꾀하게 된다.

키타시바(北芝)는 오사카에 있는 약 200세대의 작은 피차별 지
역이다. 동화대책사업으로 주택, 복지, 교육, 취업 보장 등이 개선
되었지만, 시간이 경과하면서 젊은 층이나 중견 소득층은 외지로
나가 버리고 주민은 고령화되었다. 또한, 비식자(문맹자)나 무연금
예비군 등에 대한 생활보장 문제도 드러났다. 그래서 키타시바는
2002년 동화대책사업 종료 이전에 사업을 자주적으로 정부에 반
환하고, 예전의 상호 부조를 재활성화하려고 모색하였다. 복지나
교육, 보육에 관한 공공행정의 급여 사업 대신에 주민이 서로 융자
하는 「키타시바 커뮤니티 펀드」를 마련하였다.

이러한 마을 만들기는 '주민의 소리에 귀 기울이기'에서 시작되
었고, 중간 지원 조직인 NPO법인 「쿠라시즈쿠리 네트워크 키타
시바(暮らしづくりネットワーク北芝)」를 중심으로 주민들의 다양
한 액션이 계속 시도되었다.[*] 지역통화의 실험, 송영 서비스나 배

역자주 ────────

[*] 쿠라시즈쿠리(暮らしづくり)란 '생활 만들기'라는 뜻이다.

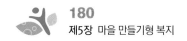

식 서비스를 고령자가 선택하도록 한 지역바우처, 젊은 세대를 지원하는 아동 양육을 위한 지역바우처 등이 있으며, 나중에 이것들은 「키타시바 공제」 제도로 통합된다. 주민에게서 나오는 아이디어나 액션을 체계화하는 장치로 지역복지계획도 구상되었다. 이 것은 지역 문제를 분석하여 환원주의적으로 지역복지계획을 수립하고, 그것이 실현되면 문제 해결이 달성된다는 청사진형 계획수립의 발상이 아니다. 키타시바에서는 주민들 간 공통의 과제나 자원을 확인하고 다양한 액션을 통해 변화를 도모하는 구조를 만들어가는 것이 '계획'이다.

키타시바는 현재 '콜렉티브 타운'으로도 불린다. 콜렉티브(corrective) 타운이란 콜렉티브 하우징(housing)의 파생어로, '지역 내·외의 교류와 평화로운 공동생활을 통해, 열린 복지사회의 모델을 추구하려는 시도'다(内田, 2011: 穂坂, 2013 재인용).* 이 장에서는 키타시바에서 주민의 소리에 귀 기울이면서 그것을 통해 다양한 마을 만들기 액션으로 이어지는 과정을 여러 사람의 관점을 통해 고찰해 본다. 그리고 그 과정이 어떻게 상호지원의 지역복지 구조로 발전했는지를 밝혀 본다.

다음의 대화형 인터뷰에 등장하는 사람은 외부에서 키타시바로 들어와 커뮤니티 워커로 생활하는 이케가야(池谷啓介), 키타시바

역자주

* 우치다(内田雄造)가 키타시바를 정의한 내용을 호사카가 인용하였다. 참고: 寺川政司·内田雄造·神吉優美 (2011). 「コレクティブタウン北芝のまちづくりに関する実践調査研究: コレクティブタウンの成立要因に関する基礎的研究」, 『住宅総合研究財団研究論文集』 38, pp. 161-173.

해방운동에서 시작된 마을 만들기를 이끌어 온 이노우에(井上勉), 주민이 만든 마을 만들기 NPO의 직원인 사타니(佐谷洋子), 그리고 인터뷰를 진행하는 호사카(穗坂光彦)다. 최초의 인터뷰는 2008년 11월 14일에 키타시바에서 진행되었다. 그 기록을 바탕으로 2011년 11월 4일에 재인터뷰를 시행했으며, 이를 통합해서 호사카가 이 글을 편집하고 발언자 전원의 확인을 거쳤다.

② 복지의 마을 만들기를 시도하다

1) 마을 만들기의 장치

호사카　　이케가야 씨는 아시아 각지에서 '케케'라는 애칭으로 불릴 정도로 사랑받았는데, 가족과 함께 키타시바에 들어와서 살게 된 것이 벌써 6년입니까? 오늘은 이 지역의 마을 만들기 워커의 입장에서 답해 주십시오. 키타시바는 피차별 지역이므로 실은 단순한 '복지의 마을 만들기'가 아닌, 그것을 지지하는 '인권의 마을 만들기'를 지향하면서 지역의 역사를 바탕으로 독자적인 경험이나 자원을 살려서 독특한 시도를 차례로 전개해 왔습니다. 우리는 그러한 부분에 주목하고 있습니다. 그것은 크게는 사회적 배제를 뛰어넘는 관계 구축의 시도라고 할 수 있습니다. 먼저 이케가야씨가 어떻게 관계해 왔는지 이야기해 주십시오.

이케가야　　원래 키타시바는 70세대 정도의 작은 집들이 늘어선 피차별 지역이었습니다. 환경이 열악하여 정부의 소규모 취락 개량 사업의 대상이었습니다. 70년대 하드웨어 측면의 환경 정비를 통해서 여러 주민의 활동이 나타났습니다. 내가 키타시바에 온 것은 2001년 여름인데, 그때 「키타시바 마을 만들기 협의회」가 시작되었습니다. 이것은 원래 있던 자치회나 고령자 그룹, 학교의 PTA 등 여러 그룹이 모여 협의회 조직을 만들고 마을 만들기를 전개하려 한 것이었습니다.

그 가운데 제일 처음 지역 사람들과 함께 한 것이 '주민의 중얼거리는 소리에 귀 기울이기'입니다. 지역의 욕구를 모으기 위해 이러한 활동을 철저하게 했습니다. 나는 집회소에서 반년을 살면서 지역의 여러 사람들의 이야기, 주부나 아이들의 이야기를 열심히 들으면서 그들의 욕구를 많이 끌어내려고 했습니다. 지역의 멤버도 나와 함께 코디네이터를 해 주었습니다. 이것이 모든 일의 계기가 되었지요. 그때부터 누구나 참여하기 쉬운 꽃 가꾸기라든지, 지역 청소도 시작되었습니다. '중얼거림'이라는 것은 워크숍 등에서 들을 수 있는 소리라기보다, 길을 걷는데 어디선가 갑자기 들려오는 "시청이 운영하는 송영(셔틀) 버스는 예약도 해야 하고 복잡해." 등의 소리이지요. 그러면 송영 서비스를 시작할까 하고 생각하게 됩니다. '꽃이 있으면 좋겠다'와 같은 아이디어를 쓱 줍는 기분으로 진행하는 것이지요.

「지역 통화」는 6년간 모델 사업을 했습니다. 지역 통화는 사람과 사람을 연결하는 장치입니다. 지역 안에서 사용함으로써 지역 활성화를 도모하는 콘셉트(개념)입니다만, 키타시바는 주변의 모든 민간 기업과 제휴하고 있습니다. 자원봉사를 하면 지역 통화

콘테이너 가게들로 둘러싸인 광장의 아침 시장

가 손에 들어옵니다. 그것을 지역의 커뮤니티 레스토랑에서 사용할 수 있습니다. 앞으로는 지역 밖의 큰 영화관에서도 사용할 수 있도록 유통을 확대하는 시스템을 생각하고 있습니다. 또 키타시바는 2000년부터 「커뮤니티 펀드」를 만들고, 저축 활동과 빈곤자를 대상으로 생활 자금의 대부를 독자적으로 전개하고 있습니다. 고령자가 소일거리를 하는 「마카상회(まかさん会)」라는 그룹도 만들고,˙ 지역의 공원이나 도로 청소를 수탁해 매달 2만 엔 정도의 벌이를 하면서 일부를 저축하고 있습니다. 돈이 모이면 모두 같이 여행을 하기도 합니다. 2000년 당시 여전히 '계'를 하고 있었기 때문에, 그것을 바탕으로 어떤 형태로 지역의 욕구에 맞는 기금이 만들어질 수 있을지 논의하면서 커뮤니티 펀드를 만들었다고 들었습니다.

호사카　　이곳을 견학할 때마다 이 지역에는 주민들이 마음대로 사용할 수 있는 소규모의 토지, 지역의 저축금, 강한 조직, 예전부터 여러 가지로 시도한 경험 등, 다양한 지역 자원과 그러한 자원을 발견해 가는 프로세스가 있기 때문에 자원이 한층 더 순환 확대되는 나선형 활동이 이루어지고 있다고 느낍니다. '마을 만들기 프로젝트'에 대해 구체적으로 이야기해 주십시오.

이케가야　　예를 들어, 키타시바에는 NICO라고 하는 이름의 커뮤니티 살롱이 있습니다. 만남의 장(場)인 NICO에 키타시바 사람과 주변 지역 사람들이 우선 발걸음 하는 것이 중요합니다. 살롱에서는 라이브라든지 아트 이벤트가 열립니다. 매주마다 오너(소유주)가 바뀌면서 경영되는 '보물가게'라는 이름의 커뮤니티 레스토랑이 되기

● 일본어 마카(まか)는 마하(摩訶)가 뜻하는 '많음' '위대함'의 의미를 가지고 있고, 상(さん)은 사람을 칭하는 말이다.

도 합니다. 이 레스토랑은 '마을 만들기 회사 설립 프로젝트'에서 커뮤니티 비즈니스의 모델로 생각되고 있습니다. 이 커뮤니티 비즈니스는 적자도 흑자도 아닌 정도의 영업이지만, 지역사회 문제에 임하는 것이 중요합니다. 돈이 되는 것은 아니지만 지역의 입장에서 보면 메리트(장점)가 있다는 것이지요. 예를 들어, 어머니 그룹, 아이들과 고령자를 지원하는 자원봉사 그룹 등이 자신들의 레스토랑을 경영하고 있습니다.

NICO의 뒤쪽에는 '시바라크(芝楽)'라는 이름의 광장이 있습니다.[•] 그곳에는 코베(神戸)에서 사 온 컨테이너를 사용해서 챌린지 숍(challenge shop)을 운영하고 있습니다.[••] 과자가게, 타이 마사지가게, 또 「위탁 박스」라는 코너 대여를 하는 가게도 있습니다. 「라쿠다야(楽駄屋)」라는 과자가게는 오후 3시부터 6시까지 영업을 합니다. 지역의 초등학교 아이들만이 아니라 주변의 다른 초등학교 아이들도 소문을 듣고 20분이나 자전거를 타고 옵니다. 아이들끼리는 모르는 사이라도 과자 가게에서 '넌 이름이 뭐야' '어디서 왔어'라는 식으로 커뮤니케이션이 시작됩니다. 과자가게 자체는 전혀 수익이 없지만, 아이들이 거기서 만날 수 있고 우리에게는 문제를 발견할 수 있는 장이 됩니다. 아이들의 문제, 예를 들어 어려운 가정의 아이가 과자가게에 와서 가게 주인에게 '우리 집에선 이런 건 안 돼'라며 말하는 것 자체가 문제 발견으로 연결되는 것이지요. 이 과자가게도 어느 주민이 '이런 것 해 보면 재미있지 않을까'라고 아이디어를 내자 주위에 있

역자주

[•] 시바라크(芝楽)는 한자 뜻으로는 잔디(芝)와 편안함(楽)을 뜻하는데, 키타시바(北芝)의 지명에서 한 글자를 따온 듯하다. 소리로 나타내자면, 시바라크란 '오래간만일세'라는 뜻이기도 하다.

[••] 코베(神戸)는 오사카 인근의 대도시 지역이다.

던 사람들이 '자, 할 수 있는 것부터 하자'라고 그것을 받아들이면서 시작된 것입니다.

호사카   아이들에게 주목하는 점이 특징적이네요.

이케가야   아이들은 이곳의 큰 테마 중 하나입니다. 육아그룹 엄마들의 커뮤니티 레스토랑, 컨테이너를 사용한 육아지원 이벤트 등 활동이 활발합니다. '아이들에 의한 아이들을 위한 카페'라는 취지로 「키즈 카페」라는 것을 작년에 2회 정도 했습니다. 손님도 아이들이고 운영도 아이들이 하는 이벤트입니다. 아이들의 자존심을 이 지역에서는 특히 중시합니다. 아이들 스스로 손님을 접대하면서 '자신들도 여러 가지 일을 할 수 있구나.' '학교에서 공부를 잘하지 못해도 카페를 운영할 수 있구나.' 하는 자신감이 생기는 것이지요. 돈 계산도 아이들이 하는데, '백 엔이라도 버는 것은 매우 힘든 일이구나.' 하는 것을 인식하게 됩니다. 재료를 사 오고, 요리를 해서 제공하고, 마지막으로 매입과 매상을 계산해 보면 결국 하루 종일 일해서 수중에 남는 것은 일인당 백 엔밖에 없죠. 노동 체험이라고 할까요. 이러한 과정에서 돈의 중요함을 배웁니다. 엄마들이 하는 HAHA Cafe라는 가게도 있는데,* 엄마들이 이것을 운영하면서 평상시에는 발산할 수 없는 고민을 털어 놓거나 작은 즐거움이 되는 그러한 장 만들기를 전개하고 있습니다.

호사카   고령자 그룹도 있군요.

이케가야   키타시바에는 고령자가 모이는 「카야노(萱野)노인 휴

역자주
* '하하'는 일본어로 '어머니'를 뜻하고, 웃음소리 '하하'를 나타내는 것이기도 하다.

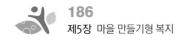

식의 집」이라는 것이 있습니다. 그곳은 「복지서비스 요텐카(よっ
てんか)」라는 지역 NPO가 운영하고 있습니다. 미노오(箕面)시의
등록 NPO로서 이 「휴식의 집」을 지정 관리하는 단체입니다.

호사카　　주민이 자치적으로 관리하는 것이군요.

이케가야　　이 NPO가 고령자 안부 확인 활동이라든지, 잠시 들렀
다 갈 수 있는 「길모퉁이 데이하우스」도 하고 있습니다.[*] 또 안심
주거 프로젝트로 시작된 「지역안부 확인권」이라는 것이 있습니다.
지역형 안전망(safety net)의 하나입니다. 아이디어는 지역 통화와
유사합니다만, 키타시바에 사는 60세 이상의 고령자 120명 정도
의 분들에게 한 달에 1매씩(65세 이상의 독거 고령자 혹은 고령자 부부
에 대해서는 2매) 배부합니다. 그것으로 「카야노(萱野) 택시」라는 송
영 서비스, 약간의 가사나 쇼핑 돕기, 「어머니의 손맛」이라는 배식
서비스 등을 이용할 수 있습니다. 또 자원봉사 그룹이 월 1회 「목욕
의 날」을 실시하고 있는데, 「지역 안부 확인권」을 이용하면 고령자
를 목욕탕에 데리고 갑니다. 방금 전 말한 「길모퉁이 데이하우스」도
사용할 수 있습니다. 이런 방식으로 고령자가 지역에서 교부된 서비

역자주

• 길 모퉁이 데이하우스(街かどデイハウス) 길 모퉁이(街かど 마치카도) 데이하
우스 사업은 오사카부(大阪府)의 독자적인 보조금 사업이다. 지역에서 고령자
가 자립해서 생활할 수 있도록 지역의 민가나 시설을 이용하여 자립 지원의 장
을 제공하는 것으로 지역주민의 복지활동을 촉진하고 주민 주도의 활동이나 개
호예방 거점, 지역 안전망 활동을 하는 주민참여형 비영리 단체를 지원하기 위
한 것이다. 중학교 권역마다 1개소 설치를 목표로 하였으며, 1999년부터 시작
된 이 사업은 2007년 현재 오사카부 내에 159개소가 운영되고 있다. 원칙적으
로는 개호인정을 받지 못한 고령자만 이용 가능하지만, 키타시바에서는 지역의
욕구에 대응하여 이 사업을 독자적인 방식으로 운영하고 있다.

스권을 사용해 서비스를 이용하게 되면, 집에 틀어박혀 있기 쉬운 사람이라도 조금은 밖에 나오기 쉬워진다는 것이지요. 이 지역에서 배부하는 서비스권이 잘 이용되는 것은 키타시바 안에서 여러 가지 서비스, 예를 들어 「카야노 택시」 같은 것들이 고령자 주변에 잘 만들어져 있어서 서비스 연결이 가능하기 때문입니다. 지역의 모든 사람이 서로 사회복지사와 같은 역할을 하여, 문제나 욕구를 발견하고 서비스로 연결하는 활동을 합니다. 그것이 이 「지역안부 확인권」을 매개로 전개되고 있다고 할 수 있습니다.

호사카   송영 서비스는 공공서비스의 사각지대를 메꾸는 시도로 자주 인용되고 있습니다만.

이케가야   「카야노 택시」는 안심 주거 프로젝트 중에서도 대표적인 활동입니다. 미노오市는 「디맨드(demand) 버스」라는 송영 서비스를 시행하고 있습니다. 하지만 한 달에 두 번밖에 사용할 수 없습니다. 게다가 예약을 한 달 전에 하지 않으면 안 됩니다. 뭐 공적 서비스로서는 다른 지역에 없는 매우 좋은 서비스입니다만, 고령자가 긴급히 병원에 간다든지, 잠깐 장을 보고 싶다든지, 절에 가고 싶다든지 할 때에는 사용할 수 없습니다. 그럴 때 부담 없이 전화하면 와 주는 것이 「카야노 택시」입니다. 원래 이것도 '지역의 소리에 귀 기울이기'에서 드러난 고령자 욕구였습니다. 공공행정의 제도적 서비스를 먼저 적용하기보다도, 고령자의 욕구가 어떻게 하면 지역에서 채워질 수 있을까? 확실한 상호부조라고 할까? 지역의 자원봉사자가 관계한다든지, 누가 무엇을 할 수 있는지를 지역 사람 모두가 같이 논의하면서 제도를 결정해 갑니다. 할 수 있는 범위에서 무리하지 않으면서 시스템을 바꾸어 가는 것이 「카야노 택시」에서도 나타나고 있습니다.

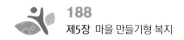

배식 서비스도 있습니다. 미노오市의 60~80세대 정도의 고령자 가정에 1년 365일, 유상 자원봉사자인 키타시바의 멤버가 식사를 배달하고 있습니다. 물론 지역 내 사람은 「안부 확인권」을 사용할 수 있습니다. 「안부 확인권」이 유통되는 가운데 한층 더 고령자의 '소리에 귀 기울이기'가 전개되면서 새로운 욕구가 드러나고 있는 것 같습니다.

2) 마을 만들기의 중간 지원 조직

호사카　　마을 만들기를 위한 조직에 대해서 이야기를 듣겠습니다.

이케가야　　NPO 법인 「생활 만들기 네트워크 키타시바」라는 중간 조직, 즉 여러 그룹을 지원하면서 외부와의 연계를 만드는 지역의 단체가 있습니다. 그 단체 사무국의 사타니 씨와 전직 대표이사 이노우에 씨입니다.

사타니　　키타시바의 NPO 활동이 활발해진 것은 95년의 한신아와지(阪神淡路) 대지진 이후라고 들었습니다. 지진 재해를 통해 역시 지역 안에서 서로가 서로를 도와야만 재해를 극복할 수 있다는 것을 인식하게 되었습니다. 그러한 상부상조의 활동을 구축하기 위해 많은 지역에서 NPO가 만들어 졌습니다. 키타시바도 마찬가지였다고 생각합니다. 「생활 만들기 네트워크 키타시바」는 그러한 NPO 활동을 응원하기 위해서 만들어진 NPO 법인입니다.

호사카　　지역에 여러 종류의 조직이 만들어질 때 그것을 후방 지원하는 그러한 NPO군요.

사타니　　그렇습니다. 만들어지고 나서의 지원보다 만들어지기까지의 지원 부분이 큽니다. 예를 들어, 이 건물(NICO) 아래층에서 카페를 하고 있습니다. 지금 청년들이 여기 카페 공간을 사용하여 청년들 나름대로 도전하여 기획부터 경영까지 하고 있습니다. 20대 청년들이 가게를 차린다는 것은 경험적으로나 자금 동원적인 면에서도 보통은 무리입니다만, "해 보지 않을래?" 하고 적극 권했습니다. 자립하게 되자 이제는 우리를 밀쳐 낼 정도입니다.

호사카　　각 조직의 이벤트 등, 특히 외부 홍보 활동은 이쪽 NPO 에서 담당한다고 들었습니다만.

사타니　　그렇습니다. 역시 그 부분이 매우 중요하다고 생각합니다. 이곳에서 통신(소식지)을 만드는데, 그 내용은 지역에서 실제로 하는 활동에 대한 것입니다. 단순한 활동 소개만이 아니라 우리가 무엇을 지향하면서 지역에서 활동하고 있는지를 발신하려고 항상 신경 쓰고 있습니다.

호사카　　NPO「생활 만들기 네트워크 키타시바」의 설립 배경 등을 말씀해 주십시오.

이노우에　　1969년에「동화대책사업 특별조치법」이 생겼을 때, 나는 중학생이었습니다. 이 법이 생겼기 때문에, 어느 날 갑자기 장학금이 나오게 되고, 너희도 고등학교에 갈 수 있다는 말을 들었습니다. 법 시행 후, 물이 새는 함석지붕 집이 아니라 걱정 없이 거주할 수 있는 생활의 기초인 거주지가 보장되었습니다. 그리고 의료도 복지도 보장되었습니다. 운동을 통해서 그러한 지출을 공공행정으로부터 보장받게 된 것입니다. 그러나 이것은 어떤 의미에서 보면 대중요법입니다. 대책사업에서는 교육을 보장받고 수입을 얻어 자립한다는 것이 목표로 제시되었습니다. '벌기 위해서 공부하라.'는 것이었지요. 79년 이후는 교육의 시대였습니다. 그런데 89년에 교육 실태 조사를 하였는데 그 결과에 아연실색 했습니다. 지역 아이들의 자존감이 낮았습니다. 1985년에 이루어진 조사에서는 '아스팔트와 콘크리트로 다시 태어난 마을이 정말로 살기 좋은지.'라는 문제가 제기되었습니다. 보육도 개호도, '개인이 아닌 지역의 문제가 아닌가.' 하는 생각이 들기 시작했습니다.

그래서 90년대부터 공공행정 의존을 벗어나 자기 선택, 자기실현에 의한 자립을 모색하기 시작했습니다. 예를 들어, 동화 사업을 통해 받았던 개인 급여의 반환 운동입니다. 당시, 지역 사람들이 공공행정에 고용되어 취업을 보장받거나, 주택비, 보육비를 보조받는 경우가 적지 않았습니다. 이것을 반납하고, 자신의 아이들에게는 필요 없다고 생각하는 공무원은 장학금을 받지 않으며, 집세는 일반적인 책정 기준에 따른다는 것이었습니다. 보육원은 지역 밖의 아동도 이용가능하게 하고, 보육료를 지불할 수 있는 지역 주민은 지불하도록 했습니다. 고령자에게는 경로 축하금이 나오는데, 무연금자가 많은 이 지역에서는 중요한 돈이지만 이것을 일괄 반납하고, 대신에 그 돈으로 실버 비즈니스를 하도록 미노오시에 제안했습니다. 그러한 실버 비즈니스로 고령자들이 매월 2, 3만 엔의 수입을 올릴 수 있을 거라는 계산이었습니다. 하지만 시로서는 거기까지는 무리였습니다. 그런데 이것이 「마카상회」의 커뮤니티 비즈니스의 계기가 되었습니다. 도로나 공원 청소, 주차장 정비, 해방 신문 배포 등 지역 자원을 이용하여 고령자가 소득을 확보하는 활동으로 연결되었습니다.

호사카　　　그랬군요. 그러한 문맥에서 NPO 설립은 어떤 의미를 지닙니까?

이노우에　　　이 지역의 일관된 문맥은 '자치'입니다. 키타시바에는

1969년 부락 해방동맹의 지부가 생깁니다. 일반적으로는 보수적인 지역 자치회와는 선을 분명히 그으면서 새로운 운동을 하는 것이 당시 동맹의 원칙입니다만, 키타시바에서는 처음부터 자치회와 지부를 일체적으로 운영했습니다. 지역의 자원이나 이전부터 존재해 온 지역의 힘을 살리면서 운동을 전개한 것입니다. 지역 통화, 커뮤니티 펀드, 공제 조합과 같은 시도는 주민이 할 수 있는 것, 했으면 하는 것을 서로 교환하는 데 의미가 있으며, 일방적으로 서비스를 받거나 주기만 한다면 힘의 주종 관계가 발생합니다. 잘 드러나지 않는 어려운 관계를 조사하면서 서로 연결해 가는 것, 이것이 커뮤니티라고 생각합니다.

연결되면 차별도 사라집니다. 커뮤니티는 관심을 공유하면서 연결되는 네트워크입니다. 여러 문화를 접목하여 열린 지역사회를 만들고 외부에서 들어온 사람들과도 연계하는 것. 그러면 당연히 마찰도 일어납니다. 실제로 지역 내외에서의 연결을 위해서는 중간 장치가 필요합니다. 그것이 이 NPO입니다. 자존감이 낮아 갑자기 밖으로 나가기는 어려워도 우선 여기로 오는 것이지요. 다른 사람들도 재미있다고 생각하면 우선 여기로 자유롭게 들어옵니다. 출입이 자유로운 장입니다. 예를 들어, 광장의 컨테이너를 사용하려고 할 때, 이 NPO의 회원인지, 모임에 참가하는지, 워크숍에 참가하는지를 조건으로 하고 있습니다만, 이 지역 출신인지 어떤지는 묻지 않습니다.

호사카 쿠시로市의 생활보호 수급자를 위한 자립 지원 프로그램에서도 취업 지원부터 갑자기 하는 것이 아니고 우선 사회생활의 자립 지원을 합니다. 자원봉사 활동 등을 통해서 사회참여를 하게 되는데, 그런 활동을 NPO가 지원하고, 참가자가 프로그램 운영에 관계하는 가운데 수급자 분들의 자존감이 회복되어 간다고 들었습니다. 즉, 중간 장치군요. 키타시바의 중간 장치가 외부와 교류하는 장이라는 점도 쿠시로시의 「커뮤니티 하우스」사례와 통하는 면이 있는 것 같습니다. 「커뮤니티 하우스」에서는 복지 시책의 대상으로 여겨지고 있는 아이들에게 튜터(개인교사)라는 외부의 어른들이 와서 학습 지원을 합니다. 하지만 그 안에서 서로 지원하는 그러한 상호적 역할 변화가 일어난다고 합니다.

키타시바의 현재의 움직임에서 내가 관심을 갖는 것 중의 하나는 '공제제도 만들기'입니다. 유사한 이야기가 아시아의 슬럼 지역이나 농촌에서 확대되고 있는데, 그 기반은 마이크로 크레디트입니다. 마이크로 크레디트가 확산되기 시작했을 무렵, 남쪽 나라들 구석구석까지 글로벌 시장주의를 침투시키는 것이라는 비판도 있었습니다. 문제도 있습니다만, 마이크로 크레디트는 사람들을 자기 책임이라는 시장주의에 내던지는 것이 아니라, 말하자면 중간 장치인 풀뿌리 조직을 만들어 시장적인 경제활동에 참가하거나 융자를 받을 수 있도록 하는 연금보험 제도 같은 것을 만들어 낸다고 생각합니다. 자조의 강요가 아니라 한 사람 한 사람의 주변에 완충적이며 중층적인 사회관계를 재생시킬 수 있다는 것입니다.

이노우에 　조금 전 사타니가 말한 서로 돕는 마을 만들기라는 것은 추상적이라서 이해하기 어려울지 모르겠습니다만, 실제로 해 보니 재미있었던 것은 지역에 빈 터가 하나 있으면 충분히 마을 만들기 센터로 기능한다는 것입니다. 요컨대, 만남의 장이 없으면 서로 도울 수도 없고 연결될 수도 없다는 것입니다. 우선 사람과 사람이 연결되기 위해서는 만남의 장이 필요합니다. 옛날엔 육아 중인 그룹이라든지, 노인들끼리, 아이들끼리 모이는 만남의 장, 놀이터나 우물가의 수다 떠는 장 같은 것들이 어디나 있었다고 생각합니다. 그런 것들이 점점 고립되는 사회 속에서 사라지고 있는 것은 아닌지. 키타시바에는 서로 돕는 커뮤니티가 강하게 남아 있다고 생각했는

데, 이케가야 같은 젊은이가 사회복지사로 지역 안에 들어가면서 고령자가 고립되어 있는 것이 드러났습니다. 그때 쇼크였던 것은 몹시 유대감이 강한 커뮤니티이기 때문에 다른 지역보다 훨씬 더 혼자 고독했을 것이라는 것입니다. 그렇게 혼자 있던 사람이 「길모퉁이 데이서비스」에 어느 날 갑자기 나와 주는 것. 지금까지 외출하지 않았던 사람이 나와서 거기에 오는 외부 사람과 자연스럽게 교류하게 되는 것이 좋았습니다. 반대로 이런 장소를 만들어 보고, 거기에 이렇게 많은 사람이 오는 것을 알게 되면서 지금까지 고립되어 있었던 것을 알게 된 측면도 있습니다.

호사카　　　장 만들기군요.

이노우에　　　그렇습니다. 이 NPO를 계속할지 어떨지는 잘 모르겠습니다만, '생활 만들기'는 중간 지원이므로, 실제로 많은 다양한 장치가 만들어진다면 여기는 자연스럽게 사라져도 괜찮다고 생각합니다. '새로운 공공'이라는 논의가 있습니다만, 공공의 장(場)은 컨테이너 1개만 있으면 가능합니다. 주민의 요구를 공공행정이 받아들일 때는 아무래도 공평성이 문제가 됩니다. 그렇지만 여기에서는 정말로 자신들이 하고 싶은 것을 그냥 말하면 그것이 바로 어떤 형태로 나타납니다.

여기서 해 보고 느낀 것입니다. 간단하게 만남이 생겨나는 곳, 좋아하는 일을 할 수 있는 곳. 그런 공간이 없으면 새로운 공공이라는 것도 불가능할 것입니다. 사람과 사람이 연결되는 것이 실제로 보이니까 재미있습니다.

호사카　　　고령자의 장 만들기 시도는 어디서나 하고 있습니다만, 키타시바를 견학하고 눈이 휘둥그레지는 것은 아이들 카페라든지, 과자가게라든지, 아이들이 스스로 모여 장을 만들고 있는 것입니다.

이노우에　이제부터 젊은 세대가 그 부분을 이어 주어야 한다고 생각합니다. '자신이 뒤를 잇는다.' '사회에 공헌한다.'라는 생각도 중요하지만, 지역에서 활동하는 젊은이가 증가하면 자연스럽게 아이들과 고령자에게 이어집니다. 그 점이 젊은이들이 양성되면 좋겠다고 생각하는 가장 큰 이유입니다. 지금까지 20대 젊은이가 지역에 들어오게 하는 장치를 다양하게 시도해 왔습니다만, 이번에는 우리가 아니라 젊은이들이 자발적으로 생각해서 아이들을 연결해 가는 사업을 시작하면 좋겠다고 생각합니다.

이케가야　지역 사람들에 대한 상담 기능을 가지는 것은 매우 중요합니다. 생활 상담에 대응하는 가운데 사람이 성장함을 확실히 느낍니다. 흔히 말하는 '워커'는 아니지만, 실질적으로 소셜 워커의 역할을 완수할 때 그 환경 속에서 젊은 인재가 '길러지는 구나.' 하고.

이노우에　그런 젊은이가 다음에는 스스로 사업을 하고자 할 것입니다. 문제의식이 생긴다면, 젊은이가 노인을 상담하면서 왜 그렇게 되었는지 가정 상황을 이해하게 될 때, 가정에서 특히 아동과 고령자가 많이 희생되고 있음을 자연스럽게 알게 되지요. 그 부분을 어떻게 원조할 수 있을까? 자신들 속에서 스스로 한 걸음 내딛지 않을 수 없게 됩니다. 상담 활동으로 알게 된 것을 행정 시책으로 연결할 뿐 아니라 제도가 미치지 않은 부분에 대해서는 어떻게 할 것인가 '서로 돕기'라고 한 이상, 그것은 제도에 없는 것이지요. 또는 제도가 있어도 적용받지 못하는 사람이라면 그런 상황에서 '어떻게 진심으로 대응해야 하는가'라는 점에서 아직은 많은 시간이 걸리겠지만, 그 방향성은 제시되었다고 생각합니다.

이케가야　예를 들어, 송영 서비스 등의 행정이 다 대응할 수 없는 부분에 어떠한 형태로든 움직임을 만들고 있는 것은 그런 의미라고 이해하고 있습니다. 이러한 것이 다른 문제에 직면했을 때에 다양한 대응을 할 수 있는 기술로 조금씩 축적되면 가장 좋다고 생각합니다. 아까 말한 것처럼 제도의 테두리에서 벗어나는 부분에 어떻게 대응할 것인가는 정말 '지역력'이라고 생각합니다.

호사카　　지금 우리가 중시하는 것은 개별 사례를 제도와 연결하여 개별적으로 원조하는 데 그치는 것이 아닙니다. 다시 말해 기능 부전의 제도로 문제를 가지고 가기 전에 한 번 더 지역의 문제로 파악하면서, 지역에서 새로운 힘을 생성하는 새로운 커뮤니티 워크입니다. 조금 전에 말한 상담 업무의 중요성도 그러한 방향으로 문제를 전개하기 위한 기초로서 중요한 것이 아닐까요.

3) 앞으로의 워커

호사카　　여기까지의 이야기를 정리하면, 키타시바에서는 착실하게 욕구와 자원을 발견하면서 '만남, 연결, 활력'의 방향으로 마을 만들기 활동을 즐겁고 다양하게 전개해 왔으며, 그것을 재차 광의의 복지의 틀에서 점검하고 개호, 이동, 육아, 교육 등의 부족을 메꾸는 데 활용해 왔습니다. 그것은 계획을 만들어 우선순위대로 실시한다는 발상과는 전혀 다르며, 정부에서 만든 제도를 지역에 적용해 문제 해결을 도모하는 것과도 다릅니다. 제도의 장벽이나 차이를 극복하는 새로운 움직임을 지역에서 만들기 위해서 독특한 시도를 해왔다고 해석할 수 있지 않을까요. 그런 문맥에서 마을 만들기 워커, 사회복지사의 자세는 어떻게 생각할 수 있습니까?

이노우에　　이곳에서는 '달리고 나서 생각합니다.' 이론은 나중이죠. 밖에서 하고 있는 재미있는 일들을 여기서 해 보는 것이 가장

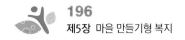

빠른 지름길입니다. 그러나 마을 만들기에서 결정적인 것은 감성입니다. 느끼는 힘, 중얼거림과 같은 소리에서 욕구를 잡을 수 있는 안테나. 그 힘은 어디에서 올까. 그것은 '지역 사람들과 함께 할 수 있는가.'라는 부분입니다.

호사카　　　그것과 또 하나, 바로 밖을 잘 알고서 '따라 하는' 것이지요. '이곳에선 이런 일이 가능하지 않을까?'라고 아이디어를 매개할 수 있는 것이 워커의 자질이 아닐까요.

이케가야　　　키타시바에는 '도전한다'라는 원래 이 지역이 지닌 장점이 있습니다. 거기에 플러스알파로 지역의 젊은이라든지 나같이 다른 곳에서 온 멤버가 지역 사람들과 함께 지역의 욕구에 응할 수 있는 장치를 만든다는 자세로 모두 같이 워크숍 등을 하면서 논의했습니다. '해 보자.' '뭐 실패해도 괜찮아.'라는 식으로 점점 형태를 만들어 가는 것이 마을 만들기의 중요한 포인트입니다. 그 가운데 워커의 역할이란 사람들의 이야기를 듣고 무엇이 가능한지 함께 생각하고 움직이는 것이라고 생각합니다.

호사카　　　효율적인 계획 만들기로 시작하는 것과는 본질적으로 다르군요. 우선 사람들이 모이고, 그 속에서 새로운 아이디어가 발생하는 장을 잘 만들어 가는 것이 지금 말한 새로운 워커의 중요한 역할의 하나라고 생각합니다만. 이케가야 씨는 원래 건축을 전공했었는데, 어느새 마을 만들기 워커의 영역에 들어와 있습니다. 이제부터 이런 분야로 들어가려는 사람들에게 어드바이스라고 할까요, 이런 센스, 이런 스킬(기술)을 몸에 익히면 도움이 된다고 할 만한 그런 것이 있습니까?

이케가야　　　학생 때는 건축의 도면을 그리고 건물을 짓는 것을 생각했습니다만, 지역 안에서 건물이 거리와 어떻게 만나면 그 사람들의 생활이 좋아질지를 생각하면, 건물을 만든다든지 공간을 만드는 것만이 아니고 인간관계를 만들어 가는 것이 매우 중요합니다. 그러므로 워커로서 커뮤니케이션하는 방법을 먼저 생각해야 합니다. 이전에 캄보디아의 슬럼에 있을 때도 같은 생각을 했습니다. 제도 안에서 일하는 공공행정의 사회복지사와 달리, 틀에 얽매이지 않는다고 할까? 보통 생활 속에서 약자의 말을 듣는 자세, 워커가 돌아다니는 방법 등, '업무 시간을 내'라는 것과는 차원이 다릅니다. 날마다 여기저기 '중얼거리는 소리'는 많이 있으며 그런 것에서 욕구를 발견하고 모두에게 '이런 욕구가 있습니다.'라고 확실히 제시할 수 있어야 합니다. '이렇게 하지 않으면 안 돼.' '이것이 미션이다.'라는 식으로 너무 강요하지 않으면서 자연스럽게 제시하는 것이 하나의 요소가 될 것입니다. 어려움에 처한 사람에게 '절대 이게 아니면 안 돼.'가 아니라, '이렇게 하면 혹시 잘될지 몰라.'라는 식으로 제안하는 것이지요. 그러한 장을 만들거나 그룹을 만들어 '조금만 함께 해 봐요.'라고 하면서 이런 부분에 힘을 쏟는 것이지요. 이와 같이 사람과 사람을 연결하는 코디네이터는 매우 중요합니다.

호사카　　공공행정에도 물론 여러 분야의 전문직들이 있습니다만, 지금까지의 전문직이 대신할 수 있는 것일까요? 아니면 보완적으로 일할 새로운 타입의 워커가 필요한 것일까요?

이케가야　　기존 워커의 전문성이나 장점도 물론 중요하며, 플러스알파로 여기저기 돌아다닐 수 있는 워커가 앞으로의 시대에는 필요하다고 생각합니다. 원래 이런 워커의 역할은 지역에서 누군가가 담당했었다고 생각됩니다. 특히 아시아의 슬랭(속어) 등에서는 "그 사람에게 말하면 어떻게든 해결돼요."라는 말이 있습니다. 일본에서도

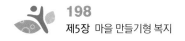

새롭게 그러한 사람을 주목해야 합니다. 워커라고 불리지는 않았지만, 지역이 원래 가지고 있던 역할이 새로운 워커의 모습으로 재생되고 있는지도 모릅니다. 그리고 제도 안에 있는 워커와 어떻게 연결할지도 과제라고 생각합니다.

호사카　　욕구를 일단 지역의 과제로서 받아들인 다음, 그러한 관점에서 이용 가능한 제도를 조사하고 개별 원조를 위해 사용할 수 있는 제도를 최대한 이용하면서, 새롭게 대두되는 빈부 격차 문제를 지역에 제기하고 지역의 힘으로 격차를 줄일 수 있도록 즐겁게 진행하는 것이 새로운 워커의 역할일 수 있겠지요.

이케가야　　그게 가능하면 정말로 안심하고 살 수 있는 지역을 만들 수 있겠다는 생각이 드네요. 기존의 제도를 잘 이용하면서, '플러스알파(여분)로 무엇이 가능한지.'라는 부분에 아마도 워커로서의 주요한 역할이 있다고 생각합니다.

호사카　　마지막으로 사회적 배제의 문제로 돌아가겠습니다. 이곳은 역사적으로 차별을 받아 온 지역으로, 차별을 없애고 인권을 지킨다는 것이 지역의 마을 만들기 운동의 기반이며 목적입니다. 또한 정부 수준의 큰 과제이지요. 마을 만들기의 최종 목표도 거기에 있기 때문에, 구조화된 사회적 배제 문제, 지역을 뛰어넘는 사회운동의 확대, 마이크로인 지역 안에서의 마을 만들기를 시도할 텐데 어떻게 연결하려고 생각하고 있습니까?

이케가야　　부락 해방운동이라는 큰 대중운동 안에서 키타시바의 마을 만들기의 역할을 설정하는 것은 물론 중요합니다. 부락 해방운동과 마을 만들기는 일치한다고 우리는 생각합니다. 그 지역의 마을 만들기가 주변과 함께 진행되면서 인간관계가 확실히 구축되면 사람이 안심하고 살 수 있습니다. 그것이 본래의 부락 해방이라고 키타시바 사람들은 말하며, 나 또한 그렇게 생각합니다. 한 사람의 인간으로서 지역에서 안심하고 살아갈 수 있다는 것이 진짜 '인권이 지켜지는 지역 만들기'라고 생각합니다. 하나의 작은 마을 만들기가 사회에 영향을 준다고 생각하며, 나라를 바꾸는 하나의 출발점이 여기에 있다고 생각하고 있습니다.

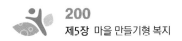

참고문헌

寺川政司・内田雄造・神吉優美 (2011). 「コレクティブタウン北芝のまちづくりに関する実践調査研究: コレクティブタウンの成立要因に関する基礎的研究」, 『住宅総合研究財団研究論文集』38.

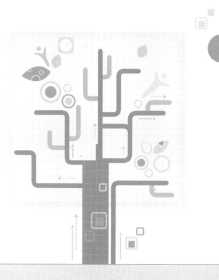

복지를 통해 마을 만들기

제6장

복지를 통해 마을 만들기

복지를 통해 마을 만들기를 시도하는 것은 가능한 것인가. 여기서는 일본의 홋카이도(北海道)에 있는 쿠시로(釧路)시를 연구해서 얻은 결과를 제시한다. '복지에서부터 마을 만들기로의 융합'이라는 점에서, 앞서 제시되었던 '마을 만들기에서부터 복지로의 융합'과는 차별된다. 그럼에도 두 접근 모두 마을 만들기와 복지의 융합, 즉 지역복지와 복지사회 개발이라는 접근에 일치하는 중요한 사례다.

이 장은 히오키(日置眞世)와 히라노(平野隆之)가 함께 정리한 것이다.˙ 히오키는 쿠시로시에서 장애아 부모 모임인 「피어(peer)

˙ 원래의 제목은 "복지에서 마을 만들기로의 융합 : 쿠시로시의 시도"다. 〈平野隆之·日置眞世 (2013). 「釧路における福祉社会開発の実験」 穂坂光彦·平野隆之·朴兪美·吉村輝彦編 『福祉社会の開発: 場の形成と支援ワーク』 ミネルヴァ書房〉에서 발췌한 부분에다 호사카(穂坂光彦)에 의한 〈배경〉 부분의 작성을 추가해서 번안한 것이다.

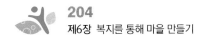

활동」으로 시작하여, 생활궁핍자 자립지원 사업으로 실천을 확대하고, 그 보급화를 추진해 오고 있는 지역 실천가다. 히라노는 이들 실천 현장에 관심을 가지고 연구회를 조직해서 참가한 외부 연구자다. 여기서는 쿠시로시의 맥락에서 복지사회 개발의 전개 과정을 '프로그램 개발의 사회적 실험'이라는 틀로 분석해 본다. 이러한 분석 작업 자체가 복지사회 개발의 주된 연구방법론인 액션 리서치의 적용을 나타낸다.

1 배경

쿠시로는 홋카이도 동부 연안에 위치한 인구 약 18만의 도시다. 동부 지역의 중핵 도시지만, 지역에 있던 탄광이 10년 전 폐광되면서 그 여파로 경제적 정체에 빠졌다. 천 명당 생활보호자 비율은 40퍼밀(‰)을 넘어 전국적으로도 상당히 높은 수치를 나타낸다.˚ 이혼율이나 모자세대 비율도 전국 평균을 크게 상회한다. 또한 이혼 배경에 경제적 곤란이 차지하는 경우도 많다.

쿠시로시의 자립지원 프로그램은 2004년 후생노동성 모델 사업으로 시작되었다. 이미 NPO를 설립했던 히오키는 특히 모자 세대를 대상으로 하는 자립지원 프로그램 운영을 쿠시로시의 행정으

역자주

˚ 퍼밀(per mil)은 1,000분의 1(per thousand)이다.

로부터 위탁받았다. 위탁 내용은 대상 세대의 자립을 촉진하기 위한 취업지원 강좌의 기획 및 운영이었다. 그러나 프로그램에 등록한 당사자들이 서로 이야기를 나누는 가운데,* 취업의 저해 요인은 노동의욕의 결여나 이력서 작성 기술의 문제가 아님이 명백히 드러났다. 그때까지 당사자들은 서로 만나는 일도 없었고, 제도에 대해서도 잘 알지 못한 상태였다. 또한 양육 지원도 충분하지 못했기 때문에 취업을 포기하고 있었다. 이는 '이 사람의 의욕을 어떻게든 고취시켜 자립시킨다.'는 개별적 관여보다는, 자립을 방해하고 있는 제도적 · 사회적 상황을 바꾸는 것이 더 중요함을 의미했다. 양육이나 정보를 지원하고, 상황 변화를 위해 제도를 만들어 내거나 혹은 연결하는 지원이 필요했다. 이를 위해서는 외부로부터 자립의 이미지(취업, 양육 급식비를 지불할 수 있는 상태)를 강요당하는 것이 아니라, 어머니들 자신이 스스로 어떻게 하고 싶은지, 그것을 위해서는 무엇이 필요한지부터 파악해야 했다. 이렇게해서 히오키 등은 우선 모여서 '장(場)을 만드는 것'이 중요함을 인식하게 된다.

2006년도부터 「커뮤니티 하우스 동월장(冬月莊)」이 시작된다. 여기에서 특히 관심을 끄는 것은 「모두 함께 고등학교 가기 모임」

역자주

● 복지사회 개발 접근에서는 '대상자'라는 용어 대신 '당사자'를 주로 사용한다. 대상자란 주체성을 박탈당한 수동적 서비스 대상의 뉘앙스가 있기 때문이다. 서비스의 제공자(사회복지사)와 그의 대상이 구분되는 의미가 강하다. 그래서 지역복지나 복지사회 개발에서는 보통 대상자 혹은 클라이언트라고 쓰지 않고, 당사자라 한다.

이다. 생활보호세대 아이들의 학습지원을 위해 튜터(개인교사)라고 칭해진 어른들이 와서 아이들의 학습을 도와주면서 교류하게 된다. 그러나 이 활동은 '가르치고, 가르침을 받는다' '지원하고, 지원 받는다'와 같은 기존의 틀을 넘어서, 아이들, 어른, 장애인, 비장애인, 수급자, 비수급자, 또는 그런 범주 자체가 의미 없는 다양한 사람들이 모여 다양한 이야기를 나누는 '장'으로서 보다 중요한 의미를 가지게 되었다. 그곳에서는 A가 B를 지원하고, B가 C를 지원하는 식으로 상호작용이 순환되는 지원 관계가 성립되었다. 흥미로운 점은 이러한 장에서 새로운 사업들이 다양하게 전개되어 나온다는 것이다. 즉, 프로그램이 진화해 간다. 여기서의 진화는 '계획 먼저'가 아닌 '과정 중시'가 본질이다. 향후 새로운 액션이 생성되는 역동성이 그 과정 속에 숨어 있다. 문제 해결을 위한 수단도 장에서 생성된다. 이렇게 발견된 욕구에 따라서 어떤 것은 사업(프로그램)화되고, 어떤 것은 기존 제도에 연결된다.

쿠시로의 사례와 같은 자립지원 프로그램이 각지로 확대되는 과정에는 '보편화' 단계가 있다. 정책 연구는 사회적 실천만이 아니라 정책적인 제언도 얻고자 하므로, 단순한 에피소드의 수집이 아닌 일반화를 지향한다. 복지사회 개발에서 제시하는 보편화 스타일은 정부가 기존에 취하는 방식과는 다르다. 예를 들면, 정부는 자립지원 제도를 만들고, 예산 항목을 정해서, 여기에 응모하는 지자체에 자금을 배분한다. 그러나 복지사회 개발에서의 보편화 방식은, 중간 지원 조직의 지역교류회(地域交流会) 같은 것을 기점으로 횡으로 확대되는 형태를 취한다. NPO법인 「지역생활지원 네트워크 살롱」은 쿠시로 지역의 수많은 서비스 제공 단체들이나 지역 지원 활동의 네트워크를 통해 보편화를 추구한다.

　이제까지의 일상적인 정책 보편화의 방법은 사례를 모아서 분석하고 추상화된 모델로 만들어 그것을 적용하는 귀납과 연역의 결합이었다. 복지사회 개발의 보편화 방법은 그와 다르며, 논리적으로는 귀납과 연역이 아닌 이른바 어브덕션(転想, abduction)으로 연결된다.[•] 이는 일종의 '운하화(運河化)'라는 비유와도 적절한데 (松岡, 2001), 이는 경험의 교류를 통해 각 지역 고유의 맥락에 맞추어 보편화가 추진되는 방법을 제시할 수 있는 것이다. '여기저기에 무언가 자신의 마음을 울리는 것 같은 흐름이 있다. 무언가 공통적인 부분이 있다고 직감하면서, 점차 그 흐름이 커진다. 네트워크의 촉수가 공통적인 부분을 찾으면서 연결해 가면, 보다 굵고 명료한 흐름이 된다.' 쿠시로시의 프로그램에서 복지사회 개발에 관한 지침이 될 수 있는 많은 요소들은 이렇게 끌어내어졌다.[••]

역자주

• 귀추법(帰推法, abduction)은 '최선의 설명으로의 추론'을 말한다. 이는 가정을 선택하는 추론의 한 방법으로, 만약 사실이라면 관계있는 증거를 가장 잘 설명할 것 같은 가정을 선택하는 방법이다. 귀추법에 의한 논증은 주어진 사실들로부터 시작해서 가장 그럴듯한 혹은 최선의 설명을 추론한다. 그런 점에서 연역법(설명 먼저, 사실 검증)과는 다르고, 귀납법(사실 수집, 설명 도출)에 가깝게 여겨질 수는 있다. 그러나 귀추법은 관찰가능한 세부적 사실들이 충분히 모아지기를 기다리는 것보다는, 세부적 사실들을 명료하게 인식하게 해 주는 내재적 '패턴(pattern)'의 발견에 관심이 집중되어 있다는 점에서 귀납법과는 다르다. 귀추적 추론을 위해서는 지각적 판단, 즉 '감각적 통찰력'이 요구된다. 일부 참고: 다음백과사전 〈http://100.daum.net/encyclopedia/view.do?docid=b02g3343a〉

•• 참고: 松岡正剛 (2001) 『知の編集工学』 朝日新聞社.

② 복지사회 개발의 쿠시로 실험

복지사회 개발의 실천 현장에서 쿠시로는 말 그대로 '장에 이끌리는' 현장이다(小国, 9장 참조). 이곳에서는 NPO 법인 「지역생활 지원 네트워크 살롱」을 중심으로 다양한 실천이 전개되고 있다. 이 법인은 장애인의 당사자 활동으로 시작하여, 제도별로 나뉘어져 있는 복지서비스를 뛰어넘는 사업을 추진해 왔다. 그 전개는 ① 여러 욕구가 모이는 욕구 집합소로서의 '장 만들기' 실천을 계기로, ② 관심을 가지는 관계 기관을 끌어들이고, ③ 사회적 장 만들기 등의 '실험적인 사업'을 하면서, ④ 그러한 사업의 제도화를 위한 조사나 행정의 움직임을 촉구해서 파급성을 만들어 내는 것으로 이루어져 왔다. 이러한 연결성과 확대성이 있는 전개가 쿠시로 실험의 특징이다.

「지역생활지원 네트워크 살롱」이 전개해 온 4단계를 '실험적인 사업'의 형성과 전개라는 관점에서 정리해 보면 다음과 같다. [1] 단계는 문제를 지닌 당사자 개개인들이 '필요하다'라는 목소리 (프로그램을 낳는 계기)를 표명할 수 있는 장을 준비하는 단계다. [2] 단계는 표명된 생생한 생활과제들의 해결을 위해, 공감할 수 있는 다양한 입장의 사람들을 받아들여 새로운 발상의 프로그램을 만들어 가는 장의 기능을 발휘하는 단계다. [3] 단계에서는 지역의 네트워크를 활용하여 새로운 발상의 프로그램을 확실한 실험적인 사업으로 실시한다. 필요한 재원은 다른 사업의 잉여 자금을 NPO 법인의 지역공헌 사업으로 충당하거나, 정부나 민간의 모델사업 조성금 제도를 활용해서 마련한다. 쿠시로의 실험적 사업의 예로

는, 제도에 좌우되지 않는 자유로운 사회적 장을 마련하는 거점으로서의 「커뮤니티 하우스 동월장」, 공공행정의 생활보호와 제휴한 「자립 지원 프로그램 사업」, 실업한 사람들의 인턴십 사업을 포함한 사회적 장 마련이라는 「지역기업 창조센터 마지쿠루(まじくる, 섞인다는 뜻)」 등이다.

마지막으로 [4] 단계에서는 이러한 '실험적 사업'의 보편화(보편화 사업)를 위해 연구자를 포함한 다양한 주체를 조직화하여('마지쿠루 네트워크'라고 부른다) 연구 작업을 실시한다. 연구를 위해 필요한 분석 틀에서는 '실험적 사업'의 실험이 가지는 의미가 중요하다. 실험(experiment)이라는 용어는 원래 자연과학, 특히 실험실 안에서 잘 사용되지만, 최근 사회과학 분야에서도 문자 그대로 사회 실험(social experiment)이란 말을 사용한다. 실제 일본의 정책 현장에서는 고속도로 무료화 정책 도입과 관련해서 대규모의 실증적 사회 실험을 실시한 바도 있다. 실험적 시행은 새로운 정책 도입에 따른 위험을 피하기 위해서도 환영받는 상황이며, 비용 대 효과를 명확히 하는 정책의 설정과 도입을 위한 일종의 사정(assessment)이란 의미도 지닌다.

히라노(平野, 2008)는 지역복지계획에 임하면서, 지역복지를 '실험 복지'로 평가하고, 그 계획적인 추진을 위해서 실험 사업에 적극 임할 것을 주장한다. 그는 실제로 그러한 시도를 해 왔다.[•] 지

• 계획수립의 단계에서 실험적인 사업을 해 봄으로써, 그 사업이 계획의 항목으로 들어갈 수 있을지를 생각해 볼 수 있게 한다는 것이다. 이러한 히라노의 실험 사업은 다카하마(高浜)시의 지역복지계획 수립, 고치(高知)현의 지역복지계획 연수 등에서 강조되었다.

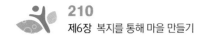

역복지계획의 수립 자체가 일종의 지역복지 활동 프로젝트로서 지역의 합의 형성을 도모한다는 것을 근거로 해서, 몇몇 지자체에서 실험 사업을 시도하였다. 이때 다음과 같은 틀이 제시된다.

먼저 지역복지계획의 수립 과정에서 실험 사업을 위해 필요한 4가지 요소 혹은 조건은 다음과 같다.

① 실험(사업)을 진행하는 참가 스태프(계획수립위원 포함)
② '실험 가설'(사업 참가자를 설득하는 부분)
③ '실험 장치'(참가자가 장치 만들기에 참가)
④ 실험 가설·결과 등을 기록하는 지역복지 '실험 노트'(계획수립위원회로 피드백)

보충적으로, ② 실험 가설이란 비록 지금까지의 실천 경험에 근거하지만, 지역복지계획 수립위원회 등과의 의견교환 속에서 그러한 경험만으로는 문제가 해결되지 않음을 확인하고 실제로 시도해 보기 위한 설득 목적의 안(案)이다. 지역복지계획에 포함되는 것이 바람직하지만 확증이 없어서 채용되지 못하는 사업안 등이 이에 해당한다. 예를 들어, 효과의 구체성이나 지역의 연대성, 다른 실천으로의 파급성 등에서 불확실성이 높은 사업은 실험을 통해 그 실현성이나 의의를 확인해야 할 필요가 있는 것이다. 물론 그 실험에 도전하고자 하는 스탭(인력)의 확보가 먼저 전제되어야 한다.

③ 실험 장치란 지역복지적 활동이라는 측면에서 실험을 통해 많은 사람을 참여케 하는 일종의 '끌어들이기 위한 장치'가 해당될 수 있다. 지역복지는 지역 주민이 볼 수 있도록 하는 것이 중요하

므로, 공간적인 거점과 같은 장치도 필요하다. 사업의 파급성을 생각해서 다기능성의 장치가 될 필요도 있다. 또한 '끌어들이기 위한 장치'인 이상, 지역 주민이나 민간 사업자뿐만 아니라 공공행정이 참가하거나 공공행정에 의한 모델사업으로의 채용도 고려해서, 이를 위한 구체적인 프로그램을 설정하는 것도 필요하다. 게다가 효과의 구체성이나 지역의 연대성에서도 성과가 나타나야 하므로, 그것을 위한 대응 조건의 정리도 필요하다.

　이러한 네 가지 구성 요소에 의거해서 쿠시로의 실험적 사업을 분석해 볼 수 있다. 앞서 제시되었던 실험 사업의 형성과 전개에서 [3] 단계만을 추출해 분석하는 것이 아니라, [1]과 [2] 단계를 분석하여 '욕구가 모이는 장'을 통해 어떻게 실험 사업이 시작되었는지, 또한 실험 사업의 성과를 통해 [4] 단계의 사업의 보편화가 어떻게 실천되어 왔는지도 분석한다. 여기에는 각각의 단계를 전개해가는 과정에서 어떤 움직임과 시도가 이루어졌는지도 포함된다. •

③ 쿠시로의 실험 사업

1) 커뮤니티 하우스 동월장

「커뮤니티 하우스 冬月莊(이하, 동월장)」은 2007년 9월에 개설

역자주
・ 이것은 기록 노트의 형태로, 실천자 입장에서 히오키(日置)가 이제까지의 기록을 재정리한 것이다.

된 지역 거점으로, 지역 과제를 해결하기 위한 만능 도구로 개발되었던 것이다. 그 배경에는 두 가지 개념이 있다. 하나는 필요한 사람은 누구나 사용할 수 있도록 대상자를 한정하지 않는다는 '복지의 유니버설(보편)화'다. 또 하나는 지원하는 사람ㆍ지원받는 사람이라는 일방적이고도 획일적인 지원 관계가 아니라, 누구라도 역할을 발휘할 수 있는 기회가 보장되는 '순환형 지원 시스템'이다. 이 두 가지 개념하에 장에 모이는 다양한 욕구를 토대로 '모임의 장 만들기' '일 만들기' '복합형 하숙 사업' 등의 사업이 전개되고 있다.

그중에서도 생활보호 세대 등의 중학생 스터디 그룹은 쿠시로시 생활복지사무소의 요청으로 2008년 1월부터 시작되어 벌써 5년째를 맞이했다. 중고생이 안심할 수 있는 사회적 장을 제공하고, 다양한 어른들과의 연결이나 활약의 기회를 만들어 주는 대표적인 사업이다. 또한 일자리 만들기와 육아 지원을 겸한 「오야코(親子, 부모와 자녀) 런치」 영업도 해마다 이용이 증가해, 취업이 곤란한 젊은이나 장애인의 취업 훈련의 기회까지도 되고 있으며, 스터디 그룹에 참여하는 중고생들이 유아들의 놀이상대가 되는 등으로 다양한 액터들이 역할을 발휘할 수 있는 기회로 연결되고 있다.

완만하게 순환하는 역할 분담 (실험 담당자)　동월장의 실험 담당자는 사업의 진척과 함께 변천해 왔다. 그것이 이 실험의 큰 특징이다. 처음 발상되었을 때는 지역의 다양한 복지 관계자가 모이는 회의 형태의 프로젝트였기 때문에, 프로젝트 멤버가 실험의 기획 및 발안의 담당자가 되었다. 각각의 활동이나 일에서 느꼈던 문제의식이나 아이디어를 가져와서, 쿠시로시의 지역 과제와 그것을 해결하기 위한 구체적인 방법을 논의했다.

프로젝트로 논의가 깊어지고 구체적인 해결책이 명확해지면, 그것을 논의 수준에서 벗어나 실제로 해 보는 실험 사업 단계로 들어간다. 프로젝트의 실시 주체인 NPO 법인이 실험을 사업으로 구현화하기 위해서 재원 확보 등에 착수하는 등, 실제 움직임의 모체가 되었다. 또한, 실제로 사업이 시작된 뒤에는「동월장」에 전담 코디네이터가 배치되어 실무를 실시했다. 매일의 사업은「동월장」과 관련된 다양한 액터들의 협동을 통해 진행되었다.

「동월장」의 시도는 다양한 담당자가 각각 원만하게 역할 분담을 하면서 서로 연결되어 실험이 수행되었다. 기획 단계의 프로젝트 멤버는 구체적인 사업이 시작될 때, 니즈 마스터(needs master, 구체적인 지역 과제를 파악한 존재)로서 곤란한 문제나 해결하고 싶은 과제를 동월장에 반입하고, 그 해결을 위한 실제 프로그램에도 참가한다. 무엇보다 생각이나 문제의식을 확인하며 이념 구축을 한 멤버가 실제 행동에도 참여하는 순환이 중요하다.

그리고 실험의 실시라는 부분에서 주목할 점은 NPO의 '이념과 실제 행동의 연결 역할'이다. 아이디어나 바람이 나오고 욕구가 명확해져도, 그것을 실제로 구체화하기 위한 추진자가 없으면 실험은 진척이 없다. 실험을 위한 제반 조건(하드웨어나 소프트웨어, 시스템 등)을 정비하는 역할을 담당한 것이 NPO 법인과 코디네이터였다. 실험에는 매니지먼트를 실시하는 메즈(mezzo)적인 담당자가 반드시 필요하다.

위에서 언급한 완만한 역할 분담과 순환 시스템, 메조적인 매니지먼트의 역할이 확보되면, 실험은 지역의 잠재적인 인재가 발굴되고 활약하는 기회가 된다. 「동월장」의 코디네이터는 복지나 지역 활동 경험이 전혀 없었지만, 다양한 역할의 순환 속에서 자신의 역할을 획득해 나갔다. 또 기존의 복지 시스템에서는 피지원의 틀에 갇혔던 사람들이 이제는 기획자나 실천자가 되어 실험에서 주체적으로 중요한 역할을 담당하게 된 것이다.

제도화, 전문화, 고도화의 한계 (가설) 「동월장」이 생각한 가설은 두 가지 개념의 프로세스로 응축된다. 이것은 지역에서 오랫동안 복지 과제에 직면해 온 프로젝트 멤버가 각각 축적해 온 가설의 소재를 가져와 논의하는 가운데 구축되었다.

프로젝트 멤버들은 각각의 분야나 입장이 달랐지만, 기존의 복지 제도를 통해 구현되는 공간, 시간, 관계성의 방식으로는 사람의 자립을 촉진하는 데 한계가 있다는 공통된 인식을 가지고 있었다. 기존의 복지 제도는 제도적인 사정(assessment)을 통해 사람들의 욕구를 분리해서 부자연스럽게 대상화된 동질 집단을 만들어 내고, 거기에 획일적이고도 일방적 지원을 한다. 이는 일반 사회나 생활과는 분리된 특수한 장면을 만들어 낸다. 공적 제도로서의 지원에 전문성이나 체계가 요구되는 취지는 이해하지만, 제도에 의해 전문적으로 고도화된 지원은 사람들의 생생한 생활 장면에서 당사자들을 분리하고, 임파워먼트를 촉진하는 작용을 방해한다. 또한, 홋카이도의 많은 지자체는 규모가 작아서 일정 수의 대상자가 없으면 복지서비스가 이루어지지 않기 때문에, 가까운 지역으로 이동해서 지원을 받을 수밖에 없는 경우도 많다. 종적 관계의 제도는 실천의 종적 관계와도 연동되어, 이른바 제도의 틈새에 떨어지는 배제자(排除者)를 낳는 구조가 된다. 「동월장」 실험은 이러한 문제의식에서 비롯되었으며, 지역 밀착, 다기능, 혼합을 통해 표출되는 욕구에 대응하여 모두 다함께 어떻게 하면 좋을지를 생각해 보는 모델로 새롭게 떠올랐다. 어쨌든 다양한 입장으로부터의 소재와 그 소재를 검토하는 성실한 프로세스를 통해서 가설이 세워질 수 있었던 것에 큰 의미가 있다.

복수의 장치 활용 – 계기·기획, 재원 확보, 하드웨어 「동월장」의 발상은 홋카이도가 실시한 「도주제(道州制) 추진을 위한 도민회의」에 히오키가 멤버로 참가한 것이 계기가 되었다.[*] 도주제 추진을 목적으로 지역 주권을 검토한 이 회의는 지역 만들기에 관계하는 다양한 분야의 사람들과 만나는 기회가 됨과 동시에, NPO가 시도해 온 지역 만들기 활동이 지역 주권의 발상과 겹치는 부분이 많음을 인식하게 해 주었다. 그렇지만 홋카이도 회의에서의 논의만으로는 현실성이나 실행성이 없음을 느끼고, 구체적인 지역 과제에 맞는 논의를 위해 히오키는 도주제의 가능성을 발견하는 사업을 제안한다. 그것이 모델 사업으로 실현되어, 「커뮤니티 하우스 프로젝트」가 조직화되고 논의가 시작되었다. 현장에서 느끼고 있던 문제의식을 구체화할 기회가 홋카이도의 프로젝트로서 주어

역자주

• 도주제란 현행의 도도부현 제도를 폐지하고 복수의 도도부현을 통합한 면적 규모를 지닌 광역 행정체를 만들어 자립을 위한 권한을 부여한다는 제도다. 이 광역 행정체를 도(道)와 주(州)로 부르는 것에서 이 제도를 도주제(道州制)라고 부른다. 홋카이도의 경우 도가 주도해서 도주제 특구의 계획을 추진하고 있다.

진 것이었다.

사업화에는 일본 정부 후생노동성의 2007년도 「장애인복지 추진 사업」이 활용되었다. 노동성 사업의 활용은 모델사업 실시를 위한 거점의 유지·관리, 운영비 등의 재원 장치라 할 수 있다. 또 폐쇄된 홋카이도 전력의 사원 기숙사를 재이용하여 거점으로 활용하였다. 이것은 지역에서 사용하지 않던 시설·설비를 활용한 하드웨어 정비의 의미를 지닌 장치다. 실험을 계속하기 위해서, 2009년에서 2010년까지 2년 동안 복지의료기구 재단의 조성금을 활용하여 보편화와 전국 실천자 네트워크를 구축하는 발전적인 장치로 전개된다. 그러한 선도사업적인 전국 차원의 모델 장치를 거쳐, 2011년에는 쿠시로시로부터 여러 위탁사업이나 보조금 지원 사업을 제안 받으면서 오리지널(원형적인) 장치의 개발로 이어졌다.

다양하게 확대되는 기록 노트, 공유화　　실천 현장에서는 실천 기록이란 그 중요성에 대한 인식에도 불구하고 좀처럼 손이 닿지 않아 뒷전이 되기 일쑤다. 그러나 실험 사업은 장치를 활용하게 되므로 기록이 의무화되고, 그 기록은 귀중한 자료가 된다. 「동월장」이 실천한 「도주제의 싹 발견 사업」에서 도청이 사무국을 담당하고, 회의록, 자료 등을 정리하였는데, 그러한 정리의 축적은 효과를 발휘했다. 또한, 장애인복지 추진 사업의 모델 사업에 착수할 때는 보고서 제출이 요구되었기 때문에 50페이지 분량의 보고집이 작성되어 공유의 기회도 보장되었다.

이러한 사업 실행자들의 기록 외에도 외부에 의한 기록도 큰 영향을 주었다. 2008년에는 「동월장」의 「중학생 스터디 그룹」이 NHK 스페셜로 다루어지는 등, 매스컴을 통한 기록과 공유화가 이루어졌다. 또한, 연구자가 논문으로 정리하거나 소재로 채택하면서 연구적인 측면에서의 기록도 만들어졌다. 2008년 5월에 히오키가 실천 현장의 「동월장」 실험 담당자에서 연구직으로 바뀌면서, 현장의 다양한 액터들의 감상이나 의견 등 소재를 수집하고 메모, 작문, 영상 등 다양한 방법을 통해 의도적으로 기록하는 것을 중요시하여, 논문이나 전국 네트워크 만들기 등에 적극 활용하였다.

2) 쿠시로시 「자립지원 프로그램」의 역할

동월장이 발상하고 구체화한 프로세스에서 중요한 것은, 쿠시로시가 실시해 온 「자립지원 프로그램」의 존재다. 앞서 설명한 「동월장」이나 뒤에서 설명할 「마지쿠루」가 NPO의 실험 사업이라면, 「자립지원 프로그램」은 시청에 의한 실험 사업으로, NPO의 실험과 시청의 실험이 상호 연결되어 실시되었다는 점에서 큰 의미가 있다.

「자립지원 프로그램」에서 실험은 주로 시청이 담당하지만, 많은 액터가 다양한 형태로 관계한다는 점이 큰 특징이다. 모델 사업이 시작될 때, 쿠시로 공립대학과 협력하여 실태조사를 착수하였다. 사업의 이념을 구축하기 위해 조직된 작업 그룹은 시청 내의 관계 부서, 민간의 NPO나 연구자 등 다양한 이해관계자로 구성되어 형식적인 논의가 아닌 본질적인 논의가 전개되었다. 실제 프로그램이 실시될 때는 지역의 복지 시설, NPO나 단체, 기업 등이 협력하였고, 프로그램에 참가하는 생활보호(를 활용하는) 당사자들도 협력하였다. 공공행정이 실시하는 사업에서 이만큼 실질적인 참가 주체가 확대되는 경우는 드물다. 「네트워크 살롱」에서는 히오키가 작업 그룹의 멤버로 이념 구축에 관계하였으며, 당사자 참여의 프로그램 제공, 지원 메뉴의 상담 등에 다양하게 참가했다. 그와 동시에 자립지원 프로그램을 담당하는 시청 직원은 앞서 설명한 「커뮤니티 하우스 프로젝트」의 멤버가 되었으며, 「동월장」에서 실시되는 「중학생 스터디 그룹」은 자립지원 프로그램의 하나로 발안되는 등, 해마다 수준이 높아지면서 실시되고 있다.

「자립지원 프로그램」에서의 '가설'은 매년 증가하는 생활보호 대상자 실태에 대한 복지사무소 공무원의 위기감이 배경이다. 계속 증가하는 수급자들로 인해 사례담당자가 과중한 업무에 빠지고 희망을 잃어 가는 가운데, 내부에서는 업무개혁 등을 모색하고 있었다. 이대로는 안 된다, 어떻게든 하지 않으면 안 되는 상황 속에서 도입된 것이 정부의 모델 사업인 「자립지원 프로그램」 장치였다. 이 장치는 처음 도입되었을 때 환영받지 못했다고 한다. 절반은 정부의 강요로 이루어진 귀찮은 장치였기 때문이다. 그러나 이 귀찮은 장치를 복지사무소가 그때의 위기감과 연동시키면서 잘 활용하고 수정하여 버전업시켜 복합화하고 있다.

「자립지원 프로그램」도 매년 보고서를 작성하고 기록을 축적한다. 2009년에는 복지사무소가 이제까지의 자신들의 활동을 책으로 출간했다. 그리고 외부에 의한 기록이나 발신도 많아져서, 대중매체의 보도, 연구자나 다른 지자체로부터의 시찰도 끊이지 않는다. 그러한 시찰자들에게 대응하기 위해서 기록이 한층 더 충실해지고 있으며, 영상도 만들어지고 있다.

3)「지역기업(起業) 창조센터 마지쿠루」

앞서 설명한 대로, NPO의「동월장」은 시청 생활복지사무소의
「자립지원 프로그램」의 실험 사업과 잘 맞물리면서 전개되었다.
이러한 전개의 영향을 받아 새로운 실험으로「지역기업 창조센터
まじくる」(이하, 마지쿠루)가 시작되었다. 이 장치는 원래 편의점
이었던 빈 점포와 내각부의 지역사회 고용창조 사업을 활용하여,
구직 중인 사람들이 모여서 참여형 상호학습이나 기업의 현장 연
수 같은 취직 활동을 하고, 또한 지역의 일자리 만들기, 네트워크
만들기를 하는 곳이다. 정해진 프로그램대로 앉아서 하는 연수가
아니고, 수강생이 자신의 목표 설정이나 학습 프로그램, 실습 장소
등 모든 것을 생각하고 결정해 가는 스타일이 기본이 된다. 배움
의 장을 돕는 직원과 취업으로 연결할 기업을 개척하는 영업 직원
에 의해서, 매일의 업무는 시행착오를 겪으며 진행되고 있다. 6주간
행해지는 인턴십은 개시 이후 1년 7개월이 지난 현재까지 10기째
를 맞이해 150명이 넘는 구직자가 참가하고 있다.

또한 인턴십만이 아니고, 이 공간에서는 과자가게를 하거나, 법
인에서 만들고 있는 무농약 야채를 판매하거나, 축제를 하는 등 지
역과의 연결을 만드는 다양한 시도를 서서히 확대하고 있다. 고용
정세의 어려움이나 다양한 문제를 가진 사람들이 다수 참가하고
있기 때문에, 우선은 구직자가 안도감과 자신감을 가지고 다음 길
을 찾아갈 수 있도록 장의 기능을 중시하였다. 그래서 취직률에

성과가 환원되는 것을 별로 기대하지 않았지만, 자기 긍정감의 회복이나 사람들과의 관계 구축, 커뮤니케이션 기회의 증대로 인해, 결과적으로 예상보다는 취직으로 연결되는 케이스가 많다. 또, 취직까지는 이르지 않았지만 많은 사람들이 일정한 활동의 장을 가질 수 있게 되었다.

「마지쿠루」는 쿠시로시에서 가장 심각한 지역 과제인 '어려운 고용 정세'에 대해 당사자의 발상과 참여를 기초로 한 실험이라 할 수 있다. 「마지쿠루」가 실험으로 실현한 틀은 대부분 「동월장」 실험을 기반으로 한 것이며, 몇 가지 전개에서는 좀 더 발전적인 모습도 보여 준다.

우선, 다양한 참가자에 의해서 구성된다는 점이 공통적인데, 코디네이터가 연결하는 역할이 일반화되고 있는 발전성을 보인다. 「동월장」이 시작할 때는 NPO에서도 오랫동안 매니지먼트에 관계한, 말하자면 커뮤니티 워커의 경험이 있는 사람이 연결역이 되거나 현장을 슈퍼비전하면서 진행했지만, 「마지쿠루」에서는 대부분 현장 당사자가 직접 모색하며 만들고 있다. 인턴십을 거친 실업자가 현장 스태프(인력)로 고용되는 등, 동월장보다 한층 더 잠재적인 인재의 발굴 및 활약의 기회가 되었으며, 그 인원수나 활약의 폭도 커지고 있다. 그 배경에는 동월장 실천을 통해 당사자 참가와 그 효과가 확대되는 장 만들기의 메커니즘이나 시스템의 기초가 만들어진 것을 들 수 있다.

이 점은 새로운 가설이 되어 「마지쿠루」에 반영되고 있다. '모든 생활 당사자가 주체가 되는 장을 만들면 해결의 프로세스가 창조된다' '모든 생활 당사자가 주체가 되지 않으면 해결의 길은 없다'와 같은 가설이 구체적으로 언어화, 공유화되지는 않았지만, 장을 만들어 온 입장에서는 이런 가설이 점차 중시되고 있는 것을 직접 몸으로 느끼고 있다. 「마지쿠루」실천 가설의 특징은 이제까지 수행해 왔던 방식대로의 공식적인 회의 같은 것을 통해 만들어지지 않는다는 것이다. 실험의 현장을 공유하는 사람이 증가하면서, 형식적인 공유가 아닌 현장감 있는 감각적인 공유를 통해 완만한 가설로 시작된다. 현장의 많은 사람들은 쿠시로시가 당면한 어려운 고용 정세를 스스로의 경험을 통해서 느끼고 있었다. 많은 가능성을 가진 사람들이 매우 한정된 기회를 두고 직업안내 센터와 집을 왔다 갔다 하며 기운을 상실해 가는 현실을 보면서, 히오키는 조금이라도 그들의 가능성을 살리기 위한 기회가 필요하다는 것을 인식하고 있었다. 따라서 군이 가설을 공적인 기회에서 구축할 필요성은 없었다. 그러므로 기록 노트나 공유화, 실적 보고나 보고서 등이 현장에 보다 가까운 방법으로 이루어졌다. 활동 소개 비디오를 편집하거나 스태프나 협력자에 의한 블로그(blog) 발신도 이루어져, 내각부 위탁 사업이 종료한 후 2012년 5월에는 스태프가 직접 보고서를 작성하였다.

「마지쿠루」에서는 「동월장」이외에도 2009년 10월부터 긴급고용 사업을 활용하여 시작한 「플렉시블 지원센터 사업」('중간 취업'의 장 만들기 등 새로운 일자리 만들기 사업), 2010년 10월부터 시작한 내각부의 모델사업인 「퍼스널서포트 서비스 모델 사업」(생활 곤란에 관한 원스톱의 포괄적, 지속적인 상담지원 사업), 2011년 6월부터 홋카이도 고용대책 사업인 「지역청년 취업지원 구축 모델 사업」과 연동해서 '누구나 언제라도 안심하고 상담할 수 있는 창구' '힘

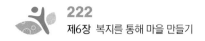

이 나는 장, 배움의 기회' '자신에게 맞는 일이나 활동으로 연결하는 출구 창출' '안심할 수 있는 생활의 장과 사람들과의 관계 보장'이라는 4가지를 세트로 해서 당사자의 욕구와 참여를 통한 지원 체제 만들기가 진행되고 있다.

④ 실천과 연구의 협동 공간 : 실험 사업의 의미

처음에 제시한 실험 사업의 네 가지 요소를 다시 설명하면, ① 실험(사업)을 진행시키는 참가 스태프, ② 실험을 행하기 위한 실험 가설, ③ 필요한 실험 장치, ④ 실험 가설·결과 등을 기록하는 실험 노트의 네 가지다. 이것은 지역복지계획을 기반으로 계획 수립의 프로세스에 관계하는 연구자가 정리한 것이다. 여기에 NPO의 다양한 실천 프로세스에 관한 사례 연구를 더해서, 실제로는 보다 복잡한 각 요소들을 실용화할 수 있는 정리가 가능해진다. 마지막으로, 실험 사업의 요소 재정리를 위한 과제를 네 가지로 제시해 본다.

기반 가설과 일상적인 가설·검증의 연동　세 가지 실험적인 사업에서도 가설의 기반은 기존의 복지 시스템에 대한 부정(antithesis)이며, 그 기저에 존재하는 것은 실천자 측면의 위기감이다. 다만, 그 위기감은 '이대로는 안 된다' '어떻게든 하지 않으면' '지금까지의 방식으로는 안 된다'라는 정도의 합의에 그치고 있다. 그러므로 '이런 것을 하면 이렇게 된다' '이런 방법으로 하면 좋을

텐데'라는 내용이나 방법, 결과를 이미지 할 수 있는 일종의 가설이 제시될 필요가 있다. 단, 그러한 미니(작은) 가설만으로는 실험 사업이 만들어지지 않는다.

실험 사업은 실험하는 동안 작은 가설과 검증을 반복하는데, 실험적인 시도의 동기가 되는 '기반 가설'은 가설이라기보다 오히려 '모순, 갈등'에 가깝다. 그것은 기존 시스템이나 사회제도에 대한 부정(반대)의 측면을 지닌다. 이 기반 가설과 매일 실시하면서 반복되는 일상적 실험 가설·검증이 연동됨으로써, 본질이 흔들리는 일없이 유연한 형태로 실험 사업이 진행될 수 있다.

처음에 상정했던 '실험 가설'에서는 이러한 구분이 없었다. 왜냐하면, 지역복지계획의 장 그 자체는 실제 현장이 아니기 때문에, 위기감이나 갈등 같은 것이 전면적으로 드러나지 않는다. 이러한 점에서 앞으로도 실험 사업의 구성요소를 수정하면서 규정해 가는 것이 바람직하다.

고정되지 않은 완만한 주체(수행자)의 역할　　보통 실험 사업을 수행하는 역할은 이른바 사업에 고용된 직원이 한다. 실험 사업은 사업을 실시하는 직원과 그것을 이용해 서비스를 받는 이용자(수익자)라는 이분법적인 구도를 가지지 않는 것이 큰 특징이다. 사업의 기본 스타일이 '모이는 장'이기 때문에 관련되는 사람들은 모두 사업의 액터(수행자)로서 역할을 한다. 그때 중요한 것은 수행하는 역할을 일방적으로 결정해 주는 장이 되지 않도록 하는 것이다. 그 구체적인 실현 방법에 대해서는 뒤에서 '장 만들기'의 기법으로 따로 설명하겠지만, 누구나 주체적으로 다양한 역할을 획득하고 실험의 수행자가 될 수 있는 그러한 장을 보장해야 한다. 그것은 장에서 만들어지는 활동이나 네트워크, 배움 등과 같이 실험 사업을 통해 참가자의 공유재산을 개개인이 축적하는 프로세스이며, 지역의 생활 당사자가 성장하는 기회가 된다.

장치의 복합화와 공유화 : 공적 존재　장에서의 역할 순환이나 유연성과 관련해서, 장치가 하나의 형태로 존재하는 것이 아니기 때문에 복합화되는 프로세스가 중요하다. 앞서 소개한 「동월장」「자립 지원 프로그램」「마지쿠루」는 다른 사업들과도 활발히 연동하면서 더욱더 복합적인 장치가 되었으며, 「지역 안전망 만들기 모델 사업」으로 지역의 지원체제 만들기가 추진되고 있다. 복합화를 통해서 생활복지사무소의 사례담당자와 NPO 직원과의 협동 연수가 실현되었으며, 일상적으로 지원을 공유하는 회로가 확대되고, 그것을 통한 협동적 지원이 이루어진 사례를 공유화하기 위한 사례집 작성 등에서처럼 장치의 기능 향상만이 아니라 기록 노트나 공유화를 확충하고 있다. 그러한 장치의 복합화, 공유화는 다양한 문제를 안고 있는 시민이 자립할 수 있는 수단이나 방법을 다양화하여, 지역의 안전망(safety net) 체제로 기능하게 된다. 행정 장치와의 복합화나 정부나 지자체의 모델 사업을 활용한 장치의 연동 활용은 그 실천이 공공적인 존재가 되어야 함을 의미한다.

정부나 지자체의 모델 사업이라는 장치의 의의　이 글을 통해 실험 사업의 여러 시도를 되돌아보면서, 정부나 지자체의 모델 사업(보조, 조성, 위탁 등)이 실천 현장에서의 실험 수행을 지지하는 효과가 높다는 것을 재인식하였다. 그와 같은 모델 사업의 활용은 때로 여러 속박이나 불합리를 초래하고, 사무적인 절차 등으로 부담이 될 때도 있지만, 명확한 가설과 기록(노트), 검증은 현장에서 큰 의미를 가진다. 현장에서 실험의 필요성이나 동기가 가시화, 공유화되는 절호의 기회가 되는 것이다. 또한, 실험 사업이 사회적인 관심을 받게 되어, 공적인 사업화로의 가능성 여부를 판단하는 프로세스도 제공해 주며, 제도로부터 누락되는(배제되는) 새로운 문제에 대응해서 실천 현장이 주도하여 사업을 시도할 수 있는 동기나 조건이 고양되게 된다. 이러한 점에서 연구자의 역할도 매우 중요하다. 이 같은 모델 사업들을 복지사회 개발의 추진 장치로서 제대로 평가받게 만들기 위해서는, 연구자도 이들 사업에 적극 참여할 필요가 있다.

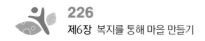

참고문헌

平野隆之 (2008). 『地域福祉推進の理論と方法』有斐閣.

平野隆之・原田正樹 (2010). 『地域福祉の展開』(放送大学教育振興会).

日置真世 (2009). 『日置真世野おいしい地域づくりのためのレシピ50』全国コ
　　ミュニティライフサポートセンター.

日置真世・岩田正美 (2011). 「この人に聞く 日置真世 貧困問題の実践と研究
　　を制度に結び付けていきたい」『貧困研究』6巻.

松岡正剛 (2001). 『知の編集工学』朝日新聞社.

제7장

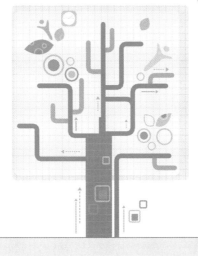

아시아의 풀뿌리 사회보장

제7장

아시아의 풀뿌리 사회보장

아시아 통화 위기(1997년)나 인도양 해일(2004년) 등에서 경제성장 도상에 있던 아시아 사회는 과거 수십 년간 생활 및 거주의 불안정을 경험해 왔다. 특히 빈곤층은 극단적인 충격이 없어도 일상적으로 생활 파탄의 위험에 노출되어 왔다. 한편, 비교적 새로운 움직임으로, 빈곤 지역의 주민이 직접 시도하는 다양한 생활 보장이 있다. 주민이 자기 부담의 안전망을 구축하면서 그것을 기업 부문이나 정부 프로그램에 연결하는 움직임이다. 이것은 국가 사회보장 제도의 갭(gap)을 배경으로 한다.

아시아 사회에서 빈곤자를 위한 최근의 사회보험 구조의 상당수는 마이크로 파이낸스를 기본으로 하거나 연계하고 있다.[*] 빈곤층을 대상으로 해서 이들이 소액의 보험료(또는 부금)를 내면, 생

역자주

[*] 마이크로 파이낸스에 대해서는 이 책 1장 마이크로 크레디트에 관한 설명을 참고한다.

활의 위기가 발생했을 때에 소액의 현금 보상을 급여하는 마이크로 보험도 있다. 대기업 보험회사나 NGO가 저소득자를 대상으로 제공하는 마이크로 보험도 확대되고 있다. 인도에서는 1990년대 말부터 보험 사업의 민영화가 이루어지면서 민간 기업이 마이크로 보험 분야에 적극 참여하였다. 스리랑카에서는 슬럼지역의 여성상조(相助) 조합으로부터 발생한 조직이 자생적으로 마이크로 파이낸스를 확대시키면서, 구성원의 요청에 따라 공제(사망, 연금, 의료 등)와 같은 한층 더 진전된 상조 시스템을 만들어 냈다. 이들 조직은 외부 기관의 관여를 거의 받지 않고 자주 운영을 한다. 이와 유사한 주민 주도의 복지 공제 기금을 지원하고 제도적 시책과 연결한 것이 태국의 행정법인「커뮤니티 조직개발 기구」다.

이 장에서는 이러한 주민의 자생적인 안전망을 '풀뿌리 생활운동'으로 부르고, 그 생성 과정에 아시아의 복지사회 개발의 실제 예를 탐색한다. 즉, 빈곤 지역의 주민이 제도 밖에서 어떻게 자타의 복지향상 메커니즘을 만들고 있는지를 설명하는 것이다.*

역자주

* 이 장은 〈穂坂光彦 (2013).「アジアの草の根生活保障」穂坂光彦・平野隆之・朴兪美・吉村輝彦編 『福祉社会の開発: 場の形成と支援ワーク』ミネルヴァ書房〉의 내용을 번안한 것이다. 원저자 호사카는 "Midgley and Hosaka (2011)에 수록된 공저 논문 〈Hosaka, M., & Gamage, N. "Investment-based grassroots social security: The case of Women's Co-op in Sri Lanka" (pp. 79-94)〉 및 〈Panthip, P., Somsook, B., & Hosaka, M. "Social security through community welfare funds in Thailand" (pp. 110-122)〉의 호사카(穂坂) 집필 부분을 기초로 가필 수정한 것이다."고 밝힌다.

 **풀뿌리 생활보장의 대두**

세계인권선언(UDHR)이나 국제인권규약(ICESCR) 등 국제기관
은 '모든 사람에 대한 사회보장'을 주창해 왔다. 그러나 아시아의
많은 나라에서 질병, 장해, 노령, 사망, 실업, 출산, 재해 등으로 인
한 가계 리스크로부터 사람들의 생활을 지키는 공식적인 제도적
사회보장은 인구의 20~30%를 커버하는 데 그치고 있다. 또 소득
재배분의 관점에서 보면 이 제도들 중에는 오히려 역진적인 구조
를 가지는 것도 있다. 엘리트층 중에서도 공무원 등의 연금 보장
은 비교적 두텁게 제공되는 반면, 이를 위한 조세 구조는 누진성이
없는 간접세가 주를 이루는 것이 그 예다.

한편 이러한 나라들에서 급속한 고령화라는 사회 변화가 진행
되면서, 보건의료 분야와 보험 부문이 민영화되고 '자기 책임'이
강조되고 있다. 그러나 국가 재정의 약체화나 빈부 격차가 확대되
는 시장화 경향을 생각하면, 공식적인 제도 복지의 확대만으로 빈
곤 대중의 생활보장을 기대하는 것은 지나치게 낙관적인 생각으
로 간주된다.

실제 아시아의 도시 슬럼이나 빈곤 농촌에서는 사회안전망을
독자적으로 고안하려는 움직임이 확대되고 있다. 전통적인 상호
부조 질서를 재편하고 일정한 공식화를 통해서 제도 복지와 연결
하는 구조도 나타나고 있다. 그것들이 최근에 '마이크로 보험'으로
포괄적으로 지칭되고 있지만, 그 실태가 한결같지는 않다. 미즈리
와 호사카의 공동 연구(Midgley & Hosaka, 2011)에서는 그러한 사
례들을 다음과 같은 가설적 유형으로 분류했다.

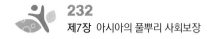

아웃리치형　기존의 민간 보험 회사나 NGO에 의한 마이크로 파이낸스 운영 조직이 저소득자를 대상으로 한 보험 상품을 개발하고, 대부분 현지 중간조직이나 마을의 '외교원'을 이용하여 빈곤층에 보험 서비스를 제공한다(예: 인도의 TATA-AIG).

공제형　빈곤층의 상조 조합을 기초로 출자금 내지 부금에 의해 공제금이나 연금을 커버한다. 마이크로 파이낸스 운영 조직이 파생적으로 공제 조합을 설치하고 그 조직이 매주 부금을 징수하는 것(예: 필리핀의 CARD-MBA), 상조 조직에서 발전한 마이크로 파이낸스 대중 조직의 회원이 공제나 연금을 위한 특별 예금계좌를 개설하는 것(예: 스리랑카의 Women's Coop) 등이 있다. 후자의 경우, 특별 예금은 지역적으로 집약되어 회원에 대한 융자의 원자금이 되며, 변제되는 원리의 일부가 공제 기금으로 된다.

커뮤니티 기금형　지역 내의 저축조합이 자주적인 규칙에 따라 조합원에게 융자 활동을 실시하고, 변제된 원리금의 일부를 복지 공동기금으로 축적하여, 커뮤니티 단위로 조합원이 책정하는 복지 · 공제 서비스의 자금으로 한다(예: 태국의 Community Welfare Funds).

재분배형　어느 정도 인지된 지역밀착형 NPO가 부유한 주민으로부터 희사(이슬람의 'Zakat'나 'Sadaqah' 등)를 집약해, 지역 내의 빈곤층을 위한 복지 · 교육 서비스에 적용한다(예: 인도네시아의 LAZIS).

이 가운데 '사람들 자신의 손에 의한' 풀뿌리 생활 보장의 특징을 강하게 나타내고 있는 것은 공제형과 커뮤니티 기금형이다. 다음에서는 구체적인 사례를 제시한다.

② 스리랑카의 '여성조합'에 의한 생활보장 프로그램

1) '여성조합' 설립의 배경

1980년대 중반에 스리랑카 정부는 「주택 백만호 계획」을 내걸었고, 그 가운데 이루어진 참여형의 슬럼주거환경 개선은 세계적으로 높게 평가되었다. 그 실시 기관인 국민주택개발공사(NHDA)가 채용한 접근은 일방적으로 공적 주택을 공급하는 것이 아니라, 빈곤층 주민이 스스로 거주지를 만들어 갈 수 있도록 촉진하는 가능화 정책(enabling policy)의 전형적인 예를 보여 준다.

그 다방면에 걸치는 정책의 일환으로, 슬럼 지역에서 우수한 주민 리더를 선택하여 주민 조직화를 맡기는 것이 있다. 그들은 미조직화된 지역을 방문해 스스로의 개발 체험을 이야기하면서 NHDA의 프로그램으로 연결해 갔다. 조직 활동의 핵심은 여성의 상조조합 만들기와 저축융자 프로그램의 도입이었다. 그러한 활동을 일 년 남짓 계속한 후, 그들 중 몇 사람은 NHDA로부터 독립하였다. 주민 조직화라는 것은 NHDA에 보고하는 것보다도 자신들 스스로 책임을 져야 할 일이라고 생각했기 때문이다. 결국 그들은 NHDA와 분리되어 스스로의 집단을 결성하고, 프라쟈 · 사하야카 · 세와야(PSS)('커뮤니티 지원자단'의 뜻)로 명명했다. PSS는 지금까지의 상조조합 만들기의 방법을 총괄하고 규칙을 조금씩 바꾸어 가면서, 마침내 1989년 풀뿌리 여성저축 그룹의 연합 조직을 성립시켰다.

이 여성 대중 조직은 곧 대도시 콜롬보의 슬럼 지역을 넘어 전국의 도시와 농촌으로 전개하게 되고, 1998년에『협동조합법』에 의거하여 등록하였고, 「스리랑카 여성개발 서비스 협동조합(Sri Lanka Women's Development Services Cooperative Society, Ltd)」이 되었다. 이전에는 통칭 '여성은행'으로 알려져 있었지만, 현재는 '여성조합'이라고 약칭된다.

2) 조직의 구성과 활동

「여성조합」의 기초 조직은 '그룹'이다. 이는 입소문으로 「여성조합」을 알게 되고 관심을 갖게 된 이웃 여성들 5~10명(1세대로부터 회원 1명)이 자발적으로 모여서 만드는 상조(相助) 조직이다. 이 그룹은 근처에서 먼저 만들어진 그룹이나 리더의 어드바이스를 받으면서 규약에 따른 활동을 개시한다. 그룹은 반드시 매주 1회 집회를 가지고, 그 자리에서 각자 5루피씩 저축하며 규정에 근거해서 융자를 받는다.

「여성조합」본부(전국집행임원회 사무국)는 콜롬보 시내의 슬럼 지역에 있다. 회원의 입·탈퇴, 저축이나 융자 등, 일상적인 운영에 관련되는 의사결정은 '지부' 단위로 이루어진다. 지부(Pradeshikaya)란 경험을 쌓았다고 인정된 10 내지 30개의 그룹이 연합하여 평균 약 250명의 회원으로 구성되는 것이다. 회원 활동이 성숙해져 융자 활동이 확대되면, 모이기 쉬운 적절한 규모로 지부가 만들어진다. 조직은 차례대로 경영 단위가 분절화되어 의사결정도 분권화된다. 그리고 지부마다 산하의 그룹 리더 중에서 집행 임원이 선출된다. 융자는 지부에 의해 회수되고, 지부 내의 회원에게 재투자 되면서 지역에서 자금이 순환된다.

융자 목적은 아이의 학용품 마련, 고리대금으로 인해 발생한 빚 변제, 봉제 부업을 위한 재봉틀 구입, 자가 화장실 설치 등으로 다양하며, 신청은 그룹 내에서 또는 지부의 집회에서 심사한다. 「여성조합」융자는 회원 개인이 아니라 그룹 단위로 이루어진다. 무담보이지만 그룹구성원이 변제에 대한 공동연대 책임을 진다. 회원에 대한 융자 규모는 규약과 그룹과의 협의에 의해서 정해지는데, 최소 250루피로 개시할 수 있으며, 경험을 쌓은 회원에게는 최대 30만 루피까지 가능하다. 융자에 부과되는 이자는 기본적으로 월리 2%이며, 변제율은 거의 100%에 가깝다.

1980년대에 PSS 멤버 여성들의 상당수는 지부 리더 중에서 선택되었으며, 전국 집행 임원으로 일하고 있다. 그녀들은 슬럼 내 가정의 주부들로서, 「여성조합」융자를 통해 일자리를 창출하고 그 활동으로 수입을 얻고 있으며, 전국의 회원 지도나 모니터링을 실시하고 있다. 활동비라는 명목으로 수당을 받지만, 지방 조직으로부터 본부가 자금을 끌어 당겨서 사용하는 것은 아니다. 이것은 본부 그룹이 투자 효율이 좋은 지부에 정기예금 등의 계좌를 개설해서 얻는 이자에서 조달하는 것이다. 즉, 「여성조합」은 거의 완전히 자기 자금으로 운영되고 있으며, 외부 자원에 의존하는 바가 거의 없다.

2009년 8월 현재, 「여성조합」은 전국적으로 약 35,000명의 회원과 4만 명에 이르는 준회원(초보적인 저축 활동을 시작한 단계로 규칙 등을 익혔다고 인정될 때까지의 초심 참가자)으로 구성되어 있으며, 전국에 걸쳐서 117개의 지부와 104개의 준지부를 가진다. 이를 통해 회원의 저축, 주식, 이자를 원자금으로 해서 지역에 기인한 융자 활동을 전개하여, 도시 및 농촌의 생계 향상에 공헌해 왔다. 2008년에는 연간 20억 루피의 융자를 제공하였다. 융자의 주된 목적별 비율을 보면, 주택 25%, 소득 창출 10%, 빚 변제 11%, 저당해제 8%, 건강복지 목적 8%, 소비 목적 8%, 그리고 뒤에 설명할 스바니 및 라키타로의 가입 출자금 6%였다.

3) 생활보장 프로그램

앞서 언급한 것처럼 아시아의 선진적인 마이크로 파이낸스 조직은 특히 1997년 경제위기 이후, 생명보험, 연금, 의료보험, 장애수당 등 이른바 복지적 안전망 도입을 시도해 왔다. 스리랑카 「여성조합」도 마이크로 파이낸스에 기초한 마이크로 보험 개발의 선구적인 예로, 커뮤니티 주도의 공제형이라

쓰나미 재해를 당한 모자에게 조언을 하는
'여성조합'의 리더(스리랑카, 2005년)

는 특징을 지닌다. 「여성조합」이 도입해 온 주요한 복지 사업은 사망 공제, 연금 공제, 의료 공제 등이다. 덧붙여 출산에 대비한 공제, 유아 양육 공제, 고령자 일시 지급금, 아동의 교복·교과서의 일괄 공동구입, 장학금 등도 있다. 2004년 12월 인도양의 쓰나미 재해 직후, 「여성조합」은 특별 프로그램을 설정하고, 재해를 당한 여성과 그 가족들의 구제에 나섰다. 뒤에서 설명하겠지만, 이 특별 프로그램도 점차 통상적인 프로그램으로 통합된다.

사망 공제(Subhani)　상제 조합은 거의 모든 나라에서 볼 수 있는 전통적인 커뮤니티 조직이다. 「여성조합」에서도 초기부터 장의(葬儀) 비용을 위한 '사망 일시금'의 필요를 느끼고 상제 상조 기금을 시도하였다. 각 회원이 매월 10루피 정도를 적립해 공동의 「스바서다카(Subhasahdaka, 복지기금)」를 만들었다. 그러나 실제로 장의시에 얼마나 환급되어야 하는지는 정확하게 계산되지 않았다. 시행착오를 통해서 그것이 점차 명확화되어, 회원의 일상적 출자를 기본으로 했을 때 적어도 1,500루피의 사망 일시금 지불이 운영상 가능하다고 판단하였다. 다만 이 액수는 충분한 장의 비용은 되지 못했다.

1993년에 「여성조합」은 분권적 기구 형태를 취하고, 각 지부가 복지기금을 위한 소액 적립금을 징수하게 되었다. 그 액수는 지부마다 달랐지만, 대체로 10~15루피를 각 회원이 지부의 기금에 매월 납입하는 것이었다. 이 기금에서 지부 회원 가족의 장의나 혼례 비용을 위한 보조금이 나온다. 이에 더해서, 각 그룹 마다 복지기금을 적립한다. 이 기금을 모으는 방법은 회원으로부터 정기적으로 소액을 징수하는 방식, 공동으로 바자회를 열거나 또는 회원이 대규모의 융자를 얻을 때 그 일부를 모금 받는 등, 그룹이 전적으로 알아서 시행한다. 각 그룹의 복지기금은 원리 변제 불능 시의 준비금으로, 또는 그룹 단위로 실시하는 무이자 긴급 융자의 원자금으로 이용된다.

이러한 각 지부의 사망 일시금 제도를 표준화해서 한층 더 강화할 필요성이 「여성조합」각층에서 검토되었다. 이 과정에서 다음과 같은 내용의 이슈들이 제기되었다. ① 복지 기금에 매월 갹출되는 금액은 소액이며, 회원이 수개월 동안 잊어버리는 일도 빈번하다. 미불입이 2개월간 계속되면 일시금 지급의 권리는 실효된다. ② 비록 소액이라도 농촌에서는 매월 납입하는 것이 곤란하므로, 오히려 수확기가 끝난 뒤 한꺼번에 납입하는 것이 바람직하다. ③ 1994년에 정부의 장관이 폭탄으로 암살되었을 때, 주변에 있던 「여성조합」회원 및 그 가족 4명이 희생되었다. 그녀들이 속했던 지부의 복지기금은 사망 일시금을 지불하기에 충분치 않았다. ④ 복지기금 납입액이나 일시금 지급액도 지부마다 크게 달라, 일종의 불평등감이 퍼졌다. ⑤ 경영상의 관점에서는 매월 소액을 징수하기보다는 한꺼번에 취급하는 편이 더 낫다. 또, 각 지부는 만성적으로 융자 원자금의 부족 상태에 있으므로, 한 번에 납입하는 것은 「여성조합」운영 자체의 확대로 이어진다.

이러한 이슈들에 대한 검토를 거치면서, 한편으로 회원 가족의 사망자 수 조사도 반영하여 2000년에 「여성조합」의 통일된 프로그램 「스바니(복리) 기금」이 만들어졌다. 회원이 자신의 지부에 스바니 계좌를 개설하고 3,000루피를 출자하면, 본인이 사망했을 때 그 유족은 5,000루피를 받는다. 남편 등 본인 이외의 지정된 가족구성원이 사망했을 경우에는 회원 본인이 4,500루피를 받는다. 가입 연수가 5~9년의 경우는 7,500루피, 또 10년 이상의 경우는 10,000루피를 받는다(최근 평균 장의 비용은 5,000 내지 10,000루피임).

공제가 개시될 무렵에는 이 3,000루피의 부금은 반환되지 않는 것으로 되어 있었는데, 어느 젊은 회원이 이에 대해 의문을 제기하였다. 그것을 지부 리더가 본부에 이야기하였고, 전국 집행임원회가 신중히 검토를 거듭한 결과, 탈퇴 시 환급받을 수 있도록 하였다. 신회원은 「스바서다카」 복지기금 적립부터 시작하는 것이 원칙인데, 현재 대부분의 여성은 고액 융자가 가능한 단계에 이르면 「여성조합」의 융자를 이용해서 「스바니」에 가입한다.

「스바니」 계좌에 예탁되는 3,000루피는 지부의 융자기금으로 운용되므로, 월 2%의 이자, 즉 60루피가 붙는다. 이 중 10루피는 그 회원의 강제적 예금계좌에, 49루피는 지부의 복지기금에, 1루피는 중앙 「여성조합」에 「스바니」 회비로 납입된다. 「스바니」 회원이 된 후에는 매주의 강제 저축(5루피)과 매월의 지부 복지기금 납입이 불필요해진다. 이렇게 해서 앞서 제시되었던 문제점이 해결되었다. 2009년 현재 전국적으로 정회원의 「스바니」 가입률은 83%다.

유족연금 공제(Rakhitha)　　1993년의 전국 집회에서, 어떤 지부 리더가 "회사에서 일하는 사람처럼 우리도 보험제도를 가지자."라고 제안했다. 그녀의 남편은 삼륜택시 운전기사로 큰 사고를 당하게 되어, 그녀는 불안을 느꼈다. 만약 일가를 부양하는 남편이 죽으면 「여성조합」 그룹의 동료들이 신뢰를 거두게 되고, 그녀의 융자 신청을 위해 보증인이 되어 줄 사람도 사라질 거라고 생각했던 것이다. 그녀는 보험으로 그녀의 그룹에 대한 책임이 보장될 수 있도록 요구했다. 그러나 당시의 대다수 회원들은 보험제도가 그림의 떡이라고 생각하고 있었다. 전국 집행임원회는 가능성을 검토해서 시기가 되면 구체화하겠다고 약속한 이후, 사망일시금 이상의 보장이 가능한 구조에 대해서 논의를 하였다. 2002년에 여러 회원들이 큰 사고를 겪게 되자, 논의가 한층 더 가속화되었다.

2003년에 새로운 공제 제도 「라키타(rakhitha, 보호)」가 탄생하였다. 회원은 일가의 주된 벌이를 하는 사람 1명(회원 본인의 것도 있음)을 피공제자('라키타야'로 불림)로 해서, 부금 5,560루피를 지부에 개설한 자신의 「라키타」 계좌에 불입한다. 라키타야는 18세 이상이 되어야 하지만, 사전에 건강진단을 받을 필요는 없다. 가령 라키타야가 건강상의 문제를 안고 있다고 해도 주된 벌이를 하는 사람인 이상, 그의 사망 시에 가족이 빈궁에 빠지는 것을 막는다는 「라키타」의 원칙은 적용되어야 하기 때문이다. 만약 회원이 5,560루피를 한 번에 지불하는 것이 어려운 경우에는, 그 부금만큼 융자를 받아 그것으로 「라키타」에 가입해서 권리를 얻는다. 「라키타」 가입의 요건은 「스바니」 가입 후 120일을 경과하면 된다.

라키타야가 사망 또는 최중증의 장애를 입거나 시력을 상실하게 되면 회원 또는 지정 수취인의 계좌에 50,000루피의 공제금이 지불된다(「라키타」 가입기간이 10년 이상일 경우는 100,000루피). 여기에는 연 21%의 이자가 붙는다. 수취인이 이 공제금을 인출하는 것은 불가능하며, 이자만을 이용한다. 이를 테면 유족연금이 되는 것이다. 한편, 회원이 지불하는 부금은 각 지부에서 집계되며, 공제금 지불의 준비금이 된다. 그러나 실제로는 거의 전부가 각 지부에서의 대규모 융자(2,000루피 이상의 생계 향상·주택 융자)의 원자금으로 재투자되어 자금이 운용된다.

「여성조합」에서 탈퇴 시 출자금은 반환 가능하지만, 「여성조합」은 가능하다면 딸에게 양도할 것을 추천한다. 그러면 그 구좌는 예전의 빈곤 여성으로서는 전혀 생각할 수도 없었던 '유산'이 된다. 또한 회원 전체에게는 큰 사회적 자금이 된다. 2009년 「라키타」 가입율은 23%였다. 그러나 지부에 따라서는 이 복잡한 구조의 운영 곤란이 지적되기도 하여, 「라키타」 도입을 위한 지부의 조직적·자금적 기준이 계속적으로 논의되고 있다.

의료 공제(Aarogya)　「여성조합」 회원은 지부에 의료 조합 입회금 10루피를 지불하여 「아로가야(건강) 계좌」를 개설하고 매월 100루피를 50개월간 불입할 수 있다. 그러면 지부는 10,000루피를 이 계좌에 불입한다. 이렇게 4년 정도 경과하면 15,000루피가 그녀의 「아로가야 계좌」에 모인다. 그 단계부터 의료 공제가 발효되어 안과 수술이나 입원을 포함해 40만 루피까지 의료를 무료로 이용 할 수 있다.

이 프로그램이 가능하게 된 배경에는 공립병원은 신뢰할 수 없고 사립병원은 너무 비싸다는 현실 가운데, 스스로 건강을 지킬 수밖에 없다고 결의한 여성들의 힘에 있었다. 정부에서도 또한 융자 사업의 이익을 배당 형태로 모든 회원 개인에게 환원하지 않도록

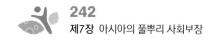

했으며, 「협동조합법」의 취지에 맞게 일정액을 공동복지의 목적으로 지출하도록 요구하였다.

그에 따라 2003년부터 본부 특별회계로 「보건 프로그램」이 도입되었다. 회원의 아이들 중 일부에게 간호사 훈련을 실시하고, 독지가인 의사의 협력을 얻어 자신들의 돈으로 진료소(전통요법 치료사와 간호사 주재)를 개설했다. 본부 예산으로 백내장 수술의 보조금(회원 5,000루피, 가족 4,500루피) 지급 제도를 만들어, 2004년에는 15명이 수술을 받았다. 또한, 각 지부에서는 집행부에 보건위원을 두었고, 그 가운데는 지자체의 보건소와 제휴하여 당뇨병 검진이나 암 검진을 실시한 곳도 있었다. 이러한 경험을 토대로 의료공제에 착수한 것이었다.

현재, 회원 또는 그 가족이 「여성조합」 진료소에서 진찰을 받을 경우에는 30루피를 자신의 「아로가야 계좌」에 입금한다. 그러나 진료비 및 약값은 지부로부터 지불되므로, 본인은 비용을 지불하지 않아도 된다. 지부는 이 계좌에 모아지는 자금을 융자 원자금으로 운용해서 이자 수익을 올린다. 그러나 「아로가야 계좌」에 붙는 이자는 중앙의 「여성조합」 본부로 보내져 진료소 유지 경비로 쓰인다. 이것은 「여성조합」의 사업 중에서 유일한 중앙관리 프로그램이다. 회원은 이 계좌를 혈육에게 양도할 수 있지만, 현금을 인출할 수는 없다. 이 프로그램에 대한 회원들의 수요가 커서 「여성조합」은 진료소 증대를 위해 노력하고 있다. 2009년 현재, 「아로가야 계좌」의 가입자 수는 약 17,000건이다.

이재민 지원 2004년 12월 26일의 심각한 쓰나미 재해 직후부터, 「여성조합」은 그 회원과 가족의 재해 상황을 조사했다. 전체 조사에서 당시 약 3만의 정회원 가족 가운데 동남부 5주에 걸쳐 189가족이 재해를 입었다. 회원 이외의 재해 주민에게도 전국 회원의 기부를 통해 모집된 의류, 약품, 건조식품, 교과서, 부엌 용품 등을 재해지에 계속 보냈다. 이와 동시에 「여성조합」은 쓰나미 재해 주민의 생활 재건을 촉진하기 위해 다음과 같은 기관 결정을 하였다. 먼저, 쓰나미 이재민에게 적용되는 「회원편의 계획」이다.

- 「여성조합」 규약을 완화해(정회원 자격을 얻기까지 통상 8개월의 견습 기간이 필요함), 비교적 회원이 된 지 얼마 안 된 준회원도 조기에 정회원으로 승격시켜 대규모 융자를 받을 수 있게 한다. 단, 주의 깊게 모니터링 하면서 조직 형성을 지원한다.
- 재해를 당해 곤란에 처한 여성을 기존 그룹에 편입시킨다. 단, 전국 집행임원회의 승인이 필요하다.
- 융자 단계를 단축해서(통상적으로는 단계를 밟아 점차 허용 융자액을 증대), 새 회원도 소득 창출 및 주택 융자(약 15,000~25,000루피)를 조기에 받을 수 있도록 한다.

또 하나의 중요한 조직 결정은 재해를 입은 회원에게 적용되는 「특별융자 패키지」인데, 내용은 다음과 같이 정해졌다.

- 융자 목적에 관계없이 저리(월 1%) 융자를 제공한다. 단, 주택과 소득 창출을 중시한다.
- 3~4개월의 변제 거치 기간을 둔다.
- 쓰나미 이전의 융자잔고를 새로운 융자에 산입해서 이자를

1%로 한다. 이 경우도 융자 갱신으로부터 3개월의 거치 기간을 적용한다.

이러한 특별규칙하에서 「여성조합」 그룹은 전국의 재해 지역에 급속히 확대되었다. 재해 지역에 한정해서 적용되기는 했지만, 일정한 조직적 지원이 있으면 충분히 지속가능한 방식인 것으로 판명되었다. 스리랑카의 수도인 콜롬보 남쪽의 모라트와로부터 남부, 나아가 동부 트린코마레에 이르는 연안 재해지 7구간에 대해, 집행임원 여성 6명이 책임을 분담하여 콜롬보에서 출장을 나가 모니터링과 지도를 하였다. 한번은 「여성조합」의 어떤 해외 기부자가 이재민으로부터는 이자도 받지 않고 융자액의 절반도 소멸할 것을 요구했던 적이 있었다. 이러한 '외압'에 대해서 「여성조합」은 교섭을 거듭한 끝에, 소멸은 바람직하지 않은 것으로 결론내리고, 누구나 10만 루피까지 즉시 무이자로 빌릴 수 있도록 하는 규정 개정을 실시했다. 이때는 이미 앞에서 본 규칙에 따라서 월리 1%로 변제를 시작했던 재해 회원도 꽤 있었다. 그렇지만 그들 가운데에서 이미 지불한 이자를 반환해 달라고 요구하는 소리는 거의 없었다.

예를 들어, 타밀이나 무슬림이 거주하는 동부 바티카로아의 재해 지역에서는 쓰나미 후에 113그룹이 만들어졌고, 곧 준지부 11곳도 만들어졌다. 이들 준지부는 각기 한 곳의 어촌을 담당하였다. 2005년 9월에 「특별융자 패키지」가 적용되어 두 개의 준지부에 각각 50,000루피가 배분되었다. 회원에게 주어진 융자액은 1인당 2,000에서 10,000루피 사이였다. 10,000루피를 받은 한 여성은 그룹 동료들로부터 가장 가난하다고 인정된 사람이었다. 쓰나미로 남편을 잃고 홀로 3명의 아이를 키워야 했다. 그녀는 경험이 없었지만 융자를 받아 잡화점을 열었고, 1년 후에는 융자액 전부를 변제했다. 융자를 받은 다른 사람들도 생선 장사, 재봉틀 수리, 포테이토칩 만들기 등을 시작했다.

쓰나미 뒤에 생긴 준지부의 상당수는 특별 패키지의 융자와 회수를 경험한 뒤, 무이자 융자의 한계를 알게 된다. 자신의 예금에 이자가 붙지 않았으며, 복지 프로그램을 개시할 수도 없었다. 그래서 지부로 승격됨과 동시에 이 특별 패키지를 기존 프로그램에 통합시키고, 1%의 월리를 취하게 된다.

③ 태국의 커뮤니티 복지기금

1980년대 말, 태국 경제는 두 자릿수 성장을 계속해 이전에 없던 투자 붐을 일으켰다. 이것은 도시 빈곤층에게 이중적인 의미를 지녔다. 우선 주택금융 정책이 큰 폭으로 완화되어, 민간주택 시장이 크게 확대됨으로써 방콕의 하위 중간층까지 주거 구매가 가능한 계층이 되었다. 한편, 슬럼의 관·민(官·民) 지주들은 과열된 투자 붐에 편승해 강제 철거를 연발하게 된다. 아이러니하게도 방콕은 예전에 없던 규모로 노숙자가 증가하게 되면서, 1990년대 초까지 격차 확대와 도시빈곤 문제가 큰 정치 과제로 대두된다.

태국 정부는 1992년 제7차 「전국 개발 5개년 계획」 아래 자금 12억 바트(당시 약 60억 엔)로 「도시빈민 개발기금」을 주택공사에 설치하였다. 그리고 슬럼의 주민조직이 철거에 대해 저항하거나 지역 개발을 구상할 때, 먼저 저축조합을 만들도록 권유받았다. 조합이 수립한 계획에 기초해서 생업, 토지 구입, 주택 개선, 지역 인프라 시설, 회전 기금 등을 위한 저금리 융자가 「도시빈민 개발기금」을 통해 각각의 저축조합에서 이루어진다. 조합은 거기에 몇 %의 이자를 추가해 주민에게 배분한다. 그러면 주민이 변제하는 이자는 시장 금리와 같거나 약간 낮은 정도가 된다. 추가분은 조합, 즉 커뮤니티의 자원으로 축적된다. 1997년 전반까지 5년 동안 이 프로그램은 전국의 슬럼 약 2,100지구의 4분의 1에서 도입되었다.

그런데 1997년 태국 통화인 바트(baht)의 가치 폭락으로 이 프로그램도 일시에 위기에 직면하여, 많은 조합이 변제 불능의 상태가 되었다. 이에 대해 기금 사무국은 문제가 발생한 조합에 긴급 구제융자를 함과 동시에 문제 지역의 운영 체제를 점검하였다. 또 지역 간의 의사소통과 상호지원을 위해 지역을 묶는 「조합 연합」의 장을 마련했다. 더욱이 연합 간의 네트워크도 형성되어 그 후 각 지역의 저축조합보다 이들 연합이나 네트워크 조직에게 융자가 주어져 운영 책임까지도 맡게 된다.

경제위기 구제를 위해 투입된 일본의 ODA 「미야자와 기금」이나 IMF 「사회투자 기금」의 이용에서는, 각지에 형성된 조합 네트워크가 전략을 마련하였다. 그 결과, 각 지역에서 복지 프로그램을 운영하는 시스템이 완성되었다. 장학금, 고령자 급여 및 대출, HIV 양성자에 대한 급여, 의료비·의약품 보조, 마약 상습복용자의 재활훈련, 실업자·장애인의 소득향상 융자 등이 그 내용이다. 2002년까지 이러한 커뮤니티 주도형 복지 프로그램은 전국의 약

1,000여 곳의 도시빈곤 지역을 커버하였다.

한편, 1984년 이래 농촌에서는 독립 행정법인인 「농촌개발 기금」이 마을 사람들을 지원하였고, 농민 은행이나 커뮤니티 융자 프로그램도 확대되었다. 2000년에 「도시빈민 개발기금」은 「농촌개발 기금」과 통합되어, 독립 행정법인 「커뮤니티 조직개발 기구(CODI)」가 된다. 그 결과, 「도시빈민 개발기금」 시대보다 자유로운 자금 조달이 가능해졌고, 도시와 농촌의 경험 교류를 통해 다양한 새로운 움직임도 발생하였다. CODI는 각지의 주민 조직이 현지 지자체와 교섭할 수 있도록 지원하고, 다양한 공적자금을 융통해서 커뮤니티 기금을 설치하여 주민과 지자체가 협동하는 공간을 구축해 갔다.

예를 들어, 조직통합 직후인 2000년에 CODI는 「미야자와 기금」의 일부를 사용해 고령자 복지기금을 설치하여, 태국의 전 76주에 각 100만 바트의 기금을 배분하였다.[*] 각지에 주민대표나 관계기관으로 구성되는 조정위원회가 설립되었고 주(州) 내의 고령자 그룹이 만든 계획을 심사하였다. 대부분의 경우, 주 내의 각 지역에서 고령자 저축조합이 결성되고, 각자가 매월 10바트 정도를 출자하여 기금을 증자하면서 기금의 일부는 복지급여(의료비, 병자의 식비, 상제비, 음악이나 사원 방문 등의 사교비 등)에, 일부는 소득향상 대출을 위한 회전 자금으로 돌려서 복지기금 그 자체를 유지하는 자금으로 하였다. 고령자의 주도권이 발휘되는 '장(場)'을 각지

역자주

[*] 태국에서 '주'는 광역지자체 단위를 나타낸다. 일본의 현 제도와 유사하다.

에 마련한다는 지원적인 정책의 결과, 지역의 사람들은 스스로 자금의 축적이나 상호지원의 구조를 고려하면서 주민 주도의 안전망을 만들어 냈다. 더욱이 각지의 고령자 조직은 그때까지 저축그룹의 자금을 주 차원의 복지기금으로 통합하면서, 정부에 의한 기존의 복지 프로그램을 기금 활동으로 연결하게 된다.

이러한 경험에서 CODI는 지역 차원의 저축 활동과 커뮤니티 기금이 주민의 복지 향상에 유효하다는 것을 확신하였다. 2005년 정부의 「빈곤 근절 프로그램」 자금으로 전국 도시 · 농촌의 저축그룹이 강화된다. 실험적으로 이루어진 것으로는, 저축그룹의 행정마을(Tambon, 탐본) 차원 연합과 저축 활동 회원에 의한 복지 프로그램 책정이 있었다. CODI는 전국 191개 탐본에 각 10만 루피의 초기 자금을 배분하고, 각각의 저축그룹 연합체에 복지기금의 운용을 맡겼다. 2년 후 이들 탐본 내의 마을이나 슬럼 지구의 78%가 저축 연합하에 조직되어, 기금 총액은 8,000만 바트로 증대되었다. 즉, CODI로부터 제공된 당초 자금의 4배를 넘는 금액으로 증자된 것이다. 그 액수의 4%는 탐본 지자체로부터 제공된 것이며, 72%는 주민의 자주적 출자에 의한 것이었다. 주민은 여러 방법으로 스스로의 복지기금을 키우려 했다. 가장 광범위하게 이루어진 것이 「1일 1바트 출자 운동」이다. 또 이러한 복지기금이 주민에 대한 융자의 원자금으로도 이용되었고, 그 변제 이자의 반은 기금 증자로도 돌려졌다.

탐본 복지 기금의 용도나 운용 규칙은 지역에 따라 다양하지만, 상호 간의 교류를 통해서 좋은 아이디어는 타 지역으로 널리 전해지게 되었다. 전형적인 것으로는 출산 부조금(出産扶助, 500~1,000

바트), 의료비 보조(정부의 의료보장으로 커버되지 않는 휴업 보상, 장기 입원비, 가족의 문병 비용 등), 장애를 지닌 주민을 위한 급여(월액 200~300바트), 빈곤 가정의 장학금(연간 500~3,000바트), 고령자 급여, 상제비 보조 등이다. 지금 탐본 복지 기금은 주 전체로 확대되고 있다.

이들 이외에도 다양한 주민 그룹이 다채로운 복지 프로그램을 운영한다. 도시지역에서도 커뮤니티 복지기금이 슬럼의 거주환경 개선과 겹쳐져서 곳곳에 나타난다. 특히 1997년 경제위기 후에 실직한 수백 명의 사람들이 방콕 도심의 왕궁 광장이나 다리 아래에서 노숙하게 되었다. 하지만 이 그룹들에서 노숙자 조직이 생겨났고, 정부 기관과 장기간 교섭을 거친 결과 CODI가 개입하여 철도 사이의 토지를 빌려 쉘터(shelter, 거주처)가 건설된다. 입주한 노숙자 가족은 자치조직을 만들어 1일 1바트씩 저금하고, 이것에 CODI가 자금을 보충해 복지기금을 만들고 있다. 이를 통해 수도나 광열비 외에 회원의 의료비나 아이들의 교육비 보조를 고려해 두고 있다.

더욱이 최근에는 중앙의 자금을 계기로 주민의 보험기금을 키우는 시도도 시작되었다. 2010년 10월, CODI는 2,000만 바트를 출자해서 전국 차원의 보험기금을 설치했다. 한편에서는 CODI의 지지로 현재 약 300개의 도시에 커뮤니티 기금이 설치되어, 현지의 저축조합 연합과 지자체와의 협의에 근거하여 인프라 정비나 복지수당에 이용되고 있다. 전국 보험기금의 반액은 각 도시의 커뮤니티 기금에 맡겨지게 된다. 조합원은 보험료로 연간 200 바트를 기금에 납입한다. 질병, 사고, 실업, 재해 등으로 인해 CODI로

부터의 주택융자 등에
대한 변제가 불가능하
게 되었을 경우, 조합
연합이 당사자나 가족
의 수입 상황을 심사하
고 보험금을 지불한다.
주민이 운영하는 상호
보장적인 보험 프로그

건설된 쉘터에서 논의하는 노숙자 가족들
(태국, 2009년)

램도 CODI가 지원하고 있다. 현재 태국에는 약 8만 개의 저축그
룹이 활동하고 있으며, 도시 슬럼 지구, 노숙자 가족 집단, 삼륜택
시 운전기사, 농촌 지역 등에 이르기까지 전 지역의 대부분이 커뮤
니티 복지기금을 설치하고 있다.

④ 풀뿌리 생활보장의 가능성과 한계

　현재 아시아 각지에서 공제형 '풀뿌리 생활보장'이 확대되고 있
다. 이것을 가능하게 하는 것은 글로벌화(globalization, 세계화)되
는 세상에서 새롭게 가치를 주목받고 있는 커뮤니티(community)
에 의한 새로운 관계성이다. 사람들은 예전과 같은 방식으로 생활
보장을 위해 공동체에 단순히 매몰되는 관계를 가지지 않는다. 그
보다는 자신의 이해에 따라 자발적으로 판단하고 투자하면서, 소
득 보장을 확보한다. 다만 그것이 개별적인 자기 책임에 기초해서
작동하는 '시장'의 방식과는 다르다. 새로운 방식의 커뮤니티 관계

성이란, 사람들이 생활보장을 위해 자유 의지로 만들어 온 조직적 연대를 통해 자금 접근성을 높이는 것이며, 또한 역으로 이러한 참여를 통해 공동성을 높이는 것이기도 하다.

스리랑카의 사례가 그 대표적인 것이다. 슬럼의 여성상조 조합을 계기로 발생한 「여성조합」이 융자 회수를 통해 자금을 지역에 순환시키면서, 주택 융자, 연금·공제, 쓰나미 이재민의 부흥 프로그램 등을 실시하는 등으로 대부분 행정이나 기업·NGO의 관여 없이 전개시켜 온 것이다. 태국에서도 이와 유사한 주민 주도의 움직임이 한층 더 광범위하고 다양한 집단에서 시작되었다. 그리고 이것을 지켜본 후에 제도적 자원과 연결해 지원하는 정부의 정책적 측면의 대응이 있었다. 행정법으로서의 CODI는 주민의 조직화를 지지하고, 지역마다 주민이 운용하는 회전 기금을 제공하였으며, 그 역동성에 적응하면서 지원 방법을 변화시켜 나가는 유연한 조직이었다.

이와 같은 스리랑카나 태국의 풀뿌리 생활보장이 생성되는 배경으로는, 지역 차원의 상호학습 '프로세스'와 경험을 축적하는 '장'의 형성을 들 수 있다. 저축그룹의 모임이나 기금이 있었기 때문에 주민들은 서로의 욕구를 확인하면서, 자원을 발견하고, 프로그램 형성의 아이디어를 내는 등의 프로세스가 발생할 수 있었다. 특히 '기금'은 사람들이 기본적으로 자원에 대해 자유롭게 접근할 수 있도록 하여, 스스로 복지의 구조를 생각해 낼 수 있게 하였다. 이러한 점에서 이미 정해진 계획의 청사진을 집행하기 위해서 주민이 동원되는 '프로젝트형 접근'과는 확연히 대조된다.

그러나 마을 차원의 풀뿌리 보장은 주민이 안심하고 생활할 수 있도록 한다는 점에서 보면 결코 충분하지 않으며, 자금적으로도 불충분하다. 모든 복지기금이 효율적, 안정적으로 운용되는 것도 아니다. 무엇보다도 사회보장 정책의 큰 틀인 국민 전체의 자원 재배분이라는 거시적인 측면으로는 거의 관여할 수 없다. 또한「여성조합」과 같은 자기투자형의 공제 제도 그 자체에는 자원 재배분의 요소도 포함되어 있지 않다.

그러므로 CODI가 시도했던 바와 같이, 빈곤 커뮤니티가 독자적으로 만들어 내는 풀뿌리 사회보장 메커니즘을 인지하고, 그것이 성장하도록 정부의 자금을 투입하여 지자체의 프로그램과 연계시켜 가는 식의 접근이 현실적으로 유효하다. 또한 스리랑카의 쓰나미 재해 지역에서「여성조합」의 부흥 프로그램이 이재민 조직화를 기초로 해서 해외의 원조 자원을 효과적으로 전달하는 중간전달자의 역할을 수행했다는 사실은, 이러한 지역들에서 복지 자원을 어떻게 지원하고, 운용해야 할지에 대한 많은 시사성을 제시해 준다.

참고문헌

村井吉敬 (1978).「インドネシアの民衆生業」『アジア研究』.

Commission on Human Security. (2003). *Human Security Now.* New York. (= 人間の安全保障委員会報告書『安全保障の今日的課題』朝日新聞社).

Dhanami, S., & Islam, I. (2002). "Poverty, vulnerability and social protection in a period of crisis: the case of Indonesia." *World Development, 30*(7).

Galtung, J. (1969). "Violence, peace, and peace research.", *Journal of Peace Research*, No.3, pp. 167–191. (= ガルトゥング / 高柳先男・塩屋保・酒井由美子訳『構造的暴力と平和』中央大学出版部, 1991).

Midgley, J., & Hosaka, M. (Eds.) (2011). *Grassroots Social Security in Asia: Mutual Aid, Microinsurance and Social Welfare.* Routledge.

UNDP (1994). *Human Development Report* (= 国連開発計画『人間開発報告書1994年版』国際協力出版会).

제3부

복지사회 개발의 연구방법

제8장

액션리서치

제8장

액션리서치

복지사회 개발의 접근은 제도적 방식이 적절하게 기능하지 못하는 영역이나 지역 등에서 작동한다. 이들 지역에서 사람들이 스스로 혹은 외부 지원을 통해 복지향상 시스템을 공동으로 구축해 가는 과정에 관한 정책이나 공공행동, 지원활동을 포괄하여 복지사회 개발 접근이라 한다.

이 접근은 비록 의도적인 정책의 개념을 가지지만, 자유로운 당사자 주체가 상호작용을 통해 문제의 구조를 전환해 가는 변화 과정을 그 본질로 삼는다. 그래서 복지사회 개발의 접근에서는 이러한 '과정'에 천착할 수 있는 연구방법으로 액션리서치를 중요시한다.•

역자주

• 이 장은 김영종·穗坂光彦의 공동 저술이다. 〈穗坂光彦 (2005). "福祉社会開発学の方法論的考察" 日本福祉大学COE推進委員会編 『福祉社会開発学の構築』 ミネルヴァ書房〉에서 발췌한 부분에다 액션리서치에 대한 개념 정리를 추가해서 엮은 것이다.

① 복지사회 개발의 연구방법

복지사회 개발의 접근은 지역복지와 사회개발의 융합 영역을 다루므로, 이를 체계적으로 실천/연구하기 위한 새로운 개념의 방법론이 필요하다.

복지사회 개발에 참여하는 연구자는 단순히 객관적 입장을 고수하기보다는, 현실에 참여해서 그 변화 과정의 일부분이 되어야 한다. 전형적인 과학적 연구방법에서는 억제되어야 하는 조건이 복지사회 개발의 접근에서는 장려의 대상이 되는 것이다. 그에 따라 기존의 연구방법론과는 다른, 현장에 대한 적극적 참여 혹은 관여를 허용하면서 한편으로는 객관적인 연구 통찰을 가능케 할 수 있는 연구와 실천의 융합 방법이 필요하다.

복지사회 개발의 참여적 실천/연구자는 현장을 단순히 관찰하지 않는다. 현장에 들어가서, 현장과의 관계 속에서 의도적으로 행위를 수행하며, 한편으로는 관찰의 주체인 연구자 자신을 자기 상대화하면서 대상을 해석하고 재구성해야 한다. 이를 위해서는 다원적인 관점에서 현상을 검토하기 위한 경험 공유의 '장(場)'을 필요로 한다.[*]

복지사회 개발의 접근으로 수행되었던 다수의 실천 연구들에서 도출되었던 방법론적 핵심 개념은 다음과 같다.

역자주

● 이러한 연구와 실천을 위한 교류의 장을 '메타 현장'이라 하는데, 이는 다음 장에서 자세히 설명한다.

- 상호작용의 장 형성
- 동원을 통한 목표 달성이 아니라, 생성 변화하는 과정
- 제도가 아닌 지역을 바탕으로 하는 생활당사자
- 액터(actor, 행위자)로서의 연구자 · 지원자
- 연구와 실천의 메타 현장

이러한 핵심 개념의 영역들은 전형적인 과학적 연구방법으로 접근하기 어렵다. '상호작용'이나 '과정', 연구자와 실천자가 섞여 교류하는 '메타 현장' 등은 모두 변화와 흐름을 전제로 하는 것들이다. 여기에서 엄격한 확정적 지식을 산출하는 방법을 기대하기는 어렵다. 또한 '생활당사자'와 연구/지원자로서의 '액터(행위자)' 등도 역시 인간으로서의 가변적 욕구와 주체성 의지에 좌우되므로, 규정적 설명을 부과하기란 어렵다.

그로 인해 복지사회 개발의 접근은 이러한 연구/실천의 특성에 보다 부합되는 방법론으로 '액션리서치'의 이상과 방법적 기술을 기본적으로 채택하게 된다.

② 액션리서치

액션리서치(action research)란 사회학이나 문화인류학에서 연구자의 현장 참여를 인정하는 연구 방법으로(江本リナ, 2010), 1933년에 커트 레빈(Kurt Lewin)이 소수자 집단의 문제 해결을 목적으로 했던 연구에서 비롯된 것이다. 현재는 액션리서치가 사회복지학

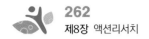

이나 간호학 등과 같은 휴먼서비스 현장에서도 실천과 연구를 연결하는 방법으로 사용되고 있다.

액션리서치는 그 이름에서처럼 액션(action, 활동)과 리서치(research, 연구)를 함께 지향하며, 실천과 연구, 이론을 연결하는 연구 방법이다. 비록 이와 관련한 연구들의 스펙트럼이 폭넓게 존재하지만 (Greenwood & Levin, 1988; Reason & Bradbury, 2008), 일반적으로 다음 세 가지 특징을 모두 가진 것을 액션리서치로 분류한다(Pope & Mays, 2008).

- 참여 : 연구자가 현장에 들어가 참여하고, 현장의 사람들도 연구에 참여한다.
- 민주적 활동 : 현장 사람들과 함께 연구 작업을 진행해 간다.
- 사회 변화 : 사회에 관한 이론을 만드는 것뿐만 아니라, 사회를 변화시키는 것 자체를 연구 활동의 기대 목적으로 삼는다.

참여와 의도적 변화 목적을 연구에서 내포하는 이러한 연구 방법으로 인해, 액션리서치는 과학적 연구방법에 해당되기 어렵다고 보는 견해도 있다. 참여와 의도가 모두 과학적 연구에서 중요시하는 연구자의 객관성을 흐리게 만든다고 보기 때문이다.

그럼에도 불구하고, 연구 방법으로서의 액션리서치는 전형적인 과학적 방법으로 접근할 수 없는 영역의 연구와 실천의 결합을 가능하게 해 준다는 데 그 가치가 있다. 특히 사람의 행동, 장(필드), 변혁에 대한 독특한 관점을 제시할 수 있다는 점은 매우 높게 평가된다(江本リナ, 2010).

인간 행동을 이해하는 관점 게슈탈트 심리학에 근거하자면, 인간의 행동은 사람들이 처한 다양한 상황의 집합으로부터 생겨난다. 인간의 행동에 영향을 주는 것은 사람과 환경에 있고, 인간과 환경은 상호의존의 관계에 있다. 인간을 둘러싼 상황과 현장이 변화하는 때에 인간 행동에 있어서 변화가 나타난다.

장(場, field)**에 관한 관점** 인간은 누구나 가정, 직장, 학교 등 자신의 생활 기반이 되는 공간 속에 있다(Lewin, 1951). 이러한 생활공간은 그 사람이 가지는 다양한 욕구와 목표, 무의식, 기억, 신념, 정치·경제·사회적 요소 등 생활 속에서의 온갖 것들을 포함하면서, 그 때의 심리 상황과 결부되어 만들어지는 심리적인 환경을 나타낸다. 이러한 생활공간은 '장'이라는 개념으로 포착된다. 이는 물리적인 것이 아니라, 심리적인 세계를 의미한다. 생활공간 속에서 사람과 환경은 서로 관계하고 있고, 특정 사람과 특정 환경과의 관계로부터 행동이 일어난다고 본다.

변혁에 대한 관점 안정된 사회 상황에서 변혁이 일어나고, 변혁이 일어난 후에는 다시 안정된 상황이 된다. 사회 변혁의 프로세스(process)에는 순서가 있으며, 열역학의 법칙처럼 '현재 상태의 붕괴(unfreezing)' → '변혁이 일어남(changing)' → '안정 상태로 됨(refreezing)'이라는 3단계로 진행된다. 인간의 현재 생활이나 행동, 심리 상황은 모두 변화하기 위한 준비 단계라고 볼 수 있고, 변화가 일어나고 다시 안정 상황으로 되는 것을 기대할 수도 있다고 본다.

이와 같은 액션리서치 연구방법의 철학적 기반에 입각해서, 다양한 형태의 연구들이 이루어져 왔다. 비록 액션리서치가 정교한 과학적 연구방법이 될 수 있는지에 대해서는 논란의 여지가 여전히 남아 있지만, 그럼에도 실천 현장의 변화를 의도하는 질적, 참여적 방식의 연구방법으로서의 막대한 유용성은 부인하기 어렵다.

1) 질적 연구 방법

연구방법으로서의 액션리서치는 질적 연구에 가깝다. 액션리서치는 현실에의 참여를 통해 현실 사회가 변화해 가는 모습을 과정적으로 접근해서 설명하려는 것이다. 이는 양적 연구가 지향하는 엄격한 객관성 추구와 실증주의적 이상에 부합되기보다는, 질적 연구의 접근에 보다 근접하는 특성을 나타낸다.

양적 연구　　분석적 실증주의 입장에서 객관적, 연역적 접근을 중시한다. 수량화된 변수를 사용해서 통계학적 방법으로 변수들 간의 관계를 규명하려 한다. 이들 관계의 일반화 구조나 패턴, 경향 등을 찾아내 현상을 설명하고 예측하는 것이다.

질적 연구　　전일주의(holism) 입장에서 상호주관적, 귀납적 접근을 취한다. 수치나 통계학적 방법에 얽매이지 않고, 자연주의적 접근을 통한 참여 관찰, 인터뷰, 문서 기록 등의 자료들로부터 현상을 기술해 내고, 그 의미를 규명하는 것에 중점을 둔다. 일반화된 설명보다는 개별 현상에 대한 깊이 있는 해석에 더 큰 비중을 둔다.

액션리서치가 질적 연구를 지향하는 이유는 풍부한 실재(reality)의 현장을 중시하고, 거기에서 일어나는 변화들과 그 의미를 포착하는 것에 목적을 두기 때문이다. 이는 사람들의 생활공간, 즉 장에서 생겨나는 세계를 생생하게 전일적으로 포착하기 위해서는, 단순히 양적 수치 등으로 분석해서 나타내는 방식보다는 질적으로 묘사하고 의미를 파악해 내는 질적 연구 방식이 유리하기 때문이다.

비록 액션리서치가 현상에 대한 이해 방법으로 질적 접근을 취하기는 하지만, 일반화된 질적 연구방법의 범주에 해당되기 어렵다는 견해들도 있다. 액션리서치는 현장에서 변화를 초래하는 것을 목표로 하는 연구로서, 실천 행동과 비판을 수반하는 것이다. 그러므로 순수하게 일반적인 질적 연구라고 하기는 어렵다는 것이다. 그래서 이를 독특한 연구방법 혹은 연구 디자인으로 간주할 필요가 있다는 견해들도 있다.

2) 액션리서치의 방법론적 독특성

액션리서치는 질적 방법론의 측면을 가지면서도, 한편으로 일반적인 질적 연구들과는 다른 차별성을 가지고 있다. 대부분의 질적 연구는 사람들의 생활이 꾸려지는 현상을 있는 그대로 포착하려 한다. 이 경우 연구자는 현장의 사람들로부터 이야기를 듣거나 관찰하고, 혹은 주변의 다양한 형태의 자료들을 구해서 현상을 이해하려 한다. 이때 현장의 사람들은 일종의 연구 '대상자'가 된다. 비록 연구자와 대화를 나누지만, 그들은 연구의 '참여자'로서 간주되지 않는다(遠藤·新田, 2001).

그러나 액션리서치에서는 현장의 사람들을 실제로 연구에 참여시킨다. 때로는 그들이 연구의 다른 주역이 되게 하면서, 함께 액션을 통해서 현장을 변화시키려 노력하게 한다. 이처럼 연구자와 참여자의 위치 설정이 다르다는 점에서 액션리서치는 다른 질적 연구와 차별되는 독특성을 가진다. 이 점은 한편으로 액션리서치만이 추구할 수 있는 목적(참여와 변화)을 연구에서 가능하게 하는 강점이 되지만, 다른 한편으로는 엄정한 연구방법으로서의 한계와 위험성을 동시에 내포하는 것이기도 하다.

액션리서치는 연구자의 의도적인 행동과 현장의 민주적 참여를 강조하는 까닭에, 연구의 진행도 대개 다음처럼 독특하게 구성된다.

- 액션리서치는 대개 집단과 조직, 지역이라는 사회 상황으로부터 개선해야 할 점을 찾아, 그것을 연구 과제로 삼는다.
- 상황의 변화와 개선을 목적으로 행동을 계획하고, 실시한다.
- 행동의 계획과 실시에는 연구자뿐만 아니라, 현장의 당사자들이 함께 참여한다.
- 연구자는 그러한 과정(process)을 기록하고, 보고한다.

3) 액션리서치의 구조와 과정

액션리서치는 '제반 형식의 사회 행동들이 발생하는 조건과 그로 인한 결과를 비교하면서, 사회행동으로 이어져 가는 연구'로 정의되며, 이를 위한 진행 과정은 크게 다음 세 가지 요소들로 구성되어 있다(Lewin, 1948).

- 기획(planning)
- 액션(action)
- 정찰(reconnaissance, 偵察) 혹은 사실 발견(fact finding)

이들 요소로 구성된 연구 과정은 단절적이 아니라, 되풀이되는 순환 사이클의 구조를 띤다. 레빈은 액션리서치의 연구 프로세스(process)에서 나타나는 나선 형태의 순환구조에 관해 다음처럼 설명한다(Lewin, 1948).

[제1단계] 구상 다듬기   먼저 목적을 명확히 하고, 이를 성취하기 위한 수단을 검토한다. 목적을 어떻게 달성할 것인지에 대한 전반적인 계획을 다듬고, 이를 위해 어떤 행동들이 필요한지를 결정한다. 이 과정에서 상황을 파악하는 것이 필요하게 된다. 액션리서치에서 상황 파악은 일회적 횡단조사의 형태가 아니라, 정찰 또는 사실 발견이라는 지속적인 작업을 통해 이루어진다. 이를 통해 새로운 사실들이 발견되면, 애초의 계획과 구상을 수정해 간다. 이 과정에서 액션리서치의 특징인 반추(reflection, 성찰)가 중요하다.

역자주

• 반추(reflection): 교육철학자 존 듀이(John Dewey)의 실천적 인식론을 기반으로 한 것으로, 반추적 사고(reflective thinking)에서 유래한 개념이다. 경험을 내부적으로 음미하는 과정에서 자신의 의미 매김과 이를 성찰해 보는 것이다. 영어 'reflect'는 '과거의 일을 돌이켜보고, 마음에서 그려지는 것을 되살려서, 주의 깊게 생각해 본다'의 뜻이다. 따라서 반추라는 것은 단순히 되돌아보고 반성한다는 것이 아니라, 의도적으로 의미 매김을 행하고 이를 '곱씹어 보는' 과정을 포함한다.

[제2단계] **계획의 실행**　계획을 실행에 옮기는 행동 단계다. 이때도 상황을 바로잡으려는 노력으로서의 정찰 또는 사실 발견이 필요하다. 이를 통해, 과연 행동이 기대 목표의 성취에 도움이 되는 것인지, 그러한 행동에 따른 장·단점은 각기 무엇인지를 새로운 시각에서 파악해 볼 수 있게 한다. 이러한 정찰 작업은 실행 단계를 올바로 설계하거나, 전체 계획을 수정하는 일에도 유용하다. 통상적인 조사연구에서는 작성된 연구계획과 디자인은 마치 청사진(blueprint)과 같아서, 이를 실행 중에 수정하는 것이 바람직하지 않게 여겨진다. 그러나 액션리서치에서는 연구 도중에 계획이 재검토되는 것을 바람직하게 여기기도 한다.

[제3단계] **다음 단계로 진행**　계획, 실행, 정찰 또는 사실발견이 다시 반복되면서, 앞서 단계를 평가하는 것과 함께 계획 전반을 재수정하는 것으로 연결된다. 액션리서치의 연구 진행 과정은 순환을 강조하는 것이다.

액션리서치의 구조와 과정을 도식의 형태로 나타내자면 [그림 8-1]과 같다. 이는 그린우드와 레빈(Greenwood & Levin, 1998)이 제시한 것으로, 액션리서치의 역할자들을 외부로부터 들어오는 연구자와 내부에서 연구에 참여하는 사람들로 구분하여 본 것이다.

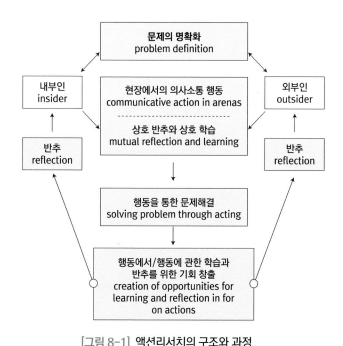

[그림 8-1] 액션리서치의 구조와 과정

참고: Greenwood, D., & Levin, M. (1998). *Introduction to Action Research.* Thousand
Oaks, CA: Sage Publications.

    여기서는 액션리서치에서 실제로 행동에 연루된 사람을 두 가지의 유형－내부인과 외부인－으로 분류한다. 내부인(insider)이란 현장에서 문제와 과제를 안고 있는 당사자를 지칭한다. 외부인(outsider)은 문제를 해결하기 위해 내부인과 함께 액션리서치의 진행과정(process)을 밟아 가는 연구자를 지칭한다. 동일한 연구 프로세스를 밟아 간다고 하는 점에서 양자는 평등한 입장에 있다. 그러나 내부인은 변화가 일어나는 그 현장에 살고 있는 반면, 외부인은 현장에서부터 떨어져 있다는 큰 차이가 있다.

    내부인과 외부인이라는 개념을 통해 액션리서치에서는 상호 반

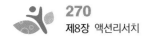

추와 상호학습 과정을 강조할 수 있다. 행동을 통한 문제 해결과
반추의 기회 창출이라는 과정을 거쳐서, 내부인과 외부인의 관점
으로 각자 연결되고, 결국 '문제의 명확화'를 만들어 낸다는 것이
액션리서치의 전형적인 연구 방식이라는 것이다. 여기서는 또한
외부인으로서의 연구자가 취해야 하는 입장과 역할, 영향에 대해
서도 분리된 관점에서 신중하게 고려할 필요가 있음을 제시한다.

③ 복지사회 개발과 액션리서치 연구방법

　복지사회 개발의 연구는 연구자가 지역 현장에 깊숙이 참여함
을 통해 이루어진다. 이러한 성격의 행동적 참여 연구에서는 연구
자의 행동과 역할을 어떻게 규정하는지가 연구의 성패를 좌우하
는 핵심적인 사안이 된다. 복지사회 개발의 접근에서는 연구자의
행동과 역할을 다음처럼 규정한다.

- 연구자는 지역에 개입하는 행동을 하면서, 그에 대한 지역의
  반응을 동시에 측정한다.
- 지역의 실천 현장에서 각 주체의 행동 및 그에 따른 사회 변
  화를 필드워크를 통해 밝히는 역할도 한다.
- 관찰 결과를 현장에 피드백하고, 자신의 행위나 경험을 매개
  하며, 현장에서 연구자를 육성하는 등과 같은 부수적인 행동
  들도 적극 받아들인다.
- 연구자 자신과 현장의 상호작용을 자기대상화(自己対象化)하

여, 자신의 변화에 대한 관찰도 중시한다.
- 연구자는 '장'을 통해 행동하고 그에 따른 반향을 파악해 내기 때문에, 장에서의 자신의 행동에 대한 개념 설정을 중시한다.

복지사회 개발의 연구방법에서 채택하는 참여적 관찰이라는 행동의 틀은 전형적 과학주의에서 강조하는 환원주의적 방식의 문제 분석과는 다르다. 그와는 반대로 지역의 개개인들로부터 나오는 자유로운 이야기를 지지하는 '장'이 곧 정책 환경으로 설정되도록 하는 진행 방식을 강조한다. 그러한 장은 또한 주체 간의 상호작용 활성화나 관계의 변용과 같은 매개변수를 통해서 새로운 공동성, 외부와의 관계성 등으로 문제 해결을 위한 자원을 마련하고, 그 결과 문제의 구조 자체를 전환시키는 작용을 한다. 따라서 연구자는 늘 새로운 시점에서 새로운 프로그램이 생성되는 과정을 검증할 필요가 있다.

이 과정에서 지역 외부로부터 들어온 존재로서의 연구/조력자는 선험적인 전문직 워커로 행동하지 않는다. 그 보다는 이 과정이 자신을 변용시키는 계기라고 여기고, 지역의 행위 주체(actor)로서 장 형성을 지지하는 행동을 해 나가야 한다. 이러한 역할을 수행하려면 연구/조력자는 정책 환경의 설정이나 장 형성을 사실적으로 파악해야 하는데, 당사자로부터의 이야기를 일방적인 질문－응답이 아닌 '대화형 인터뷰' 방식으로 진행하는 것이 적절하다 (Holstein & Gubrium, 1995). 이러한 대화형 인터뷰를 통해 외부 연구/조력자는 당사자들의 제반 경험들을 적극 매개할 수 있고, 한편 자신들의 견해도 제시하면서 실천 현장의 과정을 보다 깊숙이

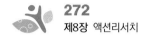

이해할 수 있게 된다.

복지사회 개발의 접근에서는 연구자의 지역 현장에 대한 참여와 장 형성의 필요성 등을 전제로 하므로, 액션리서치의 특성 요소들 중에서도 특히 다음을 중시한다.

- 프로세스 기록(process documentation)
- 행위 주체로서의 연구자(researcher as actor)
- 메타 현장(meta-field)

프로세스 기록(PD)은 과정을 다루는 연구 방법이기 때문에 강조된다. 복지사회 개발에서는 실천을 중시한다. 그러므로 복지사회 개발의 연구 역시 그러한 실천 과정이 어떤 행동(action)으로 구성되었으며, 그 결과가 어떻게 반향되어 나타나는지를 밝히는 것이 핵심이 된다. 실천 과정의 성격과 그에 따른 영향을 기록하는 것은 중요한 연구 방법에 속한다.

복지사회 개발 접근에서는 행위 주체로서의 연구자를 강조한다. 그러므로 실천적 과정에 개입해 들어가서 참여적으로 연구하는 방법이 필요하다. 행위자와 연구자를 분리하는 전형적인 연구방법으로는 복지사회 개발 접근에서 취하는 실천과 연구의 상호작용을 적절히 설명할 수 없다. 따라서 액션리서치의 특징 요소인 행위 주체로서의 연구자를 상정하는 방법이 중시된다.*

메타 현장이란 연구자와 실천자가 각자 자기 상대화(自己相對化)

---

* 이에 대해서는 이 책〈9장〉에서 설명한다.

를 시도하면서 만나는 가상의 연구-실천 공간을 말한다. 이것은 복지사회 개발 접근에서 독특한 중요성을 띠는 연구 방법으로 발전시키고 있는 액션리서치의 요소이기도 하다.[*]

④ 프로세스 기록의 가능성

앞서 언급한 것처럼, 복지사회 개발의 연구들에서는 다수의 주체들 간 상호작용과 그 변화를 총체적으로 대상화할 수 있는 방법을 강구해 왔었다. 그것이 프로세스 기록(process documentation)이라는 연구방법 요소의 중시로 나타난다.

상호작용 프로세스가 새로운 질을 생성하는 현상은 복잡계 이론[**]에서는 '창발(創発)'로 설명한다. 비록 복지사회 개발이 다루는 상호작용의 현상은 복잡계 이론에 부합되기는 하지만, 방법론적으로 복지사회 개발의 연구 자료들은 카오스 이론의 분석에 필수적인 컴퓨터 시뮬레이션을 할 수 없는 경우가 대부분이다.

체계론적 사회학 분야에서도 '창발 특성(emergent property)' 같은 개념이 사용된다. 복수 행위자들의 행위가 상호작용을 통해서 개개인의 행위에 환원되기보다는 새로운 전체적 특성을 만든다는

[*] 이에 대해서는 이 책 〈9장〉에서 자세히 설명한다.
[**] 복잡계(complex system)라는 것은 상호 관련하는 복수의 요인이 전체로 어떠한 성질을 보이는 시스템(계)을 뜻하고, 그 전체로서의 움직임은 개개의 요인이나 부분으로는 밝혀지지 않는다는 것을 의미한다. 이러한 복잡계의 학제적 연구 분야로 복잡계 이론이 있다.

것이다. 여기서의 문제는 상호작용에 따른 새로운 특성의 출현을 사회과학적으로 어떻게 대상화할 수 있는가다.

노먼 롱(N. Long)은 개발을 '계획 실시'라는 단순한 관점으로 보지 않으며, 가설 검증 방식의 연구에서 환원주의적으로 인간 행위의 요인을 탐색 평가하는 입장도 취하지 않는다. 그보다는 '지역의 일상생활의 장(場)에서부터(from below)' 시스템을 변화시키고 그것을 기술(記述, documenting)하는 것이 가능하다는 점을 복권시키려 한다. 그가 제기한 것은 '행위자 중심(actor-oriented)'의 접근 방식이다. 남자나 여자 개개인의 생활 세계(여기에서야말로 거시 세계가 실제로 현실적으로 반영된다)에서 교섭이나 투쟁, 수용이 외부로부터의 개입을 변용시키면서 창발적인 형태나 다양한 의미가 섞여가는 프로세스를 기술하는 것이다. 여기에는 '자유롭게 기술을 전개(open-ended)'하는 인류학적 문화기술지(ethnography, 文化記述誌) 기법이 유효하다고 본다(Long, 1992: 5-9). 지역의 다양한 주민 간에 또는 주민과 외적인 정책개입(개발 조력자)이 서로 만나는 (interface) 곳에서 생활 세계(life-worlds)의 갈등이 일어난다. 이에 대해 문화기술지, 즉 실증적 묘사와 거시적 정책(변용) 분석을 연결시키는 것이다.

프로세스 방법론이 주목하는 지배, 순종, 신뢰, 투쟁 등의 사회 관계와 그 변화는 PRA와 같은 최근의 참가형 조사기법으로도 분석하기 어렵다.• 그래서 데이비드 모세 등(Mosse et al., 1988)이

역자주

• 이에 대해서는 이 책 〈1장〉을 참조한다.

시도하고 있는 것이 프로세스 기록이다. 어떤 사업에 대한 중요한 사회적 자료는 그 일의 성과만이 아니라 거래의 질, 관계의 변화, 사람들의 바람이나 기대로 나타낼 수 있다. 이러한 '개발의 이야기 (narrative, 내러티브)'를 기술하는 것이 개발 연구의 새로운 시도가 되고 있다.

프로세스 기록은 기록하는 사람, 기간, 편집 방법 등에 따라 다양하다. 하지만 기본적으로는 마을 사람들에서부터 정부 직원에 이르기까지 다양한 입장의 주요 인물들이 일지를 기록하고, 그에 맞는 다수의 회의나 모임의 의사록, 사업 파일, 회계부 등을 모아서 맞춰 보고, 인터뷰, 그룹 토론, 참여관찰 등도 사용하면서 전체상(全体像)을 편집하는 것이 포함된다. 여기에는 다원적이며 상호적인 관점(inter-subjectivity)이 반영되는데, 그러한 것들이 엮이면서 사회적 리얼리티가 성립된다는 사회 구성주의(social constructionism)를 전제로 한다.

이렇게 사례에 관한 다원적인 이야기를 연결하면서, 언제 어디서 어떻게 예기하지 않았던 새로운 사건(events)이 생성되는지를 주시한다. 중요한 것은 계획에 제시된 소정의 지표가 달성되었는지를 연역적인 관점으로 보는 것이 아니라, 맥락의 변화에 따라 결과적으로 사건이 생성되는 것을 사후적으로 기록한다는 것이다. 분석 대상으로 선택된 이야기는 맥락 정보를 포함하고 있으며, 변화 방식이나 사건이 기록되는 매개체가 된다(Mosse et al., 1998).

많은 프로세스 기록은 개발의 '과정 모니터링'으로 규정되어 있다.[1] 이것은 당연하다. 왜냐하면, 외부인이 사업을 실시하면서 배우고 변화해 간다는('learning by doing') 것은 프로세스 접근의 본

질이다. 또한 계획자가 기획하고, 사업자가 실시하며, 연구자가 평가한다는 환원주의적 분단을 뛰어넘으려는 시도도 프로세스 접근이 가지는 특징이다(Korten, 1980). 이러한 방식으로 연구가 개발 실천과 결합하고, 그 프로세스에서 연구나 조사 주체인 연구자 자신의 변용이 연구 틀의 일부가 되는 방법을 탐구하는 것, 그것 자체가 복지사회 개발의 주요 접근을 구성한다.

원서후주

1 프로세스 도큐멘테이션을 탄자니아의 농촌개발 사업의 분석에 적용한 예로 荒木
美奈子(2011)가 있다.

참고문헌

荒木美奈子 (2011). 「'ゆるやかな共'の創出と内発的発展」 掛谷誠ほか編『アフ
リカ地域研究と農村開発』京都大学出版会.

江本リナ (2010). 'アクションリサーチとは: Foundation of Action Research'
筒井真優美 編著, アクションリサーチ入門, ライフサポート.

遠藤恵美子・新田なつ子 (2001). 「看護におけるアクションリサーチ:ミュー
チュアルアプローチの理論」『看護研究』. 34(6), pp. 465-470. 医学書院.

穂坂光彦 (2005). 「福祉社会開発学の方法論的考察」日本福祉大学COE推進委員
会編『福祉社会開発学の構築』ミネルヴァ書房.

Greenwood, D., & Levin, M. (1998). *Introduction to Action Research*.
Thousand Oaks, CA: Sage Pub.

Reason, P., & Bradbury, H. (Eds.) (2008). *The Handbook of Action Research*.
Thousand Oaks, CA: Sage Pub.

Holstein, J., & Gubrium, J. (1995). *The Active Interview*. Thousand Oaks,
CA: Sage Pub.

Lewin, K. (1951). *Field Theory in Social Science: Selected Theoretical
Papers*. NY: Harper & Row.

_____ (1948). *Resolving Social Conflicts: Selected Papers On Group
Dynamics*. Oxford, England: Harper.

Mosse, D., Farrington, J., & Rew, A. (1998). *Development as Process:*

Concepts and Methods for Working with Complexity. London: Routledge.

Pope, C., & Mays, N. (2008). 'Analysing qualitative data'. In N. May & C. Pope (Eds.), *Qualitative Research in Health Care* (3rd ed.). Blackwell Publishing.

Korten, D. (1980) "Community organization and rural development: a learning process approach". *Public Administration Review, 40*(5), pp. 480-511.

Long, N. (1992). 'Introduction' in Norman L., & Ann, L. (Eds.), *Battlefields of Knowledge: The Interlocking of Theory and Practice in Social Research and Development*. Routledge.

Midgley, J. (1995). *Social Development: The Developmental Perspective in Social Welfare*. Sage Publications.

Mosse, D. (1998). 'Process documentation research and process monitoring'. In D. Mosse, J. Farrington, & A. Rew (Eds.), *Development as Process: Concepts and Methods for Working with Complexity*. Routledge.

행위 주체로서의 연구 및 실천

제9장

행위 주체로서의 연구 및 실천

나(오구니, 小国)는 주로 동남아시아의 농촌 개발 지원에 관한 실천과 연구에 관계하면서 그 현장에서 필드워크의 실천적 의의와 가능성을 검토해 왔다. 이 장에서는 '장'의 형성과 참여에 관한 전망, 특히 제10장에서 설명되는 '메타 현장'이 실무자 및 연구자에게 가져올 수 있는 가능성에 관해 행위자 접근으로서 지원의 필드워크가 지닌 실천 과제와 가능성을 생각한다.[*]

문화인류학의 필드워크(fieldwork)에서는 1~2년에 걸치는 장기적인 참여 관찰과 경청이 중요하다. 하지만 여기서 말하고 싶은 것은 필드워크의 기간이 아니라 '그 장에 임하는 자세'다. 나중에 상세히 설명하겠지만, 참여 관찰에서 조사자는 대상이 되는 사람들의 주관적인 세계관을 받아들이고 사회를 포괄적으로 이해하려

역자주

[*] 이 장은 〈小国和子 (2013), "アクターとしての調査実践" 穂坂光彦・平野隆之・朴 兪美・吉村輝彦編 『福祉社会の開発: 場の形成と支援ワーク』 ミネルヴァ書房〉 를 번역한 것이다.

고 한다. 이것은 조사자의 편견이나 경솔한 생각에 의한 해석, 판단을 배제하고, 타문화의 가치 체계에 가까워지기 위한 조사 기술이다. 필드 워커(field worker)는 이러한 자세를 통해 대상 사회나 집단에 대한 입문자나 학습자로서의 입장이 된다. 필드 워커는 보고 듣는 사람들의 상태나 행위를 우선 '있는 그대로' 받아들이고 기술한다. 물론, 필드 워커도 자신의 경험을 통해 만들어 온 가치 기준에 근거해서, 직면한 사건에 대해 문제의식을 가지거나 해석을 하기도 한다. 단, 필드 워커는 '상대방의 맥락 속에서 이해하려고 노력하는 것'을 의식하고 있기 때문에, 판단은 나중으로 미루고 먼저 관여하게 된다.

이에 비해 제도적인 지원 현장에서는 피지원자로 간주되는 개인이나 집단의 상황에 대해 '어떤 취약성을 갖고 있다. 문제 상황에 있다. 그러므로 지원이 필요하다'라는 식으로 문제를 규정하는 논리에 따라 문제 해결을 위한 지원을 계획한다. 다시 말해서 '문제다'라고 판단한 다음에 액션을 계획한다. 이와 같이 어떤 문제를 전제로 시작되는 지원 현장에서 상황을 먼저 받아들이고, 판단은 뒤로 미루는 필드 워커의 발상은 다른 사람들과 관계를 만드는 방법, 즉 특징적인 존재 방식이 될 수 있는 것은 아닐까. 실제로 내가 동남아시아의 농촌개발 사업 현장에서 '빈곤 주민으로 여겨지는 사람들'을 조사하고 지원하는 사람으로 관여하면서 얻은 결론이다.

그렇다고 해서 필드워크의 소양이 지원 현장에서 저절로 유용해지는 것은 아니다. 제도적인 지원 관계가 존재하는 현장의 특성과 필드워크의 특징을 의식하고, 장에서 타인과 적절한 커뮤니케이션을 할 수 있을 때 비로소 지원자로서의 역할이 생겨 '장에 이끌리게' 되는 것이다. 몇 가지 사례를 고찰하면서 나는 지원의 필드워크는 지원 실천과 연구라는 양축 모두를 자각하면서, 다른 사람들과 문제의식을 공유할 때 그 장에서 건설적인 상호작용이 생성될 수 있다고 생각한다. 그러기 위해서는 연구자든 실무자든 자신의 고정적인 직함의 속성을 스스로 상대화하고, 현장에서의 만남이나 관여하는 과정 속에서 발생하는 상호작용을 볼 수 있는 눈과, 유연하게 장으로 들어가는 자세가 필요하다.

이러한 문제의식에서 하나의 사고(思考) 장치로 노먼 롱(N. Long)의 행위자-지향 접근(actor-oriented approach, 행위자 접근)을 소개하고 싶다. 행위자 접근은 농촌 개발이나 농업 보급을 주요 사례로 한 여러 연구에서 많이 원용된다. 그러나 이 장에서는 농업・농촌 개발 특유의 현상(事象)보다 책 전체의 일관성에 맞게 폭넓은 지원 실천에 대해 논한다. 지원 실천을 액터 사이의 상호작용 프로세스로서 파악하는 것, 액터로서의 역할이 장에 의해 정해져 가는 것, 그리고 '연구자' '실무자'라는 고정적인 직함 속에 스스로의 일상적 행위를 고정시키지 않고, 직면하는 장에서 관계의 가능성을 개척해 가는 것이 중요함을 설명한다.

① 목적으로서의 필드워크

필드워크는 수단에 그치지 않고 그 자체로 목적이 된다. 이는 체험적으로 타인을 이해하는 '관계'다.

독자 여러분은 필드워크(fieldwork)라는 말을 들으면 어떤 이미지를 떠올리는가. 나에게 필드워크란 문화인류학의 기본적인 연구 조사 방법 및 그 실천 과정이다. 최근 필드워크는 인접 영역이나 실무에서 광범위하게 받아들여진다. 개발도상국의 개발 협력 현장에서는 직접 대상 지역에 거주하거나 순회하며 일하는 보급원 같은 현장형 실무자를 필드 워커(field worker)로 부르기도 한다(野田, 2000). 사회학을 바탕으로 비즈니스상의 활용까지 폭넓게 필드워크에 관한 책을 써 온 사토(佐藤)는 그의 대표적인 저서에서, 좁은 의미의 필드워크에서는 '참여 관찰과 밀도 높은 청취'의 요소를 중시하고, 넓은 의미에서는 서베이 조사나 자료 분석 등과 같은 민속지(民俗誌, ethnography) 작성을 위한 다양한 작업까지를 포괄하는 것으로 설명한다(佐藤, 2003: 67). 장기간에 걸친 참여 관찰과 밀도 높은 청취는 인류학의 기본적인 방법론이지만, 사회학자인 사토가 말하는 것처럼 광의의 필드워크는 오늘날 사회과학에서 널리 유효성이 인식되고 있다. 이 장에서는 실제로 조사자가 대상이 되는 사람들과 만나서 관찰하거나 질문하는 필드워크의 과정을 살펴보게 되는데, 특히 "조사 기법의 하나일 뿐 아니라, 세계를 인식하는 한 방법이기도 하다."(佐藤, 2003: 31)는 말처럼 '관계의 방법론'으로서의 필드워크에 주목하고 싶다(京大, 2006: 5-6). 또 이 장에서는 연구를 위한 데이터 수집을 일차적인 목적으로 대상 지역이나 집단, 조직을 방문해 참여 관찰이나 경청으로 필드워크를 실시하는 조사자를 필드 워커라고 부르기로 한다.

필드워크 분야에서는, 조사자가 지역 사람들과 양호한 관계를 구축하고, 스스로도 그 지역사회의 생활에 참여하여 포괄적인 이해를 높이면서 그 지역의 사회문화적인 맥락을 밝히려고 시도한다. 장기적인 참여 관찰을 중심으로 하는 필드워크의 큰 특징은 그것이 조사자 자신의 생활 체험에 근거한 방법론이라는 점이다. 따라서 필드워크에서는 대상 사회의 사람들과 생활을 같이 하며 의사소통을 확립하는 것이 필수적이다. 이것은 대상 사회를 '신체 기법에 익숙해지면서 배우는 수밖에 없다'는 뜻이다(田中, 2006: 4). 이처럼 필드워크는 조사자의 오감(五感)을 사용한 '몸 전체를 통한' 체험이다. 필드 워커가 스스로의 체험을 통해 목표로 삼는 것은 대상이 되는 사람들의 주관적인 인식 세계를 포괄적으로 이해하는 것이다. 이른바 대상 사회를 내부적 관점에서 보는 눈을 기르는 것이 필드워크라는 조사기법에서 필수적이다.

그러나 현실적으로 완전하게 '내부'적 관점을 획득할 수는 없다. 또한 완전하게 중립적인 입장에서 참여 관찰을 할 수 있는 것도 아니다. 다른 사람의 '내부'로 향하는 필드 워커는 대상이 되는 사람들의 주관에 가까워지는 노력을 하는 과정에서 해당 사회의 학습자로서 타당한 해석을 모색해 가게 된다. 그 결과, 조사자는 필드의 인간관계에 자연스레 말려 들어가 '정보 수집' 이외의 다양한 일에 관계하기 시작한다. '장에 이끌린다'라는 것, 즉 역할이 생성되어 가는 것에 대해서 나는 '목적으로서의 필드워크'라는 발상으로 현장에서의 필드워크에 대한 의미를 생각할 필요가 있음을 주장해 왔다. 필드워크의 과정을 단순한 정보 수집이 아닌 상호작용의 프로세스로 파악한다면, 당연히 그것은 장의 관계성에 따라 규정되며, 만나는 개인이나 집단에 영향을 미치게 된다. 역으로 말하면, 필드워크의 과정을 통해서 조사자 자신도 어떠한 영향을 받게 된다. 필드워크의 과정을 이와 같이 이해한다면, 필드워크를 실시하는 자신도 스스로 관계하는 과정에서 '어떠한 변화가 생기는가'에 대해서 무관심할 수 없게 된다. 이렇게 해서 대상 사회의 변화에 대한 책임의 일단을 담당하는 입장으로서의 인식이 생겨난다.

　필드워크에서 특히 중요한 과제는 개발이나 복지 등과 같이 원래 해당 사회의 개인이나 집단에 어떠한 변화를 일으키는 것을 목적으로 타인이 개입하는 제도적·직업적 지원 현장에서 '현장에서의 의미로 보면, 보다 나은 지원 실천이 되었는가'라는 점이다. 지금까지 나는 이러한 문제의식을 공유하는 연구자나 실무자와 함께 현장을 파악하는 방법과 필드워크 실천의 가능성에 대해 검토해 왔다. 우리가 지원 현장에서의 필드워크의 실천성을 정면으로 다루는 논의를 시작했을 때, 나를 포함한 문화인류학 연구자들 사이에서는 여전히 연구와 실천을 동시에 다루는 접근에 대한 망설임이 있었다.[1] 그러나 지역복지 현장에서 지속적으로 전념해 온 히라노(平野) 등과 논의하는 가운데, 연구는 대상의 이해를 목적으로 하며 실천은 대상의 변화를 목적으로 한다는 이원적인 발상 자체가 대상 사회의 상황 개선을 연구 목적으로 하는 분야에서는 성립되지 않음을 알게 되었다. 그러한 분야에서는 클라이언트인 대상 사회나 과제 개선에 대한 제언이 기대되는 가운데 연구자의 개입적 헌신이 이루어지는 경우가 많다. 그런 의미에서 보면, 지원 현장의 연구도 '대상의 변화를 목적으로 하는' 행위다. 국제 개발과 일본의 지역복지라는 두 영역에 걸친 논의에 참가하는 기회를 통해서, 나는 필자의 지원 현장에서의 필드워크의 실천성과 정면으로 마주할 수 있게 되었다.

그러면 대상 사회의 주관에 동행하면서 그 학습자가 되는 필드워크는 복지나 개발 현장에서 어떠한 액션으로서 의미를 지니며, 관계성 구축이나 사람들의 변화를 위해서 어떠한 가능성을 가지는 것일까. 이것이 검토 과제다.[2] 나는 나와 비슷한 경험을 한 동료들과 여러 지원 현장의 필드워크 사례를 모아서 고찰하고, 장애인 복지나 임상 심리, 지역개발 등의 전문적 영역에서의 필드워크 행위를 일상적인 '관계'에 주목하여 제시하려고 시도했다(小国, 2009b).

사례 고찰을 통해서 우리는 필드 워커가 '함께 한다' '주시하고 귀 기울인다' '관심이 있음을 계속 나타낸다'라는 행동과 관점, 그리고 앞서 언급한 '판단을 보류한 채로 관계한다' 등을 중시함을 알 수 있었다. 이들은 항상 타당한 문제 규정과 대응의 '판단'을 요구하는 지원 현장의 관점에서 보면, 특징적인 관계 방식으로 이해됨을 확인했다. 직업적으로 지원하는 사람이 문제 경감과 제거를 목적으로 한다면, 필드 워커는 단지 그 장에서 문제로 발버둥 치는 사람의 '다음 행위를 지켜보는 것'에 지나지 않는다. 그렇지만 그것이 결과적으로 장에 이끌려, 제도의 사각지대 또는 문제가 일어나기 전의 상태에 관심을 가지게 되는 역할의 획득으로 이어지게 된다(小国・亀井・飯嶋, 2011).

2 행위자 접근

위에서 설명한 것이 지원 현장의 필드워크가 가지는 '그 장에서의 의미'에 관해 현시점에서 내가 가지는 견해다. 하지만 이것은 조사자나 연구자와 같은 특정 직함을 가지는 사람이 실시하는 전문적 행위를 말하는 것은 아니다. 보다 중요한 것은 필드 워커의 존재 의미를 끌어내는 타인이 그 장에 존재하는 것이다. 그러므로 지원 현장에서의 '목적으로서의 필드워크'는 누군가 특정인의 것이 아니다. '장에 이끌린다'라는 시선을 가능한 많은 입장의 사람들과 공유하게 될 때 성립한다. 그렇다면 '그 장에 이끌린다'는 감각을 가능한 많은 사람과 공유할 수 있는 '장치(수단)'가 필요하다. 박·히라노 등이 소개하는 '메타 현장'은 그러한 의도적인 장면 설정으로 이해할 수 있다. 나의 경우는 지원 현장을 액터의 상호작용으로 파악해 가는 접근을 배우는 것을 통해 이러한 발상을 서서히 키워 왔다. 여기에서는 지원-피지원이나 연구자-실무자와 같이 고정된 '명칭'을 상대화하고, 일상적인 상호작용의 가능성을 의식화하기 위한 현상의 파악 방법이나 사고방식으로서의 '행위자 접근'에 대해 설명한다. 이것은 한마디로 스스로의 일상을 상대화하기 위한 사고 장치다.

행위자 접근(actor approach)이라는 것은 사람들의 상호작용을 통해서 사건이 경험적으로 만들어지는 프로세스에 주목하여 사회를 동태적으로 파악하려는 사고방식이나 그 고찰 방법이다. 현재의 사람의 행위나 지향은 과거로부터의 경험을 통해 축적되어 온 지식이나 규범에 의해서 만들어진다. 또한 진행 중인 상호행위를 통해 새로운 지식이나 규범이 만들어진다. 이러한 현재의 상호작용이 이전의 자신, 타인, 세계에 대한 이미지를 유지시키거나, 혹은 변화시킨다. 행위자 접근에서는 현상을 만들어 가는 사람과 사람의 관계(예, 무시와 같은 단절적 관계를 포함한 대립이나 엇갈림)에 주목하고, 지역 내·외에서 사회적으로 위치하여 다양한 일을 통해서 관계하게 되는 개인이나 집단을 사회적 행위자(social actor), 액터라고 부른다. 그리고 액터의 행위를 통해 경험적으로 사건이 만들어지면서, 사회가 가변적으로 계속 구성된다는 입장을 취한다. 행위자 접근의 주요 제창자인 개발사회학자 롱은 액터가 교섭하거나 서로 적응해 가는 과정에서, 가지고 있는 지식에 상호 수정이 더해지면서 변화하거나 새로운 형태가 출현한다고 설명한다(Long & Long, 1992).

롱은 1960년대의 현상학적 사회학이나 상징적 상호작용론을 이론적인 기반으로 사회구조에 대한 개인의 능동성 발현에 주목하는 사회 구성주의(social constructivism)의 입장에서 행위자 접근을 제창하였다. 사건이 액터에 의해서 만들어진다는 생각은 고정적인 사회구조에 대한 종속적인 개인상을 극복하고자 한 것이었다. 이처럼 롱은 개인과 사회의 상호작용적 가변성에 주목하고 있기 때문에, 특히 개발 연구에서 행위자 접근을 논하게 되었다. 즉, 행위자 접근에 의한, 한편에서 외압이라고 일방적으로 비판 받아 온 개발 및 개입이 실제로는 다양한 차원의 액터 사이의 상호작용을 통해서 성립된다고 분석될 수 있다. 그리고 다른 한편에서 인도적으로 정당화되어 아름다운 이미지로 그려지는 성공적인 원조에 대한 이야기도 일부 액터의 의견에 지나지 않으며, 우리 귀에 닿지는 않았지만 일상적으로 일어나는 알력이나 엇갈림 같은 사실로 고찰될 수 있는 것이다.

③ 탈 '조사자', 탈 '○○자'를 지향

여기서 중요한 점은 액터라는 것은 주민, 행정관, 대학 교수와 같은 고정적인 직함을 의미하지 않는다는 것이다. 행위자 접근에서는 액터 개념을 설명하기 위해서 많은 키워드를 이용하여 설명을 시도한다. 이 장은 그러한 탁상 논의에 주안점을 두지 않기 때문에 가장 중요한 키워드 하나만 채택해서 간단히 소개하겠다.

액터 개념을 이해하기 위해서는 능동성의 이해가 중요하다. 롱은 이것을 에이전시(agency)라는 키워드로 설명한다. 롱에 의하면 액터는 '문제를 내포하는 상황을 판단하고, 적절한 반응을 일으킬 수 있는 지식과 능력이 있는 에이전시를 가진 사회적인 존재'다 (Long, 2001: 240). 액터 개념이 가지는 능동성은 사회 구성원으로 살아가는 개인 또는 집단이 스스로의 사회적 행위 속에서 지니는 능력으로, 의도되지 않는 것도 포함한다. 또 외압에 대해서 항상 반사적으로 반응하는 능력이라기보다는, 스스로 해석하고 판단하여 자신과 주위를 제어하려는 여지를 조금이라도 가지는 것으로 이해된다.

사회학에서는 현상학적 시점을 도입한 기든스의 구조화 이론에서 에이전시는 어떤 행위를 '다른 형태로도 행할 수 있는' 능력, 즉 '행위 능력'으로 설명된다(Giddens, 1984: 5-14). 롱은 기든스의 설명을 원용하면서도 사회구성주의적인 견해를 강화하여, 액터의 상호 행위가 사건을 만들어 내고 사회를 성립시킨다는 입장에서 에이전시 개념을 재정의한다. 롱이 정의내린 에이전시는 '경험이나 희망을 재귀(再歸)적으로 해석해서 내부화하는 지식 역량이나 기술을 잘 사용하여 자원에 접근할 수 있는 능력'으로, 자신 혹은 타인의 행동이나 사고에 영향을 주는 행위를 가능하게 하는 능력으로 설명된다(Long, 2001: 16-20, 24, 240).

행위자 접근에서 에이전시 개념은 액터를 특징짓는 열쇠다. 개발 정책에서 빈곤층과 같은 수동적 약자를 한결같이 '피지원자'라는 범주에 집어넣어서 대상화하는 방식에 비판을 던져 온 행위자 접근은, 주민이나 여성들이 발휘하는 능동성을 나타내는 개념으로 에이전시를 이용한다. 예를 들어, 국가의 권력 구조에서 외부에 의해 이루어진 개발 정책이라고 해도 사람들이 스스로 자신의 인식에 비추어 해석하고, 어떤 행위를 선택하거나 어떤 행위를 거부하는 판단을 하는 과정이 관찰된다. 그리고 동일한 개발 정책이 제공된 농촌 주민 사이에서도, 액터에 따라 각자의 생활에서 지니는 의미가 다르다는 지적처럼 복수의 리얼리티가 나타난다.

액터 개념의 능동성을 의식하면서 스스로 그 장의 액터로 존재한다는 생각은 우리 자신의 장에서 커뮤니케이션 방식이나 타인을 이해하고, 나아가서는 자기 자신의 이해 방식을 자각하거나 재검토하는 계기가 되지 않을까. '조사자니까 데이터를 수집한다'라든지, '지원자니까 항상 어떠한 지원 행위를 한다', 혹은 '피지원자는 항상 지원받는 쪽이다' 등으로 묘사될 수 있을 만큼 지원 현장의 일상은 단순하지 않다. 또한, 액터 개념의 의식은 '문제'로 여겨지는 일이 어느 단계에서 누구의 의사결정에 의해서 이루어졌는지, 그것이 '누구의' 문제인지 등에 대해서도 재검토를 촉구하는 사고 장치가 된다.

이상과 같이 나 자신은 행위자 접근을 배워 의식함으로써, 그 장에서 어떠한 상호작용이 발생하고 있는지, 타인의 '현재 행위'가 어떠한 경험 축적의 연장선상에서 이루어졌는지 등 타인의 개인적인 역사에 대한 관찰력과 공감력을 훈련해 왔다. 이것은 '필드워커'나 '지원자'로서 자기 자신이 일상적인 각 장면마다 어떻게 관계하게 되는지를 각각의 장에서 파악해 가는 훈련이기도 했다.

④ 행위 주체로서의 조사실천 과제

그렇지만 행위자 접근은 상기와 같은 분석을 실시하는 조사자를 액터로서 어떻게 다루면 되는지에 대해서는 그다지 명확하게 제시하지 못하고 있다. 롱은 조사자가 액터의 한 사람으로 상호작용적 관계 속에서 조사를 한다고 설명한다. 그러나 롱의 사례 고찰에서도 행위자 접근을 이용해 조사 자체의 사회적 의미를 검토하는 구체적인 방법은 분명하지 않다. 액터 분석을 실시할 때 조사자가 어떻게 자신을 포함시켜 분석하고 묘사할 수 있는가. 이에 대해서는 조사자가 스스로 극복해야 할 과제다. 대상을 변화시키는 요인이 되는 조사자를 어떠한 위치에 둘 것인가는 '질문을 던지는 타인'으로 필드에 존재하는 조사자의 공통된 과제로, 앞으로 연구 사례의 축적이 요구되는 부분이다.

이 점에서 제10장에서 소개되는 히라노·박(平野·朴) 등에 의한 '메타 현장' 개념은 조사/연구자가 스스로를 의도적으로 액터로서 위치시키는 실천적인 장치로서 매우 흥미롭다. 또한 이것은 히라노가 지적한 것처럼, 스스로의 책무 수행에 쫓기는 지원 현장의 워커나 당사자에게 제도적 지원에 의해 부가되는 '지원자-피지원자'의 고착화된 '명칭'으로 자신을 일상적 관계성에 넣지 않고, 자기를 상대화하여 마주할 수 있는 기회를 제공하는 것이기도 하다.

행위자 접근에서는, 액터가 각자의 생활의 축적을 통해 구축해 온 인식적 세계의 차이로 인해 액터 간에 단절이 발생할 수 있다고 지적되어 왔다. 이에 대해서 나는 그러한 인식적 단절을 액터 사이에서 의식화, 공유화하는 의도적인 기회를 설정함으로써, 오히려 그러한 상호 간 인식적 단절의 상황이 그 후의 보다 유연한 액터 사이의 상호작용을 검토하는 계기가 될 수 있다고 본다. 히라노 등이 말하는 '메타 현장'은 제도적 지원 구조 안에서 조사 연구자를 포함한 다양한 관계자가 자기를 상대화하면서 한편으로는 협동을 지향하는 장치로, 그 가능성이 기대된다.

⑤ '장에 이끌려, 장과 함께하는' 기법을 일상에서 배운다

나는 다른 글에서 지원 현장에서의 필드워크의 성과란, "다양한 리얼리티의 기반이 되고 있는 관계자 각자의 '올바르다'는 인식을 흔들고, 다수의 관계성에서 가장 타당한 정당성이 액터 사이에 공유되는 것"이라고 지적했다(小国, 2011b: 149). 그러나 각자의 역할을 하면서 만나게 되는 지원 현장에서, 각자가 전제로 하는 '올바름'의 차이를 어떻게 인식하면서 계획 실시의 과정을 창조적인 프로세스로 전환해 갈 수 있을까. 지금까지 논의한 필드 워커의 '장에 이끌려, 장과 함께하는' 자세와 관점의 실천적 의의는, 그 장의 타인과 공유하며 각자 자기 상대화로 의식의 환기가 이루어지면 그것이 보다 유연한 상호작용의 움직임으로 이어지는 것이라고 볼 수 있다. '장에 이끌린다'는 것은 자신이 '조사자'이든 아니든 간에 일상적으로 직면하는 각각의 장에 대한 관찰력을 길러서 자신을 눈앞의 사건과 연결시켜 가는(또는 적절한 거리를 측정해 가는) 기술이다. 이러한 자세를 토대로 형성된 관계는 지원 현장에서 항상 일방적으로 '지원하는 사람'과 '지원받는 사람'이 있다는 습관적 관념에서 우리를 해방시킨다. 지원 현장의 필드워크는 지원 현장이 상호작용적인 것임을 인식하고, 일상적으로 서로가 보충하거나 도움을 받으면서 제도적인 지원 실천의 유연성을 높이는 데 긴요한 한 가지 기술일 수 있다.

한편, 전문적 조사 기술을 가진 사람이 혼자서 필드워크를 할 때, 단지 항상 함께하는 것만이 중요한 것은 아니다. 오히려 그러한 전문 지식의 제공을 통해 관계 방식을 수정하며, 스스로 각 장에서 어떠한 역할을 담당할 수 있을지, 어떻게 도움 받을 수 있을지를 정해 가는 장이 될 필요가 있다. 사회학자인 미야우치는 시민 스스로가 조사하는 기술을 몸에 익힐 필요성에 대해 알기 쉽게 설명한다(宮内, 2004). 지원 현장에서 요구되는 것은 지원자의 고도의 전문지식을 그대로 제도적인 지원-피지원 관계의 현장에 제공한다는 도식이 아니다. 당사자를 포함해 관계자들 스스로가 그 장을 형성하는 액터로 인식하면서, 탈조사자, 탈피지원자를 지향하는 장면을 설정하고 일상적인 만남 속에서 각각에 알맞은 관계 방식을 배워 나가는 것이 지원 현장에서 요구된다고 할 수 있다.

원서후주

1 그러나 2011년 3월 11일 동일본 대지진 이후, 연구의 실천적 가능성에 대한 논의
는 인류학회에서도 급속히 고양되고 있다. 2011년 6월에 호세대학(法政大学)에서
개최된 일본 문화인류학회 연구대회에서는 '지진 이후, 인류학자가 할 수 있는 것
은 무엇인가'라는 집회가 기획되었다. 또한 이 대회에서 실시된 '지원의 필드워크'
기획세션(대표: 龜井伸孝)에서는 폭넓은 세대의 인류학자가 참가하여 적극적인
논의가 전개되었다.

2 일본복지대학「아시아 복지사회 개발 연구센터」설립 심포지엄(2009. 03)의 워크
숍으로 시작된 논의다. 성과의 일부는 小国・龜井・飯嶋 (2011)의 편집으로 출판
되었다.

참고문헌

小国和子 (2006). 「農村生活への働きかけ」佐藤寛編『テキスト社会開発』日
本評論社.

小国和子 (2007). 「農村開発フィールドワークと開発援助」水野正已編『開発
と農村−農村開発論再考−』アジア経済研究所.

小国和子 (2009a). 「アクター分析」, 「エージェンシー」日本文化人類学会編
『文化人類学事典』丸善.

小国和子 (2009b). 「研究成果の還元という発想を超えた先になにがあるのか
−'場づくり'にかかわるフィールドワーク」『アジア福祉社会開発研究セ
ンター ニュースレター Vol.1』2009. 9. 日本福祉大学.

小国和子 (2011a). 「開発現象のフィールドワーク」日本文化人類学会監修, 鏡
味治也・関根康正・橋本和也・森山工編 『フィールドワーカーズ・ハン
ドブック』世界思想社, pp. 223−243.

小国和子 (2011b). 「開発援助実践のフィールドワーク」佐藤寛・藤掛洋子編

『開発援助と人類学』明石書店, pp. 128-153.

小国和子・亀井伸孝・飯嶋秀治編 (2011).『支援のフィールドワーク』世界
　　思想.

ギデンズ, アンソニー (2000).『社会学の新しい方法規準(第二版): 理解社会学
　　の共感的批判』而立書房.

京都大学大学院アジア・アフリカ地域研究研究科, 京都大学東南アジア研究所
　　編集 (본문중의 인용에서는「京大」로 명시) (2006).『京大式フィールド
　　ワーク入門』NTT出版.

佐藤郁哉 (2003).『フィールドワークの技法: 問いを育てる, 仮説をきたえる』
　　新曜社.

シュッツ, アルフレッド (1995).『現象学的社会学』紀伊国屋書店.

田中雅一・松田素二 (2006).『ミクロ人類学の実践―エイジェンシー/ネット
　　ワーク/身体』世界思想社.

野田直人 (2000).『開発フィールドワーカー』築地書館.

ヒッキィ, サミュエル他 (2008).『変容する参加型開発'専制'を超えて』明石
　　書店.

宮内泰介 (2004).『自分で調べる技術―市民のための調査入門』岩波書店.

Giddens, A. (1984). *The Constitution of Society.* Berkley and Los Angeles:
　　University of California Press.

Long, N. (2001). *Development Sociology: Actor Perspectives.* London and
　　New York: Routledge.

Long, N., & Ann, L. (Eds.) (1992). *Battlefields of Knowledge: The Interlocking
　　of Theory and Practice in Social Research and Development.* London
　　and New York: Routledge.

메타 현장

제10장
메타 현장

메타 현장(meta field)이란 연구와 실천의 협동 공간을 말한다. 액션리서치의 수행에서 필요한 이 같은 메타 현장의 개념은 복지사회 개발의 접근이 현장 연구들에서 발전시킨 핵심 방법론 중 하나다.

복지사회 개발의 연구에서는 연구자가 실천 현장에 개입하는 것을 중요시하지만, 한편으로는 현장에 매몰되지 않아야 함을 강조한다. 액션리서치 방법론에서 핵심적 특징이자 딜레마이기도 하는 이러한 현장의 개념을 복지사회 개발에서는 새롭게 정의할 필요가 있었다. 그 결과로 도출된 것이 메타 현장의 방법이다.

여기서는 일본 지역복지 연구의 주요 현장인 다카하마(高浜)시의 '계획 공간', 고치(高知)현의 '연구회 사업', 쿠시로(釧路)시의 '보편화 사업'이라는 세 가지 사례를 분석해서 '메타 현장'의 개념이 형성된 과정을 제시해 본다.•

역자주

• 이 장은 〈朴兪美·平野隆之·穂坂光彦 (2013), "方法としての「メタ現場」: 研究と実践の協同" 穂坂光彦·平野隆之·朴兪美·吉村輝彦編 (2013) 『福祉社会の開発: 場の形成と支援ワーク』 ミネルヴァ書房〉을 번안한 것이다.

① 복지사회 개발과 메타 현장

메타 현장이란 연구자와 실천자의 교류 공간이다. 대상 지역의 사회 변화를 추상적으로 사상(寫像, mapping)하는 '장(場)'을 통해 실천자도 연구자도 각각 자신을 '이화(異化)' 효과의 대상으로 삼는 자기 상대화의 과정을 거쳐 장에 '동화(同化)'한다.* 즉, 그 장에서 내재적·맥락적·공감적으로 서로 이해하는 한 사람의 행위자가 된다. 연구자는 이 상호작용의 장에 자신의 연구 틀이나 관찰 결과를 제시하고, 그 반응을 통해 연구의 틀을 변경하고 관찰을 수정한다. 실천자는 일상적인 생활의 현실을 되돌아보고 부감(俯瞰, 높은 곳에서 내려다 봄)적으로 관찰하여, 장에 자신의 통찰을 환원한다. 의식적으로 현장과 일정한 거리를 유지하는 가상적 공간의 구성을 통해 실천자와 연구자는 상호이해하에 서로 협동하는 장을 갖추는데, 이 공간을 메타 현장이라고 정의한다.

지역복지 혹은 사회개발 분야 어디에든 지역사회 현장에 몸을 두려는 연구자는 항상 딜레마에 노출된다. 특히 진행 중인 실천 현장을 분석하는 액션리서치를 지향하는 연구자는 끊임없이 망설임과 주저함을 경험한다. 이것은 연구 윤리의 문제임과 동시에 보다 올바른 인식을 위한 방법론의 문제이기도 하다.

단순화해서 말하자면, 지역의 실천 현장에 관계하는 연구자의 입장은 크게 두 가지로 나타난다. 하나는 현장으로부터의 요청에

역자주
* 독일 극작가 브레히트(Bertolt Brecht)의 말이다. 이 개념들은 이 장의 뒷부분에서 구체적으로 설명된다.

응해서 실천의 한 변수가 되어 완전히 개입하는 것이다. 연구자의 사회적 공헌이라고도 할 수 있는 방식이지만, 외부자인 연구자가 어디까지 책임을 질 수 있는가라는 점에서는 한계가 있다. 또 한 가지 입장은 연구자가 연구의 실증이나 실험의 장으로 현장을 선택하는 것이다. 연구 그 자체의 미션에 충실하려는 방식이라 할 수 있는데, 현장의 당사자를 일방적으로 대상화하게 된다. 결국 이 두 입장은 자주 윤리적 비판에 노출된다. '책임감을 가지고 현장에 관계하는 것이 아니기 때문에 매우 평범한 논의에 그치는 것'[1]으로 될 수 있으며, '해 놓고 달아나기, 써 놓고 도망가기 같은 형태로 당사자의 세계 및 현장을 재단하고 만다.'[2]라는 비판도 있다.

　인식 방법으로서도 실천 현장과 연구 현장을 뚜렷이 양분하는 것이 반드시 올바른 관찰 방법이라고는 할 수 없다. 이해관계로 가득 찬 현장에 어떠한 형태로든 관여할 때, 현장을 비대칭적으로 대상화하는 것은 어딘가 기만적이다. 어느 현장에 대해 연구자의 인식이 깊어질 수 있다는 것은, 외부자로서 투명인간같이 관찰만 해서 되는 것이 아니라, 현장 사람들과의 상호작용, 즉 같은 장에서 함께 무엇인가를 하는 협동적 실천 관계를 전제로 할 필요가 크다(杉万, 2006).

　여기에서는 다카하마, 고치, 쿠시로 현장에서의 실천 연구를 통해 연구자의 위치가 어떻게 단계적으로 진화해 왔는지를 방법론적인 의미에서 검토한다. '메타 현장'의 형성에 대해 실천자와 연구자가 합의하고, 그 장의 논의에 연구자가 관여하면서 관찰하는 방법에 관한 것이다. 여기에서 연구자는 자기 자신을 상대화하여 자신의 변화도 관찰 대상으로 한다. 연구자의 관찰은 메타 현장을

통한 자신의 변화와 그 상대적 관계에 근거해서 이루어진다. 상호
작용 가운데서 배우고, 스스로 변화하는 것이야말로 장의 주체(액
터)가 되는 것이라는 내용이 핵심이다. 그것은 연구자가 '사회적
책임'과 '객관적 관찰'이라는 딜레마로 양분되는 것에서 탈피하여,
실천 현장과의 관계를 연구방법론적으로 형성한다는 점에서 액션
리서치의 중요한 기제가 된다.

1) 복지사회 개발의 주체와 장

복지사회의 개발이란, 개개인이 공동적인 생활 능력을 개화(開
花, anthesis)시켜 시장이나 정부를 이용해 변용하면서, 자타의 복
지를 향상시키는 그러한 행위주체(agent)가 형성되는 지역사회의
의식적·정책적인 형성을 의미한다. 여기서 주목할 것은 '주체가
형성된다'는 부분이다. 이것은 앞서 1장에서 말한 것처럼 세 가지
차원의 과제로 집약된다.

첫째, 매크로 차원의 과제로 사람들이 자유롭게 삶의 방식을 선
택하는 에이전트로서 사회에 존재할 수 있도록, 그것을 저해하는
사회적 억압과 배제를 제거하는 지원적 정책 환경의 정비. 둘째,
마이크로 차원의 지원 현장에서는 워커가 클라이언트와 상호작용
하면서, 일방적으로 서비스를 제공하는 '대상화'가 아니라, 관계의
변화를 통해 상대를 임파워함과 동시에 자신도 임파워되는 상호
관계의 구축이 과제가 된다.

셋째는 앞의 두 가지 차원에 대한 중간적인 메조 영역으로서 '지
역'의 과제다. 일본과 같이 고도로 제도화된 사회의 사람들은 제도

적 규정으로 인해 자기 소외를 경험한다. 기준에 따라 판별하는 제도의 안경은 '고령자'나 '장애인'을 대상화하여 그들의 다양한 정체성(identity)을 무의식적으로 무시해 버리기 일쑤다. 그러나 지역 내에서는 단일화된 아이덴티티가 발현되어 그 속에서 다양한 관계를 통해 개개인의 다양한 모습이 재발견될 수 있다. 그 이유는, 지역에서는 누구나 생활당사자이기 때문이다. 문제는 이러한 메조 차원의 복지사회 개발을 연구하기 위해 외부에서 해당 지역으로 들어가는 '비생활당사자'인 연구자의 주체성이다. 일부에서는 비당사자인 외부인이 지역의 당사자들에게 이것저것 참견해서는 안 된다는 윤리적 자제의 입장을 강조한다. 한편 일방적인 취재를 통해 객체화된 데이터만을 가지고 돌아가야 한다는 탈윤리적인 객관주의의 입장도 있다. 그러나 인식론의 관점에서 보자면, 이러한 방식의 관찰로는 지역의 주체에 대한 실상에 접근하는 '지역 당사자'가 될 수 없다는 한계가 분명하다(吉村, 2010). 생활자든 연구자든 '주체'란 타인과 만나 자신을 변화시킬 수 있어야만 주체가 될 수 있는 것이다.

그렇다면 이러한 딜레마를 극복하기 위해 어떤 장치들이 필요하게 된다. 그 하나가 지역복지 분야에서 박·히라노가 제기한 '메타 현장'의 기제다(朴·平野, 2010b). 뒤에서 설명하겠지만, 이 메타 현장의 대표적인 사례가 '연구회'라는 것이다. 연구회의 장은 외부의 연구자와 현지 실천자가 함께 조직한다. 연구회에 참가하는 현지 실천자는 각자가 실제의 현장을 가지고 있다는 의미에서 지역 당사자이지만, 그 생활이나 업무의 현장을 그대로 연구자에게 드러내지는 않는다. 실천자 각자가 선택적으로 우선순위 등을 고려하여 연구회에 과제를 제시한다. 연구자도 자신의 관심, 분석 틀, 방법론 등을 연구회에다 제시한다. 중요한 것은 이러한 커뮤니케이션의 장이 되는 연구회가 각각의 과제를 단편적으로 파악하기 위해 의식적으로 구성된 '가상적 구조'의 장이라는 점을 참가자 상호 간에 이해해야 한다는 것이다.

연구자에 의한 이러한 장치는 지원적 실천에 보다 더 가까운 장에서 형성되기도 한다. 그 한 예로 캄보디아의 농촌 개발지원에 관여한 오구니(小国)의 경험을 들 수 있다. 원조자로 지역에 관계하기 시작한 오구니는 농촌 여성들을 대상으로 식품 가공에 관한 연수를 실시하였다. 이 연수는 농촌 여성들의 욕구를 환원(인과)주의적으로 분석해서 기획된 것은 아니다. 연수 프로그램은 연수 자체의 목적을 위한다기보다 여성들이 모여 생활 속에서 느낀 것들을 토로할 수 있는 일종의 장의 설정이었다.

개발인류학자인 오구니는 할 수만 있다면 마을에 들어가 살면서 참여 관찰을 하고자 하였다. 그러나 이미 정해진 사업의 실시가 중시되는 상황에서 그것은 곤란한 것이었다. 그래서 사업 실시와 관찰을 동시에 하기 위한 고육지책으로 체험 공유를 통해서 생활을 총체적으로 이해할 수 있도록 연수를 마련하였다. 연수의 장은 '필드워크를 흉내 낸 인위적인 장의 설정'을 통한 연수 사업으로, 미리 예상되는 부분만이 아닌 '관계 구축과 상호이해를 목적화한 장의 확보'를 위한 것이었다(小国, 2011). 이것은 매우 교묘하게 참가자 상호 간에 필드워크하는 가상적인 공간 구조를 만든 것이 된다. 이러한 시도는 목표 달성형의 사업 계획상에서, 또한 가설 검증형의 객관주의적 연구에서도 이제껏 없었던 것이다.

이러한 메타 현장의 기제는 실천 현장 내부에서도 유사한 형태가 이미 작용하고 있다. 의료나 개호 현장에서 여러 영역의 전문가가 당사자와 함께 증상을 검토하는 컨퍼런스를 실시하는 일이 있다. 이것도 메타 현장의 요소를 가지고 있다. 컨퍼런스는 의사가 개별적으로 진단하고 처방전을 쓰는 장이 아니다. 우선, 관계하는 다양한 액터가 논의의 장에 각자의 다양한 관점을 제기한다. 환자·이용자·상담자의 '현실'은 상호 간의 논의 중에 '형성'된다. 이것은 지역복지나 개발지원의 실천 현장에서도 가능하지만, 구체적인 방법으로는 제시되지 않았다.

어떤 사례가 제3자에게 전해질 때는, 단순한 에피소드나 주관적인 자랑처럼 되는 경우가 많다. 따라서 타인과의 논의가 진행될 수 있는 형태로 사례를 제기하여 의식적인 비교가 가능한 장을 설정해야 할 필요가 있다. 지원자와 피지원자라는 단순한 양자 관계 속에서 지역을 인식하는 것이 아니라, 상호주체적(inter-subjective)으로 즉, 주체적으로 의사 표명을 하면서 상대의 의견을 받아들여, 함께 생각하고 함께 만들어 가는 그러한 프로세스를 지역의 컨퍼런스를 통해 실천할 수 있는 것이다. 그것은 때로 '주민 워크숍' 등의 형태로 나타날 수도 있지만, 단지 퍼실리테이터(facilitator)와 참가자(participant)라는 양자 관계가 아니라, 지역주민 컨퍼런스 등과 같이 이를 넘어서는 형태가 될 필요가 있다.

2) 자기 상대화와 매개 프로세스를 통한 인식

지역당사자는 메타 현장에서 일종의 이화(異化) 작용을 경험하면서, 지금까지 자신이 느꼈던 생활 감각을 새롭게 조명하고 되돌아 볼 수 있다. 그런 과정 속에서 연구자는 장의 반응을 통해 배우게 되고, 문제 설정이나 가설의 틀을 수정해 간다. 즉 연구자는 자신을 상대화(相對化)함으로써 변화할 수 있는 것이다. 메타 현장이라는 가상적 구조의 장에서, 연구자는 실천자와 대등한 행위 주체(액터)가 된다. 그리고 연구자는 자신의 행위 및 그 변화를 객관화하여, 대상 지역의 변화를 역동적으로 인식할 수 있다.

그것은 마치 '어부는 자신의 배에 밀어닥쳐 오는 물결의 높이로 배가 가라앉을지를 안다'라는 것처럼(中村, 2000: 5), 당사자이기 때문에 사용가능한 인식 방법이다. 복지사회 개발의 본질은 '자유로운 당사자 주체가 지원 정책하에서 상호작용을 통해 질적으로 새로운 관계를 만들어 문제의 구조를 전환해 가는 변화 과정'에 있다. 그렇지만 그 프로세스에서 '자신의 연구/조사 주체의 변용도 연구 틀의 일부가 되는 그러한 탐구 방법을 지향'할 때 비로소 메타 현장은 구체적인 단서를 제공한다(穗坂, 2005: 151).

지역 외부에서 오는 '전문가' '외부인' '연구자'는 보통 '비당사자'로 생각되기 쉽다. 그러나 그들은 실제로 중요한 '당사자성'을 가진다. 그것은 이들이 경험이나 지식, 견문의 '매개자'로 관계하면서, 지역의 변화를 추진함과 동시에 스스로도 변화해 가는 존재이기 때문이다. 외부 연구자와 주민 간에 이루어지는 정보교환이나 지식, 경험의 전달이 일방적인 것은 아니다. 이것은 어떤 종류의 교류 공간을 통해 이루어지기 때문에, 밖의 새로운 경험을 받아들여서 지역 내부에서의 통찰이나 자원의 발견이라는 인식과 결합되어 나타나는 것이다. 그런 교류의 장은 역시 메타 현장의 성

격을 가진다. 이러한 메타 현장을 통해 지역 사람들은 여러 지역
들의 다양한 경험과 비교하면서, 스스로의 경험과 가능성을 재인
식하게 된다.

이와 같은 '재인식을 통한 경험 전달'이 가능한 이유는 무엇인
가. 그것은 경험을 귀납적으로 모델화하거나, 또는 연역적으로 적용
하는 그러한 방식을 통해서는 가능하지 않다. 어브덕션(abduction,
귀추법)이나 메타포(metaphor, 은유)의 힘을 통해, 다른 것과의 공
통성에 대한 공감을 가지고 감득(感得, 느껴서 앎)함으로써 이루어
진다.[*] 이러한 어브덕션이 전제하는 것은 활발한 상호작용, 또는
외부와의 만남에 의해서 활발한 상호작용이 촉진될 수 있는 상태
다. 각자의 다양하고 유동적인 생활에 대한 인식을 위해서는, 비
록 직감적인 수준에 지나지 않더라도, 메타 현장에서와 같은 활발
한 상호작용을 요구하는 것이다.

원래 연구의 장에서는 직감을 뛰어넘는 통찰이 요구된다. 경험
전달에 필요한 지적 통찰이란, 어떤 복지/개발 사상이 지역의 어
떤 사회·제도적 특징이나 역사적 배경으로부터 만들어졌는지,
그에 따라 어떤 관점에서 다른 지역과 비교할 수 있는지와 같은 판
단이다. 복지사회 개발의 연구들이 각지의 실천 사례를 가져와서
비교하고, 그 논의를 다시 현장에 가지고 돌아가거나, 다시 현장의
실천자와 검토하는 것을 거듭하는 것은 단순히 관찰 결과의 보고

역자주

* 귀추법은 추론 방법 중의 하나로 '최선의 설명에로의 추론'을 의미하고, 메타포
란 '사물이나 현상을 암시적으로 나타내는' 수사법을 말한다. 귀추법에 대해서
는 이 책 〈3장〉에서 추가적으로 설명한다.

에 필요한 자료 축적 때문만이 아니다. 그보다는 각기 다른 현장에 관여하는 참여자들을 '메타 현장'의 분석 틀에서 공동으로 구성하는 목적에 일차적 의미를 둔다.

3) '메타 현장' 개념의 모색

액션리서치의 장치로서 메타 현장은 구체적으로 어떻게 기능하는가. 이를 지역복지의 세 가지 사례를 소재로 분석해 본다. 이들 사례는 단계적으로 제시되는데, 메타 현장의 개념이 모색되는 과정을 나타내는 것이기도 하다.

첫 번째 사례: 다카하마(高浜)市 – 지역복지계획의 실천 연구 메타 현장 개념화의 초기 단계에 해당된다. 연구 기간은 2001년 4월부터 2003년 3월까지다. 연구 성과는 이미 다양한 내용으로 발표되었지만, 지역복지계획에 관한 것으로 연구방법을 다루는 내용은 아니었다. 이 사례에서는 '연구와 실천의 협동 공간'을 위해 '계획 공간'이라는 개념화가 시도된다.

두 번째 사례: 고치현 – 공공행정과 대학의 공동 사업 사회복지협의회 사무국장이 참가하는 연구회 사업을 일종의 필드워크로 보았다. 연구회의 장을 통해 현장이 필요로 하는 지역복지의 사정(assessment) 방법을 제시하려고 시도한다. 박·히라노(2010b)의 연구 논문에서 메타 현장에 대한 개념이 처음으로 제기된다.

세 번째 사례: 홋카이도 쿠시로시 – NPO와 협동 공간 지역복지만이 아닌 복지사회 개발의 방법으로 시야를 넓혀, 복지 영역에 그

치지 않는 '지역 만들기' 실천 현장과의 협동 공간 형성을 지향한다. 앞서 두 현장과 다른 점은 실천 현장의 중심 액터인 NPO 자체가 대학의 연구팀과 같은 양식으로 메타 현장의 모색을 지향하고 있는 점이다.

이들 세 가지 사례는 시간적인 축적을 거쳐 점차 '방법으로서의 메타 현장' 개념을 확정해 온 과정을 나타낸다. 다카하마시의 사례는 메타 현장의 의미가 구성되었던 출발점이며, 고치현의 사례를 통해서 그 개념이 구체적으로 형성되었고, 쿠시로의 사례에서는 개념의 확장이 이루어졌다.

② 다카하마(高浜)시의 지역복지계획

다카하마시의 사례는 일본복지대학의 히라노(平野隆之) 교수가 액션리서치 접근의 연구자 입장으로 참여했던 기록이다. 일본의 지역복지 연구에서는 '지역복지계획'을 수립하는 과정 자체가 하나의 현장이 되는 것을 밝혀냈다. 여기서는 참여적 액션리서치에서 항상 중요한 관심사가 되는 '현장에서의 연구자 역할'을 메타 현장의 개념으로 풀어낸다.

1) 계획 수립의 현장과 연구자 역할

히라노 교수는 자신의 지역복지 필드워크에서 가장 많은 시간을 지역복지계획 수립의 현장에 할애해 왔다. 여기에는 두 가지 현장이 있었다. 하나는 오사카 히라카타(平潟)시 사회복지협의회의 1차 지역복지계획(1980년대)에서 2차(1990년대)에 이르는 부분이다. 또 하나는 2000년 일본「사회복지법」개정에 따라 공공행정의 계획으로 법정화된 지역복지계획에 관한 것으로, 정부의 모델 사업이기도 했던 다카하마시의 지역복지계획이 중심 필드였다. 이들 두 지역복지계획의 현장은 수립 주체가 '사회복지협의회' 혹은 '행정'으로 다르며, 시대적인 맥락에서도 차이가 난다. 따라서 두 필드에 참여했던 연구자로서의 자신의 역할 또한 크게 달랐다고 본다.

1980년대에 히라카타시 사회복지협의회는 전국적으로도 선진적인 커뮤니티 워크(당사자 조직화와 그것을 축으로 한 전문 기관의 네트워크화)를 전개하였고, 히라카타시 행정에 대한 중요한 사회행동으로 지역복지계획이 수립되었다. 그러므로 공공행정에 대해 사회행동을 추진하기 위한 이론적인 근거나 실태분석적인 정리가 연구자에게 기대되었다(平野, 1993). '커뮤니티 워크의 실천으로서의 계획'을 중심으로 의식한 연구자는 사회복지협의회의 커뮤니티 워크의 전개를 지원하는 측에 서게 되어, 사회복지협의회에 대해서 지도적인 역할을 연출하며 주민이나 시 행정을 대상화해 버리게 된다.

한편, 2000년대의 다카하마시 지역복지계획(제1차)은 주민참여를 조건으로 하는 중앙정부(전국사회복지협의회)의 계획수립 방향성을 검증하기 위한 모델 계획이었다. 이 계획 수립에 관여하게 된 히라노는 계획 수립의 장은 주민참여의 장인 동시에 시 행정이 지역복지를 배워 그 추진 주체가 되어 가는 '행정 참여'의 장이라고 생각하였다. 그에 따라 히라노(2002)는 주민과 함께 행정도 참여하는 장을 통해, 지역복지계획이 정부의 지침에 따른 계획이 아니라, 자유로운 '편집'이 이루어지는 계획이 되어야 함을 분석하였다.

다카하마시의 계획 수립 프로세스에서는 다양한 작업 그룹(WG)이 설치되었고, 각 WG의 대표는 계획수립위원회의 위원이 되었다. 계획수립위원회가 '인터 그룹(inter-group)'으로 기능하도록 설계되었던 것이다. 그 결과, 위원회와 각 WG 사이에 피드백 작업이 이루어지면서, '편집' 작업이 진행되었다. 먼저, 그 작업을 촉진한 것은 대학원생을 중심으로 하는 보조연구자들에 의한 피드백 작업의 지원이 있었다. 또한 계획에 포함시켜야 할 프로그램의 타당성이나 가능성을 검증하기 위해 WG가 시행한 각종 '실험 사업'도 있었다. WG에 의한 실험 결과를 보조연구자들이 정리하여 수립위원회에 반영되도록 하는 구체적인 형태의 작업이 이루어졌는데, 이 경우 연구자들도 실험 공간의 참여자가 되었던 것이다.

2) '계획 공간'의 개념

다카하마시의 사례에서 히라노는 지역복지의 추진이 주민참여에 그치는 것이 아니라, 공공행정의 참여나 연구자 참여도 중요함을 인식하게 된다. 그에 따라 지역복지계획 수립이라는 필드의 개념과 틀도 변화해서 인식하게 된다(히라노, 2006). 특히 다카하마시 사례에서의 '계획 공간'이라는 개념 제시는 방법론으로서의 '메

타 현장'으로 연결된다.

계획 공간은 ① 계획수립위원회나 그 아래에 만들어지는 작업 그룹 또는 각종 주민 간담회 등의 참여의 장을 이루는 '공간', ② 계획적 해결을 필요로 하는 문제에 관한 실천과 과제에 관한 '정보', ③ 정보를 제공하는 사람을 포함한 다양한 사람들(시장, 공무원, 전문직이나 주민 대표, 복지 당사자 등)의 참여에 의한 '협의', ④ 정보를 처리하고 협의를 거쳐 합의되는 '계획(서)', ⑤ 계획 공간의 운영을 담당하는 '매니지먼트(체제)'라는 다섯 가지 요소로 이루어진다.

계획 공간이라는 개념은 ① 계획 수립의 장도 하나의 '현실 세계'라는 것, ② 거기에 연구자가 참가하게 되면 그 현실 세계의 구성원(액터)으로 연구자 또한 '실천 주체'가 된다는 것, ③ 그 현장을 다시 연구 필드로 파악한다면 연구자 자신도 '연구의 대상'이 된다는 것을 나타낸다. 바꾸어 말하면, 계획 공간은 실천의 현장이면서 동시에 연구 필드로서의 성격을 지닌 것으로, 현장과 연구가 중복되는 새로운 협동 공간의 형성을 파악하는 틀이 되는 것이다.

실제로 계획(의 실천) 공간이라는 현장이 동시에 연구 필드가 되기 위해서는, 위에서 설명한 것처럼 몇 가지 조건이 필요하다. 먼저, 다카하마시에서는 대학원생을 중심으로 하는 연구보조사들에 의해 계획수립의 실천 현장에 대한 관찰 및 프로세스 기록이 충실히 이루어졌다. 그것은 관여하는 연구자가 '혼자서 하는' 필드워크와는 다른 방식의 연구 환경이 생성되었음을 의미한다. 둘째, 공공행정 참가의 효과로서 '실험 사업'이라는 구조의 도입이다. 실험 사업의 결과를 주시하면서 계획으로의 채택 여부를 판단하는 프로세스가 형성되었던 것이다. 이 두 가지는 고치현이나 쿠시로시에서 메타 현장의 개념에 대한 추진에도 큰 동기와 영향을 주었다.

그러나 계획수립의 실천 현장은 그 목적이 계획(서)의 작성에 집약되므로, 수립 현장이 그 후 계획 진행에 대한 관리의 장으로 이어지지 못하는 경우에 현장 기능이 중단되어 버리는 약점이 있다. 다음 절에서 다루는 고치현에서의 메타 현장의 시도는 계획 공간이 가지는 이러한 약점을 극복하는 것으로, 일종의 '현장 만들기'에 관한 필드워크가 된다.

③ 고치현의 연구회 사업

1) 연구회 사업의 경위

'메타 현장'이라는 개념은 고치현에서 2008년부터 2년간에 걸쳐 전개된 「사회복지협의회 스텝업(step-up) 연구회 사업」의 과정을 통해 형성되었다. 고치현에 속한 모든 기초지자체(시 · 정 · 촌)는 중산간 지역이라고 불리는 조건 불리 지역, 즉 각종 사회적 자원의 확보가 어려운 지역을 상당수 포함한다.[•] 그러한 중산간 지역에서는 민간 개호보험 사업자의 부족 등 복지 자원의 확보가 용이하지 않기 때문에 사회복지협의회가 지역의 중요한 복지 자원

역자주

• 일본에서 중산간(中山間) 지역이란 도시나 평지가 아닌 산중 농촌 마을을 의미한다. 이 책 〈4장〉을 참고한다.

이 된다. 고치현에서는 그러한 사회복지협의회의 사업 대부분도 공공행정의 재원 보조를 전제로 운영되는 상황이었다. 이러한 상황 속에서 고치현 행정은 사회복지협의회 자체의 역량 강화가 필요함을 인식하고, 대학의 연구자에게 사회복지협의회의 연수를 의뢰하였다. 의뢰를 받은 연구자는 연수자를 수동적인 존재로 하는 통상적 연수회와는 다른 방식을 적용하고자 '연구회(研究会)' 형태의 연수를 제안하였다. 연구회 방식은 참여자가 연구자와 함께 공동 연구를 실시하는 입장이 되는 것으로, 양측의 주체성이 모두 발휘되기 쉽도록 한 장치였다. 참여 의사를 표명한 고치현 내 여덟 곳의 사회복지협의회 사무국장이 모여 연구회 사업이 시작되었다.

처음 연구회 사업은 사회복지협의회 사무국을 리드하는 사무국장의 역량 강화에 초점을 맞추고 있었기 때문에, 연구회 사업의 장은 '사무국장들의 연구회'였다. 그러나 2년간의 프로세스를 통해서, 연구회 사업은 ① 필드워크의 장, ② 지원 회의, ③ 현지 연구회 등의 새로운 장을 개척해 갔다. 그러한 전개에 따라, 사무국장의 변화를 목표로 하던 연구회 사업은 각 장의 액터로 등장하는 참여자들(고치현의 복지보건소 지역지원실 직원, 사회복지협의회의 중간 관리자, 시정촌 행정의 복지 담당자 등)을 변화의 주체로 끌어들여 갔다. 이처럼 현 행정이 연구자에게 의뢰함으로써 시작된 연구회 사업은 처음의 구상과는 상당히 다르게 전개되어 갔다.

2) '장' 형성의 과정

어떻게 하면 연구회가 사회복지협의회 사무국장의 역량 강화로 연결될까. 이는 연구회의 진행을 맡은 연구자가 항상 고민했던 문제다. 참가자의 적극성을 끌어내기 위해서 연구회라는 방식을 채용했지만, 참가 사무국장의 능력을 강화하는 구체적인 방안까지 연구자가 가지고 있었던 것은 아니었다. 연구자는 연구회의 사무국을 담당하는 현 행정이나 대학의 연구팀과 함께 사업의 전개를 모색해 갔다.

우선 연구자는 사무국장들의 전체 연구회 진행과 병행해서, 연구회 속에서 다루어야 할 구체적인 논의의 소재를 찾는 작업에 착수했다. 연구회에 참가했던 기초 사회복지협의회들을 방문해 사무국 직원이나 행정 직원 등 현지의 스태프들이 모이는 장을 만들고, 전체 연구회에서는 충분히 파악할 수 없는 개별 사회복지협의회의 상황이나 과제를 파악하려고 했다. 그러나 단시간의 필드워크로는 해당 사회복지협의회의 충분한 상황을 파악할 수 없었다. 해당 사회복지협의회가 시행하고 있는 사업들의 내용을 알 수 있었다 해도, 그 사업 전개의 배경이나 맥락에 대한 이해에는 이르지 못했다. 그렇기 때문에 파악한 과제를 전체 연구회의 공통된 논의 소재로 연결하기란 쉽지 않았으며, 소재로 채택되더라도 참가자 간의 심도 깊은 논의는 이루어지지 못했다. 그러한 가운데 연구회는 진행자의 지시를 기다리기만 하는 수동적 분위기에 빠질 우려가 있었다.

돌파구가 된 것이 A시 사회복지협의회를 방문하는 필드워크를

실시할 때 이루어진 '이력서 만들기'에 관한 논의였다. 전체 연구
회에서 합의를 거쳐 사무국장들은 몇 가지 연구 테마에서 자신의
작업 과제를 선택하도록 되어 있었다. A시 사회복지협의회 사무
국장은 연구 테마 중에서 '연혁 작성'을 선택하고, 주민들이 지구
사회복지협의회를 어떻게 지원해 왔는지에 대한 A시 경우의 연혁
작성하기를 시도하였다. 작성된 연혁서는 연도별로 지구 사회복
지협의회의 형성 과정을 나열한 것에 지나지 않았지만, 필드워크
의 장을 통해 그 형성 과정의 배후에 있는 맥락을 파악하는 것이
가능하였다. 그러면서 현재 A시 사회복지협의회의 모습이 어떤
배경 속에서 형성되었는지도 참가자 간에 논의될 수 있었다. 이것
을 계기로 '연혁 작성'이 사회복지협의회가 처한 과제를 분석하고
공유하는 도구로 양식화되어 전체 연구회에서 공유된다.

한편, 전체 연구회에는 고치현 복지보건소에 설치된 지역지원
실 직원들이 참가하고 있었다. 복지보건소는 현(縣) 행정이 현 내
를 5블록으로 나누어 설치한 현의 파견 기관인데, 이 기구 안에 지
역지원실이 2007년도부터 새롭게 설치되었다. 하지만 여태껏 지
역지원실의 '지역 지원 업무란 무엇인가'에 대해 명확히 규정된 바
가 없었다. 당시 상부의 지시로 지역지원실 직원들(4블록에서 각각
2~3명씩)이 연구회에 출석하고 있었다. 이들의 존재를 인식한 연
구자는 그들이 중심이 되는 장을 제안하였다. 이 장은 '지원 회의'
로 명명되었고, 연구회 사업에 참가하는 사회복지협의회 사무국
장들을 지원하는 역할을 지역지원실에 부여했다. 그렇지만 지역
지원실은 '왜 일개 민간단체인 사회복지협의회를 공공행정이 지원
해야 하는지' '다른 민간단체와의 형평성 문제는 어떻게 되는지' 등

과 같은 의문을 품고 있었다.

지역지원실이 스스로의 인식을 변화시키면서 주체적으로 임하는 계기가 된 것이 바로 '연혁서 만들기'였다. 사회복지협의회 직원과 협동해 연혁서 만들기를 실시하는 가운데, 지역지원실은 다른 민간 기관과 사회복지협의회의 차이, 행정에 좌지우지되어 온 사회복지협의회의 사업 전개의 맥락을 이해하게 된다. 지역지원실의 표현에 따르면, '처음으로 공공행정의 입장만이 아니라, 사회복지협의회와 같은 눈높이에서 문제를 인식할 수 있었다'고 한다. 이렇게 해서 지역지원실은 연구회 사업에서 사회복지협의회 지원을 지역 지원 업무로 인식하게 된다. 그 결과, 이제까지 연구자가 담당했던 역할을 분담하여, 사무국장이 진행 역할을 하고 지역지원실이 외부의 객관적인 시선을 제공하는 지원자 역할을 하는 형태로 각자의 지역에서 연구회를 실시한다는 것이 합의된다. 이것이 '현지 연구회'가 발족된 과정이다. 지역지원실은 연구회 사업의 장을 통해서 타기관인 사회복지협의회에 대한 공감 및 내재적 이해에 이를 수 있었던 것이다.

이러한 변화는 지역지원실만에 해당하는 것이 아니다. 연구자 자신(히라노 교수)도 장의 상호작용에 의한 변화의 주체라는 점에서 예외가 될 수 없었다. 연구회가 시작된 첫 해에 이루어진 B촌 사회복지협의회의 필드워크에서 연구자는 일방적인 현장에 대한 사정을 실시하였다. 그 결과, 그가 사정한 내용에 대해서 현장의 납득이나 합의를 충분히 얻을 수 없었다. 연구회 사업 2년째에 실시된 현지 연구회로 인해 다시 B촌을 방문한 연구자는 현장과 서로 공감하는 사정을 할 수 있었다. 이 현지 연구회의 장에서 그는 사회복지협의회가 무엇을 고민하고 무엇을 모색하는지에 대해 사무국장과 사회복지협의회 직원을 매개하는 입장에서 서로의 의견을 들었다. 그리고 표면적인 이해에 그치지 않도록 노력하면서, 현장이 납득할 수 있는 적절하고 명확한 어드바이스를 시도하려 했다. 이 과정에서 서로의 공유·공감 속에서 현장의 이야기를 충분히 반영한 의견교환이 이루어지고, 서로 협동하는 커뮤니케이션이 전개되면서, 연구자는 이제까지의 암묵적으로 행해진 '장의 지도자'로서의 연구자 입장에서 이화(異化, 다르게 변화)되었고, 현지 연구회의 장은 일종의 메타 현장이 되었다.

3) 메타 현장의 구조

현(県) 행정 당국의 의뢰에서 시작된 연구회 사업이 메타 현장으로 형성되는 과정을 다시 정리하자면 다음과 같다. 사회복지협의회 사무국장 연구회로 시작된 연구회 사업은 2년간 '필드워크의 장' '서포트 회의' '현지 연구회' 등, 차례대로 새로운 장의 조직화로 이어졌다. 그 장에는 시정촌 사회복지협의회를 시작으로 시정촌 행정, 현 사회복지협의회, 현 행정의 본청과 파견 기관(지역지원실) 등, 이해관계로 얽혀 있는 지역의 당사자들이 모여 현장의 다양한 관계를 반영하면서 때로는 긴장감 넘치는 장을 형성하였다.

연구회 사업을 통한 변화 주체도 처음에는 사회복지협의회 사무국장에서 그 사무국장을 지원하는 지역지원실 직원, 사회복지협의회 직원, 시정촌 행정 직원으로 확대되어 갔다. 장에서 장으로, 주체에서 주체로, 연쇄 반응과 같은 단계적인 전개로 이어지는 이야기가 관찰되는 역동적 전개가 있었던 것이다. 이러한 전개는 연구자에게도 영향을 미쳤다. 연구자는 자신이 장에 반입했던 가설들을 각 장에서의 상호작용 및 시행착오를 통해 새롭게 수정해 갔다. 이처럼 연구자를 포함한 장 전개의 역동성은 참가자 간의 쌍방향성, 공감, 협동, 주체성에서 발생하였다.

[그림 10-1] 메타 현장의 구조

이러한 과정을 통해 형성된 메타 현장의 구조는 [그림 10-1]과 같다. 메타 현장에서의 상호작용에는 연구와 실천의 쌍방에 있어서의 동화(同化)와 이화(異化) 작용의 벡터가 불가결하다. 동화 작용이란 심리학에서는 '어떤 의식의 요소가 다른 요소를 자기의 것으로 만드는 것'을 말한다. 반대로 이화 작용이란 '두 개의 감각을 공간적 또는 시간적으로 접근시켜 배치할 때, 양자의 질적·양적인 차이가 한층 더 커지는 것'을 말한다.

메타 현장이 된 연구회는 실천자가 자신의 현장을 객관화하면서 다른 관점에서 부감(俯瞰)할 수 있도록 이화 작용을 촉진하였다. 부감이란 마치 새가 높은 곳에서 아래를 내려다보는 듯한 것(bird's eye view)을 의미한다. 연구자도 이화 작용을 통해서 장을 일방적으로 주도하는 지배자가 되지 않도록 자신의 위치를 상대화하여 자신이 제시하는 연구적 틀의 타당성을 검증하는 반추

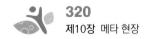

(reflection)의 기회를 제공받는다. 그러한 후에야 실천자와 연구자는 서로 간의 경험 공유나 공감이 가능하다. 각 참가자가 서로를 내재적·문맥적·공감적으로 이해하는 동화 작용이 일어나야만 연구자와 실천자 모두에게 서로의 주체성이 발휘될 수 있는 협동적인 장이 형성된다. 이를 실천과 연구의 중간 영역인 메타 현장이라 한다.

장의 역동성 밖에 연구자가 존재하는 것이 아니라, 오히려 그 역동성에 의식적으로 동화하는 연구자의 주체성 발휘가 메타 현장 형성의 중요한 요인이 된다. 연구자는 참가자의 이해관계를 조정하면서, 그 관계가 변용하는 공간을 확장하여, 장의 상승효과가 발휘되도록 '장의 통역자' 역할을 수행한다. 그러한 가운데 연구자는 협동 공간으로서의 장의 운영에 실천적인 역할을 할 수 있다.

④ 쿠시로(釧路)시 사례: 복합적 메타 현장의 구조

1) 메타 현장 형성의 과정

[그림 10-1]에 나타난 메타 현장의 구조에 비추어 보면, 쿠시로의 사례는 다카하마나 고치의 사례와 달리 실천으로부터의 벡터가 메타 현장을 형성하는 것에 중요한 역할을 한다. 쿠시로에는 연구 대상으로 하는 메타 현장이 현장 주도로 이미 실험적으로 만들어져 있었다. 연구자로부터의 벡터는 그 실험에 실천적으로 참여함과 동시에, 액션리서치를 적용해서 메타 현장 그 자체를 연구

한다는 두 가지 관계를 나타낸다. 쿠시로의 사례는 연구자 주도로 형성된 메타 현장이 아니었다. 연구자는 이미 만들어져 있는 현장에 대한 실험적인 메타 현장의 시도에 참여할 필요성을 인식해서, 현장의 승인과 신뢰 관계를 얻기 위해 노력했다. 일반적으로 메타 현장이라는 협동 공간의 형성에는 실천 측의 필요성을 충분히 반영하여 합의를 구하는 노력이 필요하지만, 쿠시로에서의 사례는 메타 현장 그 자체의 연구라는 요소를 가지기 때문에, 그것을 현장의 논리로 진행하려고 하는 실천과의 사이에 충분한 합의가 필요했다.

연구자가 관심을 갖게 된 쿠시로시라는 필드에서의 메타 현장 형성에 대해 간단히 설명하면, 실천의 주체는 「NPO법인 지역생활지원 네트워크 살롱」이다. 장애 분야의 당사자 활동에서 출발한 이 법인은 대상자별로 형성된 복지서비스 제도를 뛰어넘어 '지역의 생활당사자'라는 관점을 중시한다. 전개하고 있는 실천은 다양하지만, 복지사회 개발 접근의 프로그램으로서 주목되는 것은 여러 형태의 '모이는 장' 만들기와 '사회적 장' 만들기에 대한 실험적인 사업이다(日置, 2009). 그러한 사업들의 중심에 위치하는 실천자가 연구 파트너인 히오키(日置真世)와 지역복지 코디네이터인 다카하시(高橋信也)다.

이들의 실천적 활동은 다음 4단계를 거쳐 형성되었다. 첫 번째, 과제를 안고 있는 당사자가 '(서비스가)필요하다'는 자신의 목소리(욕구)를 낼 수 있는 장(모임 장)을 준비하는 실천의 단계다. 두 번째로는 표명된 생생한 생활 과제를 다양한 입장의 사람들이 받아들이면서 새로운 발상으로 그 과제 해결을 위한 사업을 창출하는

'모임 장의 기능'이 발휘되는 실천 단계다.[3] 세 번째, 장으로부터 발상된 사업을 지역의 네트워크를 활용해 '실험 사업'으로 실시하는 단계다. 이때의 재원은 NPO 법인의 지역공헌 사업비나 정부 및 민간의 보조 및 조성 제도를 활용한다. 구체적으로 대표적인 실험 사업들을 열거해 보면, 대상자별 제도에 좌우되지 않고 누구나 자유롭게 이용할 수 있는 사회적 장으로서의 「커뮤니티하우스 동월장(冬月莊)」,[4] 실업자들의 인턴십 사업을 포함한 사회적 장의 실험인 「지역기업(起業) 창조센터 마지쿠루」, 당사자 단체 등과의 제휴에 의한 「공생형 살롱」[5] 등이 있다.

네 번째로는 이러한 '실험 사업'이 타 지역으로 보급(보편화 사업)되는 것을 위해, 연구자를 포함한 다양한 주체를 조직화하여 연구 작업을 실시하는 단계다. 이 네 번째 단계의 장이 쿠시로에서의 '연구와 실천의 메타 현장'이 된다. 연구자 팀은 제1단계에서 제3단계의 과정에 주목해서 필드워크를 전개하는 가운데, 제4단계의 '보편화 사업'에 참여하게 된다. 실험 사업의 보편화 사업은 연구에서 말하는 액션리서치라기보다 사회적 행동에 가까운 형태가 되기 쉽다. 하지만 여기서의 보편적 사업은 일종의 연구회로서의 성격도 중시되고 있었다. 즉, 보편적 사업의 장이 연구자와의 협동 공간으로서도 운영되었기 때문에 액션리서치를 실시하는 것이 가능했다. 이제까지 연구팀이 참가한 것은 「커뮤니티하우스」라는 프로젝트를 보편적인 사업으로서 평가하는, 말 그대로 '보편화 사업'을 위한 연구회의 장이었다. 이 장은 당시 정부 등의 보조 사업으로 시행되고 있던 「지역기업 창조센터 마지쿠루」의 운영을 지원하는 연구팀의 장이기도 하였다. 여기서는 쿠시로에서 전개되는 여러 가지 모임의 장 만들기 실천이나, 사회적 장 만들기의 실험적 사업을 검증하고 평가하였다. 이 장에 참가함으로써 연구팀은 직접적으로 현장 실천에 관계하지 않더라도 일종의 필드워크가 가능해짐을 확인하게 된다. 원래 '방법으로서의 메타 현장'이란 이러한 가능성을 연구 방법으로 제기하기 위한 개념이었다.

2) 복합적인 메타 현장

'연구회 사업'과 마찬가지로 '보편화 사업'이라는 표현은 실천과 연구의 협동 공간을 암시하는 용어로 활용할 수 있다. '사업'이라는 표현은 실천적 측면을 나타내고, 연구회나 보편화는 연구적 측면을 나타내기 때문이다. 이미 '연구회 사업'이라는 용어는 여러 연구자들이 실천 연구의 필드로서 일반화를 시도하고 있는 것이다(朴·平野, 2010b). 다음에서는 보편화 사업이라는 메타 현장의 구조에 대해 고찰해 본다. 복합적인 메타 현장이란 어떤 구조이며, 왜 필요한 것일까에 대한 가설 수준의 설명이다.[•]

첫째, 현장이 주도하는 보편화 사업에 참가하는 연구자는 연구 역할만 수행하는 것이 아니라, '섞인다'라는 실천 문화나 가치에 물들여진다. 즉 사회적 행동의 공간에 참여하는 연구자는 연구자 이전에 한 명의 '사람'으로서 그 속에서 교류한다. 연구자라는 고

역자주

• 이러한 개념은 아직 개발이 진행 중이며, 명확한 내용으로 정리되기에는 불충분한 단계라고 연구자들은 밝히고 있다. 그러므로 '복합적인 메타 현장'은 가설적인 수준의 정리가 된다.

정적인 정체성으로부터 일종의 이화(異化)가 요청되는 것이다. 경우에 따라서는 이러한 장을 필드워크의 대상으로 할 수 없는 상황이 발생한다. 그럴 때는 '방법으로서의 메타 현장'을 보완하는 또 다른 연구의 장이 필요하다. 메타 현장은 가상적 구조의 장으로, 그 속에서의 이화나 동화에는 실천이나 연구의 장으로 돌아가는 피드백 작업이 전제된다. 따라서 메타 현장에 참가하고 연구의 장으로 돌아오는 왕복 작업이 얼마나 유연하게 진행될지가 주요한 과제가 된다. 「마지쿠루」 보편화 사업의 예에서는 연구적인 반추(되돌아 봄)를 가능하게 하는 또 다른 장이 마련되었다. 이것은 서브(sub, 하위) 메타 현장과 같은 것이다. 실제 연구자들은 보편화 사업의 실천 리더와 합동 연구회를 정기적으로 개최하고 있다. 이 장은 실천자에게는 일종의 반추의 장으로 기능하는 협동 공간이며, 연구자에게는 보편화 사업의 장에 주어진 테마를 현장과 거리를 두면서도 실천자와 협동하며 풀어 가는 공간이다. 이렇게 해서 메타 현장이 액션리서치의 장으로 기능할 수 있게 된다.

둘째, 보편화 사업은 사회적 행동의 성격을 가지면서 실천의 사업화나 정책화를 지향한다. 그런 의미에서 보편화 사업의 현장은 마이크로 차원만이 아니라 메조, 나아가 매크로적인 지향성을 지닌다. 다카하마의 사례에서 접한 '계획 공간'도 계획화를 거쳐 사업화를 시도하는 장이라는 점에서 메조를 지향한 장이라 할 수 있지만, 그 목적은 다카하마라는 특정 지역에서만의 전개였다. 이와 달리, 쿠시로의 한 NPO가 지향한 보편화 사업은 쿠시로를 넘어서서 다른 지역에도 널리 보급되는 정책화에 주목적이 있다. 이것은 앞서 소개한 히라카타 사례의 사회적 행동의 장의 맥락도 뛰어넘

는 것이다. 따라서 메조 차원의 논의에 공헌할 수 있는 또 하나의
연구의 장이 필요하게 된다. 이 연구의 장에서는 메타 현장에 참
가하는 연구자가 스스로의 실천을 되돌아보는 반성적인 고찰만이
아니라, 선행 연구나 선행 실천에 대한 검토와 같은 연구적인 작업
을 전개한다. 이렇게 해서 쿠시로 사례는 메타 현장 이외에 연구
와 실천 측 각각에 메타 현장을 보완하는 장이 마련되는 이중적 구
조를 가지는 '복합적 메타 현장'이라는 특징을 나타낸다. 이 개념
에 대한 보편성 검토는 향후의 연구과제다.

⑤ 복지사회 개발의 연구방법론 지향

이 장에서는 세 가지 사례를 채택하여 액션리서치의 방법으로
서 메타 현장이라는 개념을 모색하게 된 경위를 밝히고, 메타 현장
의 형성 요소를 제시했다. 복지사회 개발 연구에서 메타 현장은
자기상대화를 위한 의식적·가상적 구조인 협동 공간이다. 야마
노우치는 막스 베버가 제시한 '거리 감각의 보조선'이라는 방법을
설명한다(山之內, 1997: 49-50). 의식적인 자기상대화를 통해 자기
자신이 소속한 사회 집단과 거리를 두면, 다른 집단으로의 감정이
입과 내재적 이해가 가능하다는 것이다.

액션리서치의 인식론에서는 연구자가 현장과 거리를 두고 관찰
하는 것만으로는 충분한 인식 파악이 어렵다고 본다. 그래서 각기
다른 사례들을 통해 감각을 연마하면서, 실천 현장과 메타 현장 사
이의 적절한 거리를 측정하는 것이 필요하다. 메타 현장이 형성될

때, 연구자는 거기에 적극적으로 동화하고 상호작용을 활성화함
으로써, 자신의 관점이나 틀을 상대화하여 보다 올바른 인식을 얻
을 수 있다.

복지사회 개발의 접근에서 메타 현장의 개념은 액션리서치에서
의 연구자 주체성에 새로운 가능성으로서의 의의와 요소를 제시
한다. 인류학자 오스카 루이스(O. Lewis)는 멕시코의 슬럼 세계를
그려내면서 '라쇼몽'적 방법을 채용한다.[6] 쿠로사와 아키라(黒沢
明) 감독의 영화 라쇼몽(羅生門)은 한 사건의 경위를 복수의 각기
다른 관점에서 서로 맞추어 가면서 대상의 다면성을 드러내었다.
이러한 라쇼몽적 방법은 다원적·상호적인 인식이 얽혀서 사회적
리얼리티가 성립한다는 사회구성주의를 반영하는 것이다.

이 장에서는 복지사회 개발 연구를 함께 해 온 3인의 연구자(平
野·穂坂·朴)가 각자의 관점에서 메타 현장을 어떻게 파악했는지
를 그려내려고 하였다. 이들은 자신을 거듭 상대화하면서 각자 다
른 입장에 서기 위해 노력해 왔다. 앞서 언급한 것처럼, 히라노는
메타 현장을 개척해 온 스스로의 경험을 되돌아보면서 단계적인
진전이 있었음을 인식했다. 이에 대해 호사카는 다양한 메타 현
장의 구성 방법에는 각각 다른 지역의 독자성이 반영되며, 그 생
성 자체는 규정된 계획이나 예견을 뛰어넘는 학습 과정(learning
process)이라고 인식한다. 박은 히라노의 접근과 실천 현장의 변화
간의 상호 관계를 관찰하고 '메타 현장'의 개념을 이론적으로 정식
화하면서, 사례들의 공통적 제 요소를 확정하는 것을 중시했다.

연구자들은 메타 현장의 개념을 정립하기 위해, 각자의 원고를
추려내고 토론을 거듭하면서 전체의 구성을 수정하는 등으로 집

필을 계속해 왔다. 이러한 시도에 대한 성공 여부는 접어 두더라도, 세 연구자가 이처럼 각기 다른 문제의 관심을 반영하면서도 '메타 현장'의 개념 제시라는 공통의 목표를 추구해 왔다는 것도 의미가 있다. 이 집필 방법 자체 또한 메타 현장을 반영하는 것인데, 이 과정을 통해 연구자들은 복수 연구 주체의 상호작용에 따른 자기상대화를 경험할 수 있었기 때문이다.

원서후주

1 「일본 지역복지학회 설립 20주년 기념 좌담회」에서 오하시(大橋謙策)의 발언이다
(일본지역복지학회, 2006: 27). 오하시는 지역복지계획의 현장을 필드로 연구하는
연구자가 거의 없다며, 연구와 실천을 연결하는 연구자의 책임 있는 역할이 필요
함을 주장한다.

2 시미즈는 실천적 연구를 추진하는 입장에서 연구자의 현장과의 신뢰관계 구축의
중요성, 윤리나 책임 문제 등을 지적한다(志水, 2007).

3 「아시아 복지사회 개발 연구센터」 주최의 패널 토론(2011년 3월)에서 히오키(日
置真世), 다카하시(高橋信也)가 보고한 내용을 토대로 정리한 것이다.

4 「커뮤니티 하우스 동월장(冬月莊)」은 쿠시로시의 지역과제에 대응하기 위한 지역
복지의 도구로서, 쿠시로시의 복지관계자와 함께 기획하여 만든 지역 거점 사업
의 모델이다. 폐쇄된 기업의 사원 기숙사를 활용하여 2007년 9월에 시작되었다.
이 사업의 핵심 개념은 대상자를 정하지 않고 누구나 참가할 수 있는 '복지의 유
니버설화', 지원하는 측 또는 지원받는 측이라는 일방적 관계성이 아닌 누구나 활
동할 수 있는 기회를 만드는 '순환형 지역복지 시스템'의 두 가지다. '모임' '일자
리 만들기' '주거'의 세 가지 기능을 하며, 다양한 지역관계자와 연계하여 지역의
욕구에 대응하는 사업을 전개하는 형태로 자주적인 사업을 계속하고 있다.

5 쿠시로시에서 공생형(共生型) 살롱이 등장하는 배경은 대상자별 제도로 규정된
당사자 대응이 아니라 '(지역)생활당사자'에 대한 대응이 필요하다는 생각 때문이
다. 1980년대의 「인지증고령자 가족회」 운동이 기초가 된다. 그 후 1990년대에는
장애아동의 부모회 활동이 추가되고, 2000년대에는 생활보호 수급자의 자립지원
프로그램 참가로 확대된다. 이처럼 쿠시로시에는 당사자 참여의 의식적·경험적
축적이 있었다.

6 ルイス(1985). 단, 라쇼몽(羅生門)적인 방법만을 이용한 것이 아니라, 특정 가족
에 대해서는 개념 틀을 적용한 분석적 기술, 특별한 사건이나 위기에 주목해서 가
족의 반응을 조사하는 상세 조사, 전형적인 하루의 가족생활 관찰 등, 복수의 방
법을 채용한다. 이 책에서 다루는 다섯 가족 중 특히 '산체스의 가족'에서 라쇼몽
적 방법이 명확히 제시된다. 그리고 이 내용은 별도의 책으로 출판되었다(ルイス,
1969).

참고문헌

小国和子 (2011).「カンボジア農村でかかわりを模索する」小国和子・亀井伸
　　孝・飯嶋秀治編『支援のフィールドワーク：開発と福祉の現場から』世界
　　思想社.

志水宏吉 (2007).「研究を進める−実践としての研究」小泉潤二・志水宏吉偏
　　『実践的研究のすすめ−人間科学のリアリティ』有斐閣.

杉万俊夫編 (2006).『コミュニティのグループ・ダイナミックス』京都大学学
　　術出版会.

中村尚司 (2000).「フィールドの大地へ出よう」中村尚司・広岡博之編『フィール
　　ドワークの新技法』日本評論社

日本地域福祉学会 (2006).『日本地域福祉学会のあゆみ−20年史資料集』日本
　　地域福祉学会.

朴兪美・平野隆之 (2010a).「都道府県による地域福祉政策化の実践的研究」
　　『地域福祉研究』No.38, pp. 116−125.

朴兪美・平野隆之 (2010b).「'研究会事業'という地域福祉研究者の新たな実践
　　現場−高知県での取り組み事例から」『地域福祉実践研究』創刊号, 日本地
　　域福祉学会, pp. 78−88.

日置真世 (2009).『おいしい地域づくりのためのレシピ』全国コミュニティラ
　　イフサポートセンター.

平野隆之 (1993).「コミュニティワークとしての'計画化'」右田紀久恵編
　　『自治型地域福祉の展開』法律文化社.

平野隆之 (2002).「地域福祉計画をどう'編集'するか」『社会福祉研究』84鉄道
　　弘済会, pp. 2−12.

平野隆之 (2006).「計画研究−地域福祉のフィールドから」岩田正美他編『社
　　会福祉研究法−現実世界に迫る14レッスン』有斐閣アルマ.

穂坂光彦 (2005).「福祉社会開発学への方法論的考察」日本福祉大学COE推進
　　委員会編『福祉社会開発学の構築』ミネルヴァ書房.

山之内靖 (1997).『マックス・ヴェーバー入門』岩波新書.

吉村輝彦 (2010).「対話と交流の場づくりから始めるまちづくりのあり方に関する一考察」『社会福祉論集』123号, 日本福祉大学社会福祉学部, pp. 31–48.

ルイス・オスカー (1985). 高山智博訳『貧困の文化–メキシコの5つの家族』思索社.

ルイス・オスカー (1969). 柴田稔彦・行方昭夫訳『サンチェスの子供たち』みすず書房.

인명

내용

원저자

호사카 미츠히고(穂坂光彦)
일본복지대학 대학원 국제사회개발연구과 특임교수로서 '아시아복지사회개발연구센터'
의 소장을 맡고 있다. 동경대학에서 도시공학 박사과정을 이수했으며, UN '아시아태평
양경제사회위원회' 등에서 오랜 현장 경험을 쌓았다. 저서에는 공동 편저로 『Grassroots
Social Security in Asia』(Routledge), 『貧困と開発』(日本評論社) 등이 있다.

제임스 미즈리(James Midgley)
미국 UC 버클리 대학교 교수

다케가와 쇼고(武川正吾)
동경대학 대학원 인문사회계연구과 교수

요고 토시히로(余語トシヒロ)
일본복지대학 객원교수

히라노 타카유키(平野隆之)
일본복지대학 사회복지학부 교수

박유미(朴兪美)
일본복지대학 '아시아복지사회개발연구센터' 주임연구원

요시무라 테르히코(吉村輝彦)
일본복지대학 국제복지개발학부 교수

히오키 마사요(日置真世)
일본복지대학 '아시아복지사회개발연구센터' 객원연구원

김영종(金永鍾)
경성대학교 사회복지학과 교수

오구니 카즈코(小国和子)
일본복지대학 국제복지개발학부 준교수

편역자

김영종(金永鍾)
경성대학교 사회복지학과 교수로서 현재 한국사회복지학회 회장을 맡고 있다. 복지사회
개발과 관련된 일본과 중국, 한국의 현장에 호사카 교수와 공동으로 참여해 오고 있다.
2012년에는 일본의 지역복지 정책을 분석한 히라노 교수의 『地域福祉推進の理論と方法』
(有斐閣)을 한국어로 번역 출간한 바 있다.

복지사회의 개발 - 지역 및 공동체 접근 -

2014년 2월 20일 1판 1쇄 인쇄
2014년 2월 25일 1판 1쇄 발행

엮은이 • 김영종
펴낸이 • 김진환
펴낸곳 • (주)**학지사**

　　　　121-838 서울특별시 마포구 양화로 15길 20 마인드월드빌딩 5층
대표전화 • 02)330-5114　　　팩스 • 02)324-2345
등록번호 • 제313-2006-000265호

홈페이지 • http://www.hakjisa.co.kr
커뮤니티 • http://cafe.naver.com/hakjisa

ISBN 978-89-997-0324-9　93330

정가 15,000원

인터넷 학술논문 원문 서비스 **뉴논문** www.newnonmun.com

이 도서의 국립중앙도서관 출판시도서목록(CIP)은 서지정보유통지원시스템
홈페이지(http://seoji.nl.go.kr)와 국가자료공동목록시스템(http://www.
nl.go.kr/kolisnet)에서 이용하실 수 있습니다.
(CIP제어번호: CIP2014005697)